BoD, Oktober 2019

Franz Hessel

Sämtliche Werke in fünf Bänden

Bd. 4

Lyrik und Dramatik

Franz Hessel

Sämtliche Werke in fünf Bänden

Herausgegeben von Hartmut Vollmer und Bernd Witte

Franz Hessel

Sämtliche Werke in fünf Bänden

Band 4
Lyrik und Dramatik

Mit einem Nachwort herausgegeben von
Andreas Thomasberger und Hartmut Vollmer

Hartmut Vollmer / Bernd Witte (Hg.):
Franz Hessel: Sämtliche Werke in fünf Bänden
ISBN 978-3-86815-580-8

Bd. 4: Lyrik und Dramatik. Hg. von Andreas Thomasberger und Hartmut Vollmer
ISBN 978-3-86815-584-6
1. Auflage 1999 | 2. aktualisierte und erweiterte Auflage 2013

© IGEL Verlag *Literatur & Wissenschaft*, Hamburg, 2013
Alle Rechte vorbehalten.
www.igelverlag.com

Igel Verlag Literatur & Wissenschaft ist ein Imprint der Diplomica Verlag GmbH
Hermannstal 119 k, 22119 Hamburg
Printed in Germany

Die Deutsche Bibliothek verzeichnet diesen Titel in der Deutschen Nationalbibliografie.
Bibliografische Daten sind unter http://dnb.d-nb.de verfügbar.

Lyrik

Verlorene Gespielen

Gedichte

Totenklage

ZUR ZEIT da mich kein Traum nach Hause rief,
Dein Bild in meiner Seele Ferne schlief,
Da ich im Mai der mittaglichen Au
Frühblüten brach zu Füßen einer Frau,
Reicht ein Fremder mir den Schreckensbrief.

Die Fahrt war Qual: Mein Auge überwacht
Sah keinen Stern der sternereichen Nacht.
Heiß stieg die Sonne Brandmal mir und Fluch
auf meiner Stirn –

               Sie führten mich, zu schauen
Die weißen Wangen, die gesunkenen Brauen;
Die Lippen deckte schon das Leichentuch. –

IM ANFANG,
Da ich mit ungestalten Kinderhänden
In trügerische Wechselbilder tastend
Im ungewissen Raume Flächen fühlte

Und heiße Schwere, meinen Leib belastend,
Schreckliche Leere, die ihn plötzlich kühlte,
Und lauernde Gefahr an allen Enden,

Da kamst du
Schwester zu meinem unbeholfnen Harme,
Von allen Wesen der verwandten Wärme
Das Ähnlichste, kamst Du, mich zu umarmen,

Du machtest mich zum erstenmal erwarmen,
Der ich mich nun um Deine Kühle härme
Und um die Blässe der erstarrten Arme.

MEIN FREUND und mir durch dieses Blut verwandt,
Das nachgeströmt dem neugeformten Leben,
Als erste faß ich deine Hand,
Darin noch ihres Krampfes Finger beben.

Heil deinem Leide, das in Tränen rinnt:
Dir wird ein Trost, der mir verweigert war.
Dir gab die Sterbende das Kind. –
Dem Bruder bleibt ihr Scheiden unfruchtbar.

Nun leitest du mich fort mit sanftem Zwange:
„Laß uns nicht mehr den eignen Schmerz bemessen,
In alt-geheiligtem Gesange
Der Ahnen uns versenken und vergessen."

ZURÜCK VON dieser Gruft, wer ungeweiht!
Verwegner, wer gab dir das schwarze Kleid,
Des Würde deine Schultern nie ertrügen?
Lüge mir doch. – O wüßtet ihr zu lügen!

Armselige Schar; beflecke nicht, du Karge,
Mich mit Gemüt. Wer ist hier, mitzuleiden?
Wärt Feinde ihr, euch meiner Not zu weiden!
Das Trostwort macht mich lachen noch am Sarge.

Du nahes und geliebtestes Geleite,
Was stehst du starr? Wovor weichst du zurück?
Rauft euer Haar, und laute Klage weite
Die Brust. Zu klagen ist uns Zier und Glück.

Ihr geht? Verweilt! Mein Volk, es wird mir bang
Um dich, daß deine Freude ohne Klang,
Daß deine Schmerzen eng wie deine Gassen. –

Sie haben mich am Grab allein gelassen.

DAMALS BIN ich in wildem Weltgelüsten,
Ruhlos und froh zu allen fremden Küsten
Gefahren, zu befragen jeden Hafen,
Ob seine Kiele von den Wellen wüßten,
Die dunkel schlagen an das Land da drüben,
Wo noch vielleicht auf fremden Wiesen schlafen
Den Knospenschlaf die Blumen, die mich lieben.

Was sucht ich denn? Was schaut ich denn hinein
In jedes Auge, jedes Wässerlein? –
Und fand ein Bild zu ähnlich und zu fremd
Und nimmer mein. –
Zuletzt hat mich die Welle heimgeschwemmt:
In meinen alten Garten tret ich ein:
Hier rufen keine Stimmen: Suche! Werde!
Hier find ich wohl die Blume meiner Erde,
Die Blume meiner mütterlichen Erde,
Die zu mir sprach: Laß du uns blühn und sein.
Bleibe und blüh! –

   Die Blume meiner Erde –
Die riß der Tod aus ihren Wurzeln los.
Da sich auftat ihr Knospenschoß,
Da sprach der Tod: Du wirst nicht Blume werden!

Nicht such ich mehr. Nun darf ich ruhn und sein –
Ins leere Bett wühlt sich mein Finger ein,
Mein Totengräberfinger fahl und erden.

IN DEINEN Mantel heim, an deine Brust,
In deinen Schoß!
Auch meine Lust
Ist vor dem Tod nicht groß.

Siehe: ich bin dem lichten Wandel gram.
Der jüngste in der festlichen Schar
Wähnt ich den Glanz unwandelbar.
Nun weiß auch ich von armer Scham.

Nimm du mich heim und rette mich
In deine unbewegte Nacht.
Es ward zuviel beleuchtet und bedacht,
Zuviel betastet mit diesen Händen,
Mit diesen Augen zuviel beschaut.
Bette mich!
Laß mich nicht im Lichte enden!
Du mütterliche, meine Schwester–Braut.

Stimme der Toten:

Wie Erde ist mein Schlummer und wie Nacht.
War eine Zeit einst, die mich hingelegt
In diesen Schlaf? Bin ich schon aufgewacht?
Denn manchmal ist etwas, das sich bewegt.

Wie Sand erst, Sand, der niederrinnt in meinen Mund.
Ein weites Kreisen dann um einen tiefsten Grund.

Nun zuckt das Weh – und leibt und ringt sich los
Vom Leib. – Ich schlafe, meine Stirn ist Erde, Nacht
Sind meine Arme –

        Doch im Schoß
Ist mir das Weh erwacht! – –

Kaum fühl ichs noch und fühl es immer minder,
Wie eine Last, die ich im Traume trage.
Als taumelten im grünen Gras am Tage
Auf meinem Grabe Kinder, meine Kinder. –

MICH ABER kennst du nicht. Nicht mehr. Noch nicht.
Der Leib ist träge. Das zähe Leben bleibt.
Umsonst in deine Stille stör ich.

Wohl zwischen Grab und Grab verweilt die Nacht.
Über den Hügeln erscheint trostloses Rot –
Wohl dem, der wandelt ebne Bahn.
Auf der gelockerten Erde tauml' ich.

Mit meinem Atem fesselt mich fremde Luft.
Der Wald bewegt geheimnisvolle Wipfel.
Schimmernde Dächer enttauchen der Ferne.

Traum und Gestalt

Die Knospe

Laßt mich noch in meiner grünen feuchten
Hülle ruhn dem Licht entgegen.
Schöner Schatten sei im milden Leuchten,
Was die Winde draußen regen.

Sonne schenkt vom großen Glanze
Die gedämpfte Glut gebrochenen Lichtes.
Farben taumeln mir im Tanze
Eines wundersamen Traumgesichts.

Selig in der engen Kühle
Weben wesenlose Seelenspiele.
Was ich dunkel quellen fühle,
Weh, wenn es im Licht dem Tod verfiele! –

Und so wart ich Zage, Ahnungsvolle,
Weil es nicht in meiner Macht,
Welchem Tage ich mich öffnen solle,
Meine Blüte breiten welcher Nacht.

Der Page

I.
Ich gehe einsam lange Gartengänge.
Wang und Gewand streift dunkles Baumgehänge.
Aus lichter Ferne wogen lockend mir
Der Geigen gleitende Gesänge.

Ach alles raunt und flüstert hier von ihr:
Die Spiegelflut von ihres Nackens Neigen,
Die laue Luft von ihrer Locken Wiegen,
Der Birkenstamm von ihrer Schulter Schmiegen;
Es flüstern alle: wir sind ihr zu eigen. –
Ach alles drängt zu ihr –

Ich eile, eile durch die Gartengänge.
Schon schimmerts rötlich auf den Zweigen hier.
Weiß steigt das Schloß. – Wie wird die Brust mir enge. –
Ich tauche dumpf in die geschmückte Menge,
Mein dunkles Kleid versinkt in das Gepränge.
Auf dem Altan neigt lächelnd sich mein Herr zu ihr.

II.
Vor Wonnen, die ich nie erfuhr, vorm Leide,
Das ich im Spiel erfahre, muß ich bangen.

Oft bebte meine Hand der Schleppe Seide,
Die knisternde, vom Boden aufzulangen.

Oft ward mir dunkel in der bunten Freude
Des hellen Saals. – Warum ich ihn nicht meide? –

Ich bin doch frei. – Wie bin ich doch gefangen!
Hold ist mein Kerker: wie so schön ich leide!

Doch weh mir, wenn das wachsende Verlangen
Gestillt in ihrer Kissen heißer Seide! –
Wohl mir, wenn ich zuvor zu Grab gegangen.

Die Vertriebnen

Des Vaters Zorn vertrieb uns aus den Hallen.
Ich schlich an deiner starken Hand ein Kind.
Dir hat die Fahrt, der Drang, die Qual gefallen,
Ein Widerhall war dir der wilde Wind.

Du bettetest mich auf gesunknen Steinen
Verlornen Rechtes und verfallner Grenzen.
Du lehrtest mich, mein Weh nicht zu verweinen,
Die kranke Stirn mit buntem Laub zu kränzen.

Uns war genug: tägliche Not zu stillen
Am Ackerrand mit Früchten fremder Erde
Um unsrer neuen Wege Freiheit willen. –
Nun sehn ich mich nach ahnenaltem Herde.

Ich fühle deine Füße dir versagen
Und deine Stimme, die geliebte, schwach.
Du trugst mich fort: Soll ich zurück dich tragen
Nach einem mondbeschienenen Gemach?

Der Seher

    Mein Traum erglänzte: weißgedehnte Helle,
Zur Wanderschaft ward meines Blutes Welle –

Aus aller Schar wähltest du mich – Auf mir
Lag deine Linke – deine Rechte schirmte
Die müden Seheraugen vor dem Licht.

Du leitetest den Leitenden, den Knaben,
Zum Felsen, der uns jäh emporgewachsen
Und schlugest an die Wand –
    Alsbald geschah es,

Daß aus dem Unfruchtbaren Wasser aufquoll
Und ward von Stein zu Stein hinabgegossen
Und schwoll hinab zum Durste deines Volkes.

Leicht wurde alle Last. Die Tiere sanken.
Die jungen Führer sanken hin und tranken.

Mich tränkten oben an dem Mund des Quelles
Mich, deinen Knaben, beide weiße Hände
Und meine Lippen badeten im Segen. –

Zu Füßen aber war Raunen und Fluten
Wie Meeresstimmen. – Weite Woge kühlte,
Die uferlose, meines Traumes Füße.

Der König

    Du zürnst, daß ich gesenkten Hauptes schreite,
Du höhnest, daß ich frierend meine Blöße
Bedecke mit armselig-fremdem Tuche.
Weißt du nicht mehr: wir gehen unterm Fluche.
Vergaßest du: einst war ich dein Geleite
Erhobnen Haupts am Tage deiner Größe:

Da siegreich wir durch alle ebne Erde
Bis ins Gebirg die Waffen rasch getragen,
– Die Glut der Wege wirbelte wie Flammen –
Da blieb ein Hauch der Atem unsrer Pferde,
Blieb Sichel, Rad und Staub an meinem Wagen
Mit deines Wagens Rad und Staub zusammen.

Am Abend des Verrats und Siegs der Schlechten
Und in der Schmach der mondenlosen Nacht –
– Die letzte Kraft der hohen Rosse wich –
Blieb ich in dunkler Fahrt zu deiner Rechten,
An deinem Höhlenlager hielt ich Wacht;
Der Einzige aus deinem Volk blieb ich.

Verschütte nicht, was ich dir mühsam trug,
– Dereinst trug ich den Bogen deiner Huld –
Den Lippen weh, die meines Trunkes widert!
Wehe der Hand, die nach dem Treuen schlug!
Laß Fremde murren. Trinke dir Geduld
Und ehre meinen Stolz, der sich erniedert.

Gesicht

Die Säulen meines Tempels sind gebrochen,
Das Angesicht der Gottheit ist verblaßt.
Da ich das Wort, das öffnende, gesprochen,
Hat leeren Raumes Graun mich angefaßt.

Ist diese graue Breite noch die Erde?
Ist dieses leere Scheinen noch das Licht?
Am Rande treiben Hirten eine Herde
Und sehen ohne Blick in mein Gesicht.

Vorüber gehen fremde Frauen. Eine
Verbleibt allein in meines Atems Nähe,
Sitzt nieder wie auf einem Felsensteine,
Und ohne Ton und Laut klagt sie ein Wehe.

Der Mittagstraum

Ich hatte dich gebettet und du schliefest
In eines Wiesenhanges Mittagsglanz.
Die Halme überwuchsen uns, die Spitzen
Der Halme strahlten. Allem Grase ward
Atem –

Der Bergeshalde vielgestaltes
Geäst erglühte und versank im Glanze.
Wie Festeskerzen schimmerten die Blätter.

Ich wußte auch den fernen, kühlen Fels
Im Lichte funkeln: weißen Edelstein –
Tief unten nur der See blieb stumm und dunkel.

Aus welcher Tiefe – Schlief ich ein? Erwacht ich?
– Aus welchem Dunkel stieg der Schrecken auf?

Das Gras war kalt, die Berge steil und fern,
Im grellen Schein von Mond und Mitternacht.
Und neben mir war eines starren Leibes
Umblendetes Gesicht und greller Hals. –

Und meine Hand erbebte mir vor Sehnsucht,
Dein Haar zu fühlen, deines Herzens Wärme
Zu suchen. Doch gefesselt lag sie mir.

Da hob ich meine Augen zu den Sternen
Und ließ sie an den Bergen allen wandern
Bis zu den letzten Gipfeln überm See.
Und nieder sah ich auf das schwarze Wasser,
Der Wind bewegte mein Gewand.

        Und sieh:
Es wuchs herauf in schwarzer Tracht ein Fremder.
Die silbernen Sandalen seiner Füße
Hafteten kaum und trugen ihn wie Flügel;
In seinem Haar erschien ein Silberband –
Und meine Hände bebten, ihn zu grüßen.
Doch wie gefesselt lagen sie im Schoß,
Und langsam zu dem Weibe neben mir
Bewegte sich sein Arm und hob sie auf –

Der Fremde aber legte ihre Finger
In meine Hand: da tat sich weit ihr Auge
Auf. Es verging ihr Blick in meinem Auge.

An ihre kühlen Finger fühlt ich immer
Das ungestüme, meines Herzens Blut
Wallen. Die Lippen bebten nach dem Worte –

Der Fremde aber rührte sie von neuem.
Mein Auge bat: er wandte nur das Haupt
Und hob den Arm über das Wasser weit:
Aus meinen Fingern lösten sich die Finger.
Ihr Auge sank –

        Und beide hoben sich
Von dannen miteinander: ihre Füße
Hafteten kaum und trugen sie wie Flügel.

Wo fand ich dann. – Fiel ich nicht hin? Zerbrach ich
Nicht am Gestein? – Wo fand ich dann die Laute?
Die Laute fand ich und im Mantel barg ich
Die Laute; und ich kam an ein Gestade –

In schwarzem Glanze dehnte sich die Fläche,
Und helle Streifen glitten auf der Flut,
Und manche trafen an den Kiel bisweilen
Des Bootes, das über den Wassern stand.

Des greisen Fergen Haupt war auf die Brust
Hinabgesunken, sein ergrauter Bart
Kroch über kahlen Leib, das Haar floß grau
Vom weißen Scheitel nieder. Zu den Rudern
Mit langen Sehnen streckten sich die Arme –

Und dann stand ich im Boot – das Boot sank schwer –
Aufbäumte ringsum die verdrängte Welle.
Ächzend bewegten sich des Fährmanns Ruder.
Die Sterne zogen blässer an der Wölbung;
Noch nächtete die Fläche. Nur die Becher,
Die sich auf Wellenrücken buchteten,
Bargen des fernen Morgens Widerglanz.

Doch wo die Ruder in das Wasser tauchten,
Da quoll es aus der Tiefe weiß empor,
Wie fahler Glanz vom Mond und ohne Schaum. –

Zu neuen Weiten immer wuchs der See
Gen Untergang. Als endlich dann erschien
Der Sand des äußersten Gestades und
Die schwarzen Säulen und das Eisentor,
Stand ich aufrecht im Gleitenden und fühlte
Die Laute. Und ein Schauer hob mich auf.

Porphyrgestein ward unterm Fuß der Boden,
Über dem Haupte das Gewölbe Stein
Im düstern Gange, den die Toten wandeln.
Irre Gewande streiften meinen Mantel,
Und meine Schultern rührten kalte Wangen;
Tonloses Flüstern ging zu meiner Seite,
Bis sich die Wand zur Halle weitete
Und es erhöhte sich des Königs Thron:

„Was trug dich her, Lebendiger? Was ließ,
Du Menschenkind, die lange Fahrt dich dauern?
Was strömt von deinen offnen Lippen heiß
Und macht erschauern meine stillen Kinder
Ringsum, und zittert wieder in den Schultern
Des Weibes, das zu meiner Linken hier
Ihr Haupt verbirgt im Schoß der Königin?"

Da hob die Königin die bleiche Stirn
Und sprach: „Hat dieses Weib so reich gesegnet?
Wohnt so viel Wonne in dem schmalen Leib?"

Und alsbald fühlt ich unter meinen Fingern
Die Saiten schwellen, und es wuchsen Töne
Und drangen an den Wölbungen empor
Und klangen wieder von gewölbten Wänden.

Da taten sich die Totenaugen auf
Und in erloschne Blicke stieg ein Glanz.
Mein Auge sank in einen wachen Schlummer.
Da es sich auftat, war der Sang verhallt. –

Der König aber hob sich auf vom Thron
Und stand, und von den Wänden scholl sein Wort:
„Die Laute deines Zaubers kam von mir.
Ich sandte dir den Nachen, der dich hertrug,
Die Macht, die dich getragen, kam von mir. –

Und gäbe ich dir das Weib zurück, das hier
Ihr Haupt verbirgt im Schoß der Königin,
So würde deine Laute stumm, kein Nachen
Trüge herüber je den Lebenden,
Und ewig fesselte dich schmaler Strand.

Eng bleibt dein Land, unendlich wird dein Reich,
Solange sie im Schoß des Todes schläft.
Solange nur die Sehnsucht sie erreicht,
Solange werden deinen Sang die Wipfel
Dir widerrauschen, schwellen wird das Meer
An deine Brust, dir werden Felsen gleich sein –

Da wollte ich mich regen, wollte rufen:
„Gib mir zurück und nimm, was du gegeben." –
Doch flutete von mir, in großer Flut
Verschwindend Thron und Tor und Traumgesicht.

Und es ward Licht umher und Mittagsstunde.
Und in den Blumen glänzte noch der Tau.
Ich hatte dich gebettet und du schliefest,
Du aber schliefest wie die Kinder schlafen.

Der neue Pygmalion

Ich baute mir aus weißem Licht ein Bild:
Aufbaut ich dich, den Abendtraum, aus Nächten.
Mit meinem Leben hab ich dich gestillt.

Mit Golde tönt ich deine blonden Flechten.
Ich rötete den Mund aus meinen Adern. –
Und lange Nacht kam kühlend und umfächelnd.

Ein Morgentraum fand mich auf kalten Quadern
Zu deinen Füßen, leichenhaft verhüllt.
Du aber stehst und bist ein weißes Bild
Und öffnest deine Hände kindlich lächelnd.

DA ICH rief in kalter Nacht: erscheine!
Wuchs dein Leib zu einem steilen Bild von Steine.

Heiß im Ringe waren einer runden
Glutenkugel meine Glieder umgewunden.

Eisig froren deine weißen Zehen
An die Lippen, deren Fieber nie vergehen.

Aber meines Atems Röcheln
Brandet kleine Welle deinen Knöcheln.

Meines nackten Leibes Blöße
Ist ein starrer Sockel deiner Größe.

Es bleibt am Bache immerdar
Im lichten Haar das blonde Kind.
Die Welle bleibt im Bache stehn,
Die grünen Halme rührt kein Wehn.

Es grünt die Wiese immergrün,
Die Welle bleibt geflossne Luft,
Die Blumen rings, die roten, stehn
In einem Glanze ohne Duft.

Des Kindes weiße Locke steht
Im leeren Lichte unbewegt,
Und seine runden Finger sind
Um einen grünen Halm gelegt.

Lieder

Der junge Knabe singt:

Noch durft ich nicht Kuß um Küsse tauschen,
Noch hat sich kein Busen an meinen gedrängt,
Durft nur an Träumen mich berauschen,
An Träumen, wie sie die Sommernacht schenkt.

Im Takt des gleitenden Liedes rausche
Mein Blut, das fast das Leben verdrängt,
Daß ich wie fremder Seele lausche,
Wenn meine Seele singt, was sie engt.

Ständchen:

Hinter den Bäumen
Im Gemache
Schlummernde auf den kindlichen Kissen,
Du sollst nicht träumen,
Daß ich noch wache
In deinem Garten, – sollst du nicht wissen.

Nicht soll dich schwimmender
Dämmer erkennen,
Die helle Sonne soll dich wecken.
Nie soll ein glimmender
Funke dich brennen,
Die hohe Flamme wird dich nicht schrecken.

Dämmerung weil ich
Vor deinen Türen,
Ich bin die Nacht an deinen Wangen,
Die du zu heilig
Meinem Berühren,
Die du zu licht meinem dunklen Verlangen.

Weicht, Nachtwinde,
Von ihrem Haare,
Schlummer, verwahre sie im Gemache.
Nie empfinde,
Was ich erfahre,
Du sollst nicht wissen, daß ich noch wache.

Buhlenscheidelied

Eh die Nacht verklang,
Eh der Tag erschallt,
Ach halt mich. Mir ist bang.

Küß du mich schnell,
Eh die Nacht verhallt.
Unsre Lippen werden kalt,
Lieber Gesell.

Well an Well
Steigt auf zum Wald
Die schnelle Stunde.
Nun scheidest du bald.

Küß mich schnell,
Eh die Lippen kalt,
Junger Gesell,
Eh das Herz mir alt,
Später Gesell.

Wiegenlied der Liebe

Ich trage dich stille
Geborgen an meiner Brust.
Des Lebens wilder Wille
Ist mir nicht mehr bewußt.

Kein Glück, daran ich hang,
Kein Schmerz, davor mir bang,
Fern liegen Leid und Lust.

Wie Blumen auf dem Feld
Blühen wir wunderbar.
Versunken ist die Welt –

Blume nur auf dem Feld,
Nur meines Blühens bewußt,
Trag ich dich immerdar
Geborgen in meiner Brust.

Bahnhof

Das ist der Raum von Stein und Stahl;
Auf starren Eisenschienen steht
Der schwarze Zug. An unser Herz
Der Winter weht –

   Es sprüht und loht
Der Funke rot im dichten Rauch.
Das Wasser stirbt mit heißem Hauch.
Im kalten Äther Flammentod.

Die Glocke schlägt: es spricht die Zeit.
Es schreitet zwischen uns die Zeit.
Und unsrer Herzen gleicher Schlag
Meint Ewigkeit.

Abschied

Wir wollen von einander gehn,
Du liebende, verweinte Braut.
Wir sind nicht froh, wir sind nicht schön.
Die Not, uns hat die Not getraut.

Wir wähnten uns in nackter Pracht
Vor hoher Flamme todgeweiht. –
Und haben nur ein glimmend Scheit
Mit Kinderhänden überdacht.

Zu lange hat mein Wahn, mein Harm
In deinen Augen sich besehn.
Wir sind nicht schön, wir sind nur arm.
Wir wollen von einander gehn.

Am Fenster

Der neue Frühling immer tut mir nur weh,
Wenn ich aus meinem Zimmer hinunter seh.

Die neue Wärme, warum bewegt sie mein Blut?
Nur wenn ich still mich härme, ist mir noch gut.

Und soll ich mit euch wandern im lichten Land,
Ihr lieben andern, nehmt mich leicht an der Hand.

Und führt ihr mich zum Tanze, haltet mich leis.
Noch wird vom Tanze das Herz mir leicht zu heiß.

Führt ihr mich fort, führt mich von hier nicht weit.
Bis an die Tür gebt mir das Heimgeleit.

In meiner Kammer bei Schleier, Ring und Schrein
Muß ich in frommer Feier alleine sein.

NIMM MEIN Leid in deine Hände
Und zu deinem in den Schoß,
Daß ichs nicht dem Wind verschwende.

Meine Toten, die mich lieben,
Meine Schatten, die verhaßten,
Sind vor deinem Weh vertrieben.

Lüfte mir den Tränenschleier –

Denn was ich besaß, verblaßte.
Ich bin deines Leides Freier
Und dein Schicksal ist mein Los.

Ohne deine Gnade – du bist Erfüllung –
Ohne deine Gnade bin ich nur ein Spiel.

Auf verwaisten Wegen – Weil ich dich nicht weiß –
Auf verwaisten Wegen irr ich ohne Ziel.

Deines Schoßes Hüllung – Viele Saat verfiel –
Deines Schoßes Hüllung birgt allein das reine Reis –

Ohne deine Gnade – du bist Erfüllung. –
Ohne deine Gnade bin ich nur ein Spiel.

Ein Tagelied

Du Augenweide
Herzeleid,
Wie sind wir beide
Einander weit.

Mich hat der Tag
Kaum wach gemacht.
Mich hat ein Traum
So schwach gemacht:

Wie meinem Leide
Wohlgeschah!
Wir waren beide
Einander nah.

Wie sind wir beide
Einander weit,
Du Augenweide
Herzeleid.

Es liegt die müde Fremde –

Einem Schoß entsteigen
Wünsche, die lang vergangen,
Und winden Schattenreigen
Und wehn.

Eines jungen Mundes
Krankendem Verlangen
Entwindet sich ein wundes
Flehn:

Es liegt die müde Fremde
In einem armen Hemde.

Es ruht in ihrem Schoße
Eine welke Rose.

„Ich bring, was mir erblühte,
Gib du mir das Verblühte,
Das dir im Schoße ruht –"

„Mir ist die Lust zerronnen.
Die ist aus Blut gewonnen,
Die mir im Schoße ruht. –"

O Rose matten Glanzes
Der krankenden Korallen!
Schatten sind meines Tanzes
Gestalten. Schatten wallen
Und wehn –

Sonette

Nach Petrarca

Wenn ich mich ganz in jene Helle wende,
Darin mich blendet meiner Herrin lichtes
Angesicht, und ich fühle wie des Lichtes
Zehrende Glut mir schmilzt des Herzens Wände,

Bangt mir, daß sich das Leben von mir wende,
Ich sehe nah das Glimmen meines Lichtes
Und geh wie wer beraubt des Augenlichtes
Nicht weiß, woher, wohin sein Fuß sich wende,

Und fliehe immer vor der Hand des Todes
Dahin, jedoch zu zag als daß mein Sehnen
Nicht zöge mit – das ließ noch nie mich einsam. –

Stumm zieh ich hin, daß nicht das Wort des Todes
Die Menschen weinen mache. All mein Sehnen
Ist: zu vergießen meine Tränen einsam.

Vor dem Bild des Glückes rastet
Meine Seele wie der fromme
Jünger der beseligt fastet,
Bis der Heiland wiederkomme.

Ich weiß nicht, ob es mir fromme,
Wenn der Tag den Traum betastet,
Ob ich in ein Morgen komme,
Das kein Gestern mehr belastet.

Ob nur Traum dem Traume gleich,
Spiegelbild dem Bild im Teich,
Ob es nur das ewig gleiche

Wieder, das mir zuerteilt;
Ob das Wunder mich erreiche,
Heil der Seele, die verweilt!

O DASS die Liebe mich auf Flügeln trüge
Zu jenen Gründen, wo die ewigstillen
Meerquellen heimwärts in das Urbett quillen,
Heim gleiten in des Ursprungs Felsenkrüge,

O daß die Liebe schützend um mich schlüge
Die Meeresdunklen Falten, die verhüllen,
Mit großem Wogen alles Draußen füllen,
Umbettend mich wie weite Wolkenzüge,

Daß ich entränne diesem dumpfen Grauen
Vor meinen armen Stunden, blassen Tagen,
Um einmal das Unsagbare zu schauen,

Dem eignen Ohr verstummen in dem rauhen
Geräusch des Tages die verhaltnen Klagen,
Und kann doch nicht erkennen und entsagen.

UMWINDET WILDER mich ihr bunten Schlangen,
Daß meiner Kraft gequälte Sehne schwelle. –
Ob vor der glattgefleckten Häute Grelle
Sich auch das Auge schließt in Lust und Bangen,

Der heißen Finger wutgespannte Zangen
Schlage ich tief in Schlangenhalses Helle,
Daß eurem Blicke meine Glut entquelle. –
Seht meine Kraft mit Löwenpranken prangen.

Gewölbter Brust entsträubt sich gelbe Zotte. –
Weh! Wandel! Wird mein Wesen zur Chimere?
Das Wort hab ich vergessen. Herr, errette,

Erhalte! Wunder fließen nur vom Gotte. –
Abgleitet schon von Arm und Brust die Schwere.
Der Menschenstirne Schweiß ist Perlenkette.

Widmungen

Einer Fernen

I.
Reich war ich sonst, wenn ich verlassen –
Nun kamest du und weiltest eine Zeit
Und ließest mich allein den lauten Gassen.

Von neuem sucht ich meine Einsamkeit,
Den alten Wald sucht ich in banger Hast,
Wo neben mir ausruhte die Zeit,

Wo ich so still ward und mein eigner Gast;
Und von den Bäumen nieder hing das Schweigen
Hernieder tief an Zweig und Ast. –

Und jetzt? Wo find ich, die so ganz mein Eigen,
Die Stätte wieder? – Fremde Bäume stehn
Und schauen stumm, es rühret sie kein Wehn –
Wann kommst du wieder und erweckst das Schweigen?

II.

Die letzte Halde bin ich aufgeklommen
Vorüber, wo die letzten Föhren stehn:
Da bin ich in ein weißes Land gekommen.

Schnee ist das bleiche Königskleid der Höhn,
Aus diesem Firnenschnee ein Hermelin,
Wie wäre es auf deinen Schultern schön! –

Und hier – wo keine Alpenrosen blühn
Die roten, die wie warmes Herzblut leuchten
Und mählich an den Hängen talwärts ziehn –

Find ich dich hier und werd ich hier im Leichten
Und Wolkenlosen dich erscheinen sehn?
„Mein ist der Berg, den Füße nie erreichten."

An einen Unbekannten

Wie Tulpen schmal, die aus der Hülse strebend
Sich schmiegen in die Hülse, – angehalten
An deine Wange, wächst, das Antlitz hebend
Das dennoch sinkende, aus dunklen Falten
Des Kleides, – mit dem eignen Licht belebend
Das dunkle Kleid, – die lastenden Gewalten
Die Stirn und Angesicht hinabgebannt,
Mit leichter Anmut hemmend deine Hand.

Einladung

    Herrin, gebiete deinen Starken Rast!
Schon schwellen deiner Starken Schultern an
Des schwarzen Schiffes fahrtgewohnte Planken.
Gebiete: es verbleibe noch der Kiel
Auf meinem Eiland.

Bleibe. Verlaß die Düne und den Strand
Und sei mit mir und sei mit dem, was mein.
Denn Sonne bist du meinem Weidetal.
Und milder Regen meines Feldes Früchten.
Reich ist mein Boden:

Mein Boden ist von reichem Samen schwer
Und schwanger ist der Schlummer meiner Erde.
Im Lichte aber sprießen mancherlei
Grünende Halme.

Bleibe auf meinem Eiland: wenn du bleibst,
Wird meine Hand geschickt sein jedem Werke,
Wird Blumen warten und die Scholle wühlen
Und Garben winden: blonde: wie dein Haar.
Und meiner Werke werden viele sein. –
Bleibe auf meinem Eiland.

Bleib, auf daß überm Dach das junge Laub
Breiteren Schatten spende meinem Tage,
Daß tiefer sich die Weide neige
Abendlich über den spiegelnden Teich.

Weh, wenn du gehst! – Sahst du im feuchten Sand
Von Wellen hergespült, verworfene
Entsetzliche Gewächse fremder Welt,
Die Ungestalt der Alge und des Tangs?

In hohlen Schäften äffen sie den Wuchs
Der Edelblumen. Immer offne Kapseln
Verströmen ihrer Pollen Überzahl –
Der nassen Äste frecher Wirrwarr
Scheint Wurzel, Krone, Kelch und Frucht. –

Sie klammern sich an jedes Wandrers Fuß.
Sie werden, von der großen Flut geschwemmt,
Die Düne erklimmen, werden ihren Schleim
In die Gefilde meines Fleißes tragen.
Der Tiefe heimatlose Kinder werden
Mein armes Land besiedeln und besudeln;
Mein Eigen aber wird im Winde sein.
Dünner Dünengräser zages Fächeln.

Weh, wenn du gehst – dein Auge unverwandt
Ruht auf der fernsten Welle Flut,
In deinem Blicke spiegeln die Gestade
Des Glanzes, der auf meine Lande schattet.
Und weilt auch hier dein Leib, ich weiß, es bleibt dein
Rastloses Sehnen nie bei mir.

Weh, wenn du gehst – Rasten wird
An meinem Herde Unrast –
Durch Stoppeln höhnen wird der Sturm,
Im schlaffen Schilfe werden Winde stöhnen.
Und abends wartet auf der Schwelle
Meiner das Graun –

Dein Fuß auf meiner Schwelle war das Glück,
Dein Auge Sonne meinem Weidetal,
Dein Atem Gedeihen –
Verweile, die ich dich nicht fesseln kann –
Denn alle meine Kraft ist nun bei dir –

Herrin, gebiete deinen Starken Rast:
Es weile nur ein kleines noch dein Kiel
Auf meinem Eiland.

Sub rosa

Warum ich dir der Rose Knospen reiche,
Fragst du und stützest mit der Kinderhand.
Deine weiche Wange, die morgenbleiche.

Kaum eine Woche ists, daß ich dich fand.
Kaum eine Woche – und fort muß ich ziehen.
Zu andern Menschen in ein ander Land. –

Wenn diese Knospen sich entfalten, blühen
Zu dunkelroten Rosen, mein ich zag:
Dein Auge wird vor meinem nicht mehr fliehen.

Doch findet bald ein junger rauher Tag
Gebeugt die Blüten und den Stiel geknickt,
So hat mir nur aus grünem Hag
Das Glück, das Lose, zugenickt.

Einer Fremden

An dem Sarge meiner fahlen Träume
Find ich deinen fremden Leib:
Willst du mit mir weinen um die Träume?

An der Bahre meiner klaren Jugend
Hör ich das Gelächter deiner Lust.
Mache mich vergessen meiner Jugend.

Ich bin dein – In Särgen schlafen Träume
Süß ist deines Leibes fremde Lust,
Lebende, am Sarge meiner Jugend.

Einer Kranken

Warum gibst du mitzuleiden
Mir kein Teil von deinem Harme?
Niedersinken meine Arme.
Kranke, muß ich dich beneiden?

Du Glückselige, auszukosten
Nahe Schmerzen, mit den Strahlen
Der Verklärung zu bemalen
Deines Fieberbettes Pfosten.

Kaum daß ich von dannen gehe,
Lischt mein Wissen um dein Wehe.
Und wir durften doch vergeuden
An einander von den Freuden.

Schwer beschreiten meine Schritte
Strom- und meer-zerrissnes Eiland.
Nackt aus kahler Wände Mitte
Hangt zu Häupten dir ein Heiland.

Froschkönig

Königstochter, Laub und Leuchten,
Grünes Glück ist dein Gewand,
Niederfließend vom gebeugten
Nacken auf den Brunnenrand.

Aber ich der feuchten Tiefe
Herr und wunderlicher Wächter,
Meines Elements Verfechter, –
Scheint es auch als ob ich schliefe,

Immer offnen Auges laur' ich,
Bis dein Spielzeug fiel verloren.
Gerne tröste und bedaur' ich,
Bis du dich zu hoch verschworen.

Perlen, Edelstein und Krone
Mag ich nicht. Aus trüben Teichen
Steigend, fort von meinesgleichen
Hol ich mir dich selbst zum Lohne.

Welch ermüdendes Behagen,
Schlanken Knöcheln nachzuhupfen.
An das Goldtor will ich schlagen
Und an die Tapete tupfen.

Recht verlangt auch der Geringste.
Das Geschick nimmt seinen Lauf.
Königstochter jüngste,
Mach mir auf!

Muß ich armer Wiesenschneller
Hupfen, wo die andern schleichen,
Werd ich dennoch Tisch und Teller
Und dein Seidenbett erreichen.

Bangt dir, daß mit Fröschleins Felle
Du die weiße Haut befleckst,
Wirf gegen die Wand mich schnelle,
Denn ich bin vielleicht verhext.

Und ich bin vielleicht ein König
Oder eines Königs Sohn.
Draußen wartet schellentönig
Mein erlöster Wagen schon.

Und acht Rößlein, weiße, flinkste,
Halten ein im Kettenlauf.
Königstochter jüngste,
Mach mir auf.

An Psyche

Dich trugen Wogen wunderlich
Geschwind und weich aus Sturz und Tod
Herüber in das Uferschilf –
Wacht auf nun, liebe Augen.

Sieh, dieses Licht ist Tageslicht
Und dieses Grün ist Erdengras.
Du bliebst im Leben. Sieh ich bin
Der stillen Mittagsstunde Gott.
Ich trockne deine Locken. –

Mit meiner Nymphen leisem Lied
Und Tanzesschritt und mit dem Ton
Der Flöte weck ich dich
               Wach auf,

Verschlafnes Kind. Ich weiß es wohl,
Du bist des Wachens übermüd.
Denn es entwich, der dich gehegt,
In süßem Dunkel dich beglückt,
Das du verscheucht mit schlimmem Licht. –
Weine nicht. Bleibe stille.

Viel zarter als der stolze Gott
Will ich dich hegen, ob ich auch
Nur erdennah in Busch und Rohr
Ein brauner Faun des Schilfes bin
Nicht hold und hehr, nicht schmal und schön,
Nein, kraus und schwer und zottig –

Von meinen Lippen tönt ein Lied
Aus Wiesendunst und Sonnenduft.
An meinen Lippen lernest du
Den feuchten Kuß der Mutterflur,
An meiner Brust das süße Glück
Die treue Glut, das müde Glück
Der früchteschweren Erde –

Keiner Blume Namen nenn ich mein,
Kein Baum ist mir, kein Fluß, kein Teich
Allein zu eigen. Alle doch
Sind mir verbunden, untertan –
Und älter als die Himmlischen
Ist mein Geschlecht, und länger währt
Mein Wandel und Verweilen auf
Dem wandelbaren Boden. Pan
Stirbt später als die Götter –

Du hörst mich kaum. Ich rühme mich
Umsonst vor deiner Müdigkeit,
Du fremdes Weib. Ich weiß, ich weiß,
Du bleibst nicht hier, du suchst den Weg,
Findest den Pfad,
Deine lichten Füße finden den Pfad
Durch müden Sand und scharfen Fels
Der mühevollen Wanderung.
Bis an das Wasser, an das Tor,
Bis an den Thron der blassen Braut
Und wieder an das Licht zurück. –

Du selige, beseelende,
Du gibst dem Gott beschwingte Kraft,
Daß er dich aus der neuen Not
Zu höchstem Glücke hebe. –

Dein Blick zerschmilzt der Mutter Grimm.
Dir lächeln alle Himmlischen,
Dir tanzen Flüsse, göttliche,
    Den Hochzeitstanz – Du fremdes Weib,

Lieg heute noch im Schatten hier,
Im überwachsnen Uferbusch,
Daß ich auf meiner Flöte dir
Das Lied der Stunde spiele.

Einer Gütigen

Du kamst in kargen Tagen
Wie Licht der Winterwende.
Du nahmst mit leichten Händen
Von meiner Stirn die Schwere.

Verworrenes verzeihst du,
Das immer Trübe reinigest du,
Und das Zerstreute reihst du,
Alle Liebe vereinigest du.

Du gibst mir, du allein mir
Das wehe Glück der Stunde.
Dir danke ich, allein dir,
Wenn ich vielleicht gesunde.

Fastnacht

Am Ende, da die bunte Nacht verblaßte
Und mit den Lichtern losch die Freude tot,
Saß ich am Boden und mein Finger faßte
Festblumen von Papier gespensterrot.

Von drüben winkten Blicke noch verstohlen,
Und Schultern duckten unter losen Strähnen:
„Willst du uns nicht zu einem Tanze holen
In grauer Morgenluft?" – Da stiegen Tränen,

Da drang es mir zum ersten Male heiß
In Aug und Herz: Ist es denn wahr, du Süße,
Daß eben schwebend noch und wandelnd weiß
Sich hoben von dem Boden deine Füße?

AM ABEND, da die Lüfte fast vergingen
Und atmeten, als könnten sies nicht fassen,
Hast du die Hände beide mir gelassen,
Die müde aus der Seide niederhingen.

Am Abend, da die Lüfte aller schwanken
Und willenlosen Blumen Duft entführten,
Hast du den Leib geneigt wie in Gedanken,
Bis meine Lippen deinen Hals berührten.

Und seltsam: das bewegt mich so, als bliebe
Eine Gewähr aus diesem Ungefähr.
Ich weiß, ich wähne. Und ich lieb es sehr
Zu wähnen. Und mein Wähnen nenn ich: Liebe.

An die Sonne

Aus heller Höhe, in der Fülle bebend,
Verschwendetest du tausend goldne Gaben.
Beglücken mußtest du, erleuchten, laben,
Dem fernsten näher als dem nächsten lebend.

Nun sinke in die Tiefe und beschreibe
Geraden Gang. Dein Werk ist nun erfüllt.
Der grenzenlose Schimmer wird zur Scheibe
Und Abendkühle tröstet und umhüllt.

Fremde

ICH KLAGE um verlorene Gespielen.
Sie kamen zu mir, nahmen meine Hand
Und führten mich in ein entlegnes Land.
Ich glaube, daß wir dann in Schlaf verfielen.
Ich schlummerte, in ihrer Hut befangen.
Indes ich schlief, sind sie von mir gegangen.

Im Traume sah ich sie schon wie von ferne.
Und wollte rufen: Kennt ihr mich nicht mehr?
Hört ihr mich nicht? Ich liege tief gebunden
An nacktem Grund, von dunklen Ketten schwer.
Die Stimme ist, die tönende, gebunden
In mir – Ihr wandelt weiß mit meinem Sterne –

Und nah und schmerzlich fühlt ich das Erwachen.
All mein Gesicht hing wild und festgebannt
An ihrem blassen Wandel, an dem schwachen
Abglanz der Sohlen, an dem Schein der Hand.
Und ich erwachte, und der Traum verschwand. –
Denn Träume schwinden hin, wenn wir erwachen.

Wie wohl ein Hirt im Süden in den Streifen
Der Wolken und im weißen Gipfelschnee
Die Schlösser der Unsterblichen gesehn.
Und schließt das Aug im ersten Strahlenweh
Und öffnets – die Gedanken bleiben stehn –
Und kann das allernächste nicht begreifen –

Am Ufer

Von dannen sind die Freunde: Braunes Segel
Wölbt sich gen Abend, gegen Abend teilt der Kiel das Wasser.
Nun lagern Nebel auf den Seegestaden rings
Ergraut und matt rastet die Flut.

So grell und fremd erglänzen heut in meinem Garten
Die weißen Blüten. Der Oliven silbergrünes
Laub will verdämmern. Steil steht der Cypressengang,
Begrenzt die Nähe, wehrt den Bergespfad.

Auch dies ist nicht die Heimat, die ich nun so lange
Auf manchen Wanderfahrten suche: nirgend fand ich
Die Heimat: es ermatten meine Füße
Im Steingerölle und im heißen Sande. –

BIN ICH nicht wie ein Baum am Feldesrand
Am Rain, wo alle Winde sich begegnen,
Und darf ein jeder meine müden Äste
Bewegen? –
       Bin ich nicht ein Baum,
Der manchmal blühen darf und machmal
Sterbende Blätter streut, wie es die Zeit befiehlt?

Und doch: ich weiß um eine andre Zeit,
Weiß einen blauen Glanz, in den ich wuchs.
Und meine Wurzeln wissen eine Erde,
Die immerdar von Säften überquoll,
Und meine Zweige wissen wilde Winde,
Die ich zum Kampfe rief, und säuselnde.

Denn ich bin wie ein Baum an einem Felde.
Und meine Wurzeln saugen armen Sand.
In fremde Wehen ragen meine Äste,
Und meine Blätter blühen eine Weile
Und werden welk zu ihrer Zeit.

Erinnerung

Ein Garten überblühte meine Jugend,
Darin verzweigten Baum an Baum sich dicht,
Und dunkel grünend hemmten sie das Licht –
Und fremdes Strauchwerk übers Gitter lugend

Verdeckte alle Straßen, alle Ziele –
Die Zweige neigten sich, die mich bedachten,
Auf meinen nackten Füßen betrachten
Der goldnen Sonnenflecken Glitzerspiele. –

Am Abend aber schlich ich still und schauernd
Zum kahlen Sandplatz an dem Tor nach Osten,
An dem die schwarzen Eisenriegel rosten.
Da saß ich wunderbar bewegt und trauernd.

Und streckte mich und fühlte in die Ferne,
Bis wo der Sand zerrinnt am Meeresrande.
Das Licht stieg heim in tausend kleine Sterne,
Und meine Seele wanderte im Sande. –

Vergessenheit
(nach Petrarca)

Vergessenheit ist meines Schiffes Fracht.
Durch rauhe Flut in Winter-Mitternacht
Gleitet der Kiel an Sturz und Strudel fort.
Es sitzt mein Herr, mein Feind, am Steuerbord.

Und alle Ruder regen wild bewegt
Gedanken, welche Sturm und Tod verhöhnen.
Im Segel reißen Winde, die erregt
Von Hoffnungen, von Seufzern und vom Sehnen.

Die Tränenflut, die Nebel meiner Sorgen
Müssen die schon erschlafften Taue trinken,
Die mir einst Torheit und Verwirrung flocht.

Und meine beiden Sterne sind verborgen.
Ins Wellengrab muß alle Kunst versinken.
Und meine Seele glaubt an keinen Port.

MEINE KÜSSE streifen wohl eure Wangen,
Meine Lippen wissen es kaum.
Fern führt mich ein Traum,
Wenn mich heiß eure Arme umfangen.

Es ist gelegt um meine Glut
Ein leinen kühl Gewand,
Um meine Stirn das weiße Band
Bändigt das wilde Blut.

Ich taste einem Traume nach,
Der einst dem Kind erschien.
Laßt mich allein des Weges ziehn
Die Nacht bis an den Tag.

WEM EINMAL glänzten die rötlichen Zinnen,
Wer einmal genippt an der goldenen Schale
Und muß nun hinab –
Wie fremd ist seine Kindergasse ihm,
Wie fremd sind seiner Mutter Augen ihm,
Die Menschen, die vorüberziehn,
Der Spatz am Fensterbrett, an der Schwelle der Hund.

Verhüllt, gebückt,
Schleicht er eng
An den Häusern vorbei
Stadtaus ins dämmernde Feld,
Wo jüngst zum Bau gehäuftes Gestein
Zerbröckelt in träger Einsamkeit. –

Wer baut sein Haus auf Trümmergebälk?
Das fette Weib mit dem fahlen Fleisch,
Ihr Kissen ist Schlamm.
Der dürre Narr mit fuchsrotem Haar,
Der wütend kramt von Balken zu Brett
Und rastend stiert ins faule Holz,
Darin die Welten wogen …

WOHL DENEN,
Die dem Lächeln weiche Lippen öffnen,
Denen das brennende Auge
Bald die Träne stillt.

Wohl denen,
Die leicht sind wie der tanzende Sonnenstaub
Und wie des Gartens Vögel
Immer um nahe Büsche flattern.
Und ihre Nahrung
Ist ihnen nah bereit.

      Wo ist der Quell,
      Daß ich mich kühle?
      Wo ist der Trank,
      Daß ich mich letze?

„Du hattest Flügel: Bist nicht geflogen.
Du ruhtest tief, des Reichtums sicher. –

Er, den wir ehren,
Hob sich empor,
Droben zu schmelzen das Wachs seiner Schwingen,
Er, den wir beweinen" –

    Indes ich geträumt geflügelte Träume
    Hat meine Flügel die Sonne geschmolzen.

      Wo ist der Wahn,
      Daß ich mich letze?
      Wo ist das Wasser,
      Daß ich vergesse?

Wohl denen,
Die dem Lächeln weiche Lippen öffnen,
Denen das brennende Auge
Bald die Träne stillt.

Ich gehe irr, ich gehe hin.
Das Blut ist schwer und leer der Sinn.
    Seele, bewahre das Weh.

Wege verworren, Pfade verwischt.
Mein weißer Pfad wie ein Licht erlischt.
Eines nur währt von je zu je.

Willen und Wissen wie leicht verwirrt,
Augen wie leicht und Füße verirrt,
    Seele, hege dein Weh.

Rotes Laub

Der Frühling kam leicht wie ein Wolkenflug:
Mir ward an seinem feinen Schimmer nicht genug.

Der Sommer kam in Fülle und in Schwüle:
Da bin ich scheu geflohn in eines Schattens Kühle.

Nun streut der Herbst mir Blätter auf die Schwelle:
Wie hast du dir in Qual und Pracht
Wie hast du uns, schwermütiger Geselle,
Das arme Ende bunt gemacht.

Bestimmung

„Wie wär es süß im Tode zu bekennen,
Was Leben zwang dem Leben zu verschweigen,
Das eine Einzige, das ganz dein Eigen,
Wie süß: mit letztem Atem es zu nennen.
Daß, die dein armes Lager stumm umstehen,
Gedankenvoll von deiner Stätte gehen."

So flüsterte Verführung, letzte, zarte,
Mir zu, da ich den engen Weg betreten,
Den weiten Weg, den ich mir selbst erbeten
Vom Schicksal, das mir keine Heimat wahrte,
So flüsterte Verführung mit den blassen
Und weichen Lippen, die das Leben hassen. –

„Nein. Auch im Tode darfst du es nicht nennen,
Verschwiegne Brust, von allen Wundern schwere.
Dir bleibe dein Geheimnis deine Ehre.
An unserm Wandel mag die Welt erkennen,
Ob auch kein Wort von unsern Worten bliebe."
Erwiderte die Stimme, die ich liebe.

Wiederkehr

FREMD IST der Gang, der uns beengt,
Die Lampe fremd, die niederhängt,
Die Schwelle, die zu deinen Füßen spricht,
Die fremde Schwelle spricht: Hier ist es nicht.

Doch du, du fandest mich auch hier,
Aus aller Nacht erwachst du mir,
Und jeder Schatten, Schwester, wird dein Kleid,
Jedwedes Licht wird deiner Stirn Geschmeid.

Hier ist der Herd: Nun zünde du
Die Glut. Ich schau den Händen zu,
Die zwischen Flackerschatten aufgehellt,
Verirrte Schemen aus entschlafner Welt.

Es wächst ein Duft aus deinem Haar
– Die Mutter starb, da sie gebar –
Es wächst aus deinem feuerschwarzen Haar
Der Duft, in den ich einst empfangen war.

LASS SPIELEN mich mit diesen blonden Kindern,
Betrachte diese biegsamen Gelenke,
Der jungen Glieder schmalen Wuchs bedenke.
Was kommst du, meine leise Lust zu hindern?

Rötlichen Schein auf ihren blassen Wangen,
Wie auf dem letzten Blatt der weißen Rosen,
Siehst du ihn nicht mit deinen schlummerlosen
Augen, die immer nach den meinen langen?

Glückliche Kinder der besonnten Hügel
Bergen im Bausch des blütenweißen Hemdes,
In ihrer Augen feuchtem Glanz ein fremdes
Beglückendes –
                Du aber breitest Flügel –,

– Grell gegen Osten ragen ihre Enden –
Und sprichst: Was weilest du in Schattentalen?
Du sollst durch weißen Sand in heißen Strahlen
Ohne Gespielen deinen Lauf vollenden.

SCHON WEHN die Winde mir verwandt,
Es kreist der Boden hügelab,
Schwand fremder Tag, sank fremdes Land?
Duftet es grün von deinem Grab?

Du bist gerader Rauch und Glanz,
Noch geisterfern, schon seelennah.
– Es ist nicht irrer Lichter Tanz –
Du überdauerst, was geschah.

Dein Schleier nur ist alle Luft,
Umarme mich!
Mich treibt ein Leid: erbarme dich.
Tu auf die Gruft! Tu auf die Gruft!

VERSUNKEN IST der Laubengänge Pracht,
Versunken sind mir Halle, Saal und Zimmer.
Und all mein Tag ist deiner Arme Schimmer,
Die schwarzen Wellen deines Haares alle Nacht.

Das andre rings hat mein nicht mehr Gewalt.
Die Welt wird eng: das Dumpfe wird Gestalt –

Ruhn wir noch eins in unsrer Mutter Schoß?
Pocht in uns ihres Herzens warmes Blut?
Und rings die Nacht ist ihres Lebens Flut –
Kein Tagesgrauen reißt uns los
Von der gebärend Sterbenden –
                                        Es ruht
An deiner Brust mein Haupt: an Mutterbrüsten.
Und eben, als sich unsre Lippen küßten,
Küßt ich dich nicht mit deiner Lippen Glut?

„Noch ist es nur ein Wahn. Noch wär es Sünde.
Ungeduld zuckt in deinen Traumgelüsten.
Begehre nicht in die geheimen Gründe.
Noch liegst du wie ein Kind an meinen Brüsten.

Dein Teil ist ein gehorsames Bereiten.
Hüte den Zunder, den nur ich entzünde –
Ich will als Schleiersäule vor dir schreiten,
Weil meine Feuer dich verderben müßten."

NIMM DIE Schleiertücher aus der Lade,
Birg dein Antlitz in die Falten tief –
Schließ das Auge – Traue meinem Pfade.
Sieh: ich zeige dir, was lang entschlief.

Schatten nur ist, was sie uns berichten.
Was du dir ersinnst, erreicht noch nichts
Von den satten Farben, von den dichten
Wonnen dieses seltenen Gesichts. –

Siehst du es schon, Stock auf Stock, erwachsen?
Kein Gewölk hemmt kühnen Wandelgang.
Aus dem Raume ragen seine Achsen.
Seine Richtschnur ist der Überschwang.

Deiner Jugend ziemt es noch zu schweigen,
Denn du fassest nur des Saumes Saum.
Wenn ich wiederkehre und mich neige
Dir zum dritten Male, Kind, dann zeige
Späterem Geschlechte deinen Traum.

Gebet

Gebet

Laß immer mich fließen,
Nimmer versinken,
Auf spiegelnden Fluten
Den Himmel trinken.

Laß immer mich bluten,
Nimmer vergehen,
Aus blühenden Wunden
Glühend erstehen.

O laß den Stunden,
Den kommenden allen,
Die Seele den Tagen
Entgegen wallen.

Zu jedem sagen:
Vor dir war keiner,
Aus Morgen und Abend
Du Erster und Einer.

VERSTREUTE LYRIK

Auf dunklen Wassern rauscht die Nacht,
sie fließen und gehn,
die Linden wehn –
in allen Linden weht die Nacht,
sie wiegen und wehn.

Ich lieg, aus halbem Traum erwacht,
und meine armen Augen sehn
die schwarzgeballte Wolkenmacht
aufwallen zu den Höhn –

Die weißen Blüten all sind tot,
der Fliederduft verweht.
Ein letztes müdes Sonnenrot
in Nebelnacht – glüht auf – erloht
– zergeht.

WEM EINMAL erglänzten die rötlichen Zinnen,
wer einmal genippt an der goldnen Schale
und muß nun hinab –
wie fremd ist seine Kindergasse ihm,
wie fremd sind seiner Mutter Augen ihm,
die Menschen, die vorüberziehn,
der Spatz am Fensterbrett, an der Schwelle der Hund:
wie fremd!

Mantelverhüllt,
in die Ecken gedrückt,
duckt er sich schleichend
stadtaus ins dunkelnde Feld,
wo jüngst zum Haus gehäuftes Gestein
zerbröckelt in träger Einsamkeit –

Wer baut sein Haus auf Trümmergebälk?
Das müde Weib mit dem fahlen Fleisch,
ihr Kissen ist Schlamm.
Der dürre Narr mit fuchsrotem Haar.
Wutgrinsend kramt er von Balken zu Brett,
rastend stiert er ins faule Holz,
wo tausend Welten wogen …

Der Page

Manch weißen Busen sah ich schon mit Bangen,
oft bebte meine Hand, der Schleppe Seide,
die knisternde, vom Boden aufzulangen.

Oft ward mir dunkel in der raschen Freude
des hellen Saals: mir macht den Sinn befangen
der Farbenrausch –
                warum ich ihn nicht meide?
Wie war ich frei – und jetzt bin ich gefangen!
Hold ist mein Kerker – wie so schön ich leide!

Doch weh! wenn einst das wachsende Verlangen
gestillt in deiner Kissen heißer Seide:

Dann wirst du Weib zu meinen Häupten stehen
lachenden Siegs – mein Auge starrt ins Leere …

Was weißt du Schöne von der Mannheit Wehen …

Buhlenscheidelied

Eh die Nacht verklang,
eh der Tag erschallt,
ach halt mich, halt
mich, mir wirds bang –

Küß du mich schnell,
eh die Nacht verhallt.
Uns sind die Lippen worden kalt,
mein Trautgesell.

Und Well an Well
steigt auf zum Wald
die schnelle Stunde –
nun scheidest du bald.

Ach küß mich schnell,
eh die Lippen kalt,
mein junger Gesell,
eh das Herz mir alt,
mein später Gesell.

Sonnenuntergang

Nun sinkst du stolzer Gott. Auf grauer Wolke
nur deinen Abglanz darf ich sehn,
denn Dächer, Felder, kahle Winteräste
trennen von dir mich.

Wenn dieses Auge trüge die nahe Glut,
die nahe Glut deiner Flammen ein Eisenleib:
ich dränge tief mit dir ins Namenlose.

Aber mich bindet
die Erdenluft, mich hält die Fremde fest,
wo ich auf Äckern weile, die nicht mein,
mir bettet nicht die kalte Wiese zu nacht,
stumm bleibt der Wald und wendet seine Wipfel –
und fremde Menschenaugen sehn mir nach.

Nun malst du Gold auf aller Wolken Rand,
nun ist ein rotes Flattern aller Wind,
ein Winken mir, kein Scheidegruß –

O trüge meine Sehnsucht mich zu dir
und müßten ihre Flügel auch vergehn
in deinem Feuer, gerne stürb ich,
das Weltenlicht nährend mit Menschensehnsucht!

San Marco

Aus all der Fülle fremden Menschenstromes
schritt ich in die verlassnen Gotteshallen,
wo rings empor des Ostens Farben wallen
gemildert von der Dämmerung des Domes –

Porfyrene Säulen heben sich zu runden
Gewölben, aus den gleichen Fließen ragen
Altäre auf, die Goldgeräte tragen
und Schätze bergen seltner Feierstunden.

Schwer hangt die Ampel tief herab,
ihr rotes Licht rührt und verklärt
der heiligen Gebeine steinern Grab.

Da leuchtet auf aus dunklem Grund Marias Hand
die allem heißen Drängen wehrt,
es leuchtet auf ihr Prachtgewand.

Einer Fernen

Der Erde breitete ich meine Arme,
mich wieder wie als Kind ihr anzuschmiegen,
ein Liebender an ihrer Brust zu liegen,
auf daß mein stockend heißes Blut erwarme.

All mein Genuß: die Gaben ihrer Hände,
und all mein Willen: ihrem Wort mich fügen,
auf daß ich endlich ein Verweilen fände
und eine Treue und ein Selbstgenügen.

Da kamst du und in meinem Auge weilte
dein Aug und nahm es mit empor und eilte
in des Nachthimmels letzte Nebelferne.

Was rührest du an alte Traumgedanken
und weckest Sehnsucht nach den weißen, schlanken,
den kühlen Wunderblüten ferner Sterne.

REICH WAR ich sonst, wenn ich verlassen –
nun kamest du und weiltest eine Zeit
und ließest mich allein den lauten Gassen.

Da sucht ich wieder meine Einsamkeit,
den Heimatwald sucht ich in banger Hast,
wo neben mir ausruhte die Zeit,

wo ich so still ward und mein eigner Gast,
und von den Bäumen nieder hing das Schweigen,
hernieder tief an Zweig und Ast. –

Und jetzt? Wo find ich, die so ganz mein Eigen,
die Stätte wieder? – fremde Bäume stehn
und schauen stumm, es rühret sie kein Wehn –
Wann kommst du nun und machst sie wieder schweigen?

Einer Toten

Der Park ist kahl. Novembernebel lagern,
in grauen Nebeln alle Stämme stehn,
die schwarzen Stämme recken ihre magern,
von Qual gewundnen Äste zu den Höhn
des Himmels: eine Sonne sucht ihr Sehnen,
sucht Sonnenlicht und findet graues Dehnen.

Wie müden Gang die blassen Wege schleichen
am Gras entlang und an verdeckten Beeten.
Ein fahles Rot weht her von fernen Sträuchen,
ein Abglanz von vergangnen Abendröten.
Und nun – her aus der Stadt gedämpft und bang
erschallt der Mittagsglocken Klageklang.

Der Park ist kahl – damals war er ein Blühn,
ein grünes Wiegen, dichtes Wipfelneigen,
ein Sonnenfleckentanz, ein goldner Reigen
über das Gras; und das Vorüberziehn
des Baches – jetzt ein Gleiten rasch und kühl –
war ufernahes Wandern ohne Ziel.

Die Morgensonne badete und küßte
die zagen Wellen, zu den Uferhalmen
hoben sich junge feuchte Wellenbrüste.
Und du – und ich – träumten wir nicht – von Palmen,
die fern in unsrer Heimat Weiher schaun,
tieferes Grün in dunkleres Blau –

vom stillen See der heimlichsten Gedanken,
von unsrer Heimat, deren warme Farben
wir nie mit Augen sahn, von den Cypressen,
die nur ergrünten unserm Weltvergessen –
bis deine traumesschweren Lider sanken,
Schwester, eh noch die Sommerblumen starben.

ICH BIN allein geschritten durch das Land
den Pfad, darauf die Zweige niederhangen,
den wir – so oft noch – zusammen gegangen,
eh du heimgingest in das stillste Land –

Und bin zum alten Buchenbaum gekommen,
von dem so tief das volle Laub sich neigt,
den deine Hand mir oft gezeigt,
eh es aus meinen Armen dich genommen.

Da sah ich heut von einer fremden Hand
den Namen, deinen Namen eingeschrieben –
bin lange stille stehn geblieben
und heimgekehrt auf meiner Spur im Sand.

Heimkehr

Ich liebe dich, Mutter Erde;
nun zürne nicht länger dem Kinde,
das von dir ging.

Des Tages wagt ich mich nicht zu dir,
wagt es nicht in den Zorn deiner Augen zu schaun –
nun ist Nacht, leise kam ich
zu lauschen deines Schlummers gleichem Atem.

Wohl bergen dich Nebel,
Nebel fernen dich mir –
ich lieb auch sie
wie eines geliebten Weibes Gewand.

Grüß' ich dich auch von eines Hauses Zinne,
das meine Brüder hoch bauten,
sich zu entfernen von dir
und nah zu sein dem unbekannten Himmel:
ich fühl nicht mehr die Bretter unterm Fuß –
mir ist: ich schwebe über dir
in der Woge deines Atems
und steig und sinke in der Woge deiner Brüste.

Denn ich liebe dich, Mutter Erde,
zürne nicht länger dem Kinde,
das nun heimkehrt.

Hinüber

O daß die Liebe mich auf Flügeln trüge
zu Morgengründen, wo die ewig stillen
Meerquellen heimwärts in das Urbett quillen,
heimgleiten in des Ursprungs Felsenkrüge.

O daß die Liebe Falten um mich schlüge,
die meeresdunklen Falten, die verhüllen,
mit großem Wogen alles Draußen füllen,
umbettend mich wie weite Wolkenzüge,

daß ich entränne diesem dumpfen Grauen
vor meinen armen Stunden, blassen Tagen,
um wie im Traume damals Glanz zu schauen.

Dem eignen Ohr verstummen in dem rauhen
Geräusch des Tages meine leisen Klagen,
und kann doch nicht erkennen und entsagen.

ES RAGT aus den zerschlissenen geweben
des fahlen mantels, der im winde weht,
Deine gestalt in ruhevollem streben.

So blühten einst auf einem gartenbeet
fern, wo die tage meiner kindheit wohnen,
gerade tulpen mit zerspaltnen kronen –

herab schaun sollte dieser blumen zier
auf Eurer feder mühevolles regen
und schmücken Eurer arbeit dürren pfad.

Doch fanden sie verschlossen Eure thür.
nun blühen sie und welken Euch entgegen
und sind vielleicht verblüht, eh Ihr sie saht.

Die sieben Raben
Lieder zu einem Märchen

Ausfahrt

Es stieß ein Boot vom Strande
„Herr König, sagt, wohin es geh:
geht es auf die hohe See
oder zum Dünensande?"

„Gen Westen sollt ihr fahren.
Im Westen, wenn die Sonne sinkt
eine Insel schwimmt, eine Insel winkt."
Es konnte sie keiner gewahren.

„Seht ihr das Land nicht liegen?"
Der König selbst zum Steuer griff
und steuerte sein schnelles Schiff.
Sie ruderten und schwiegen.

„Der Tag darf nicht anfangen.
Denn was ich heut mit Augen sah,
morgen ist es nicht mehr da,
ich müßt es denn erlangen."

Stumm fuhren sie von dannen.
„Und leuchten mir die Sterne nicht,
das Aug ist mir voll leuchtendem Licht."
Zu Boden schauten die Mannen.

Sein Blick ward immer heller.
„Was siehet unser Königskind,
daß ihm so hell die Augen sind."
„Wir sind am Ziel: fahrt schneller."

Und bis die Nacht zu Ende,
sah ihrer keiner auf vom Boot.
Die Berge wurden heimlich rot.
Da haben sie sich gewendet.

Was steigt aus Meereswellen?
Kein Riff im Strudel, kein Sand im Schaum.
Waldwurzeln wachsen Baum bei Baum,
dazwischen grüne Schwellen.

Von Moos ein grünes Lager
und Blumen des Grases, Halm und Gras,
klar war das Meer wie glattes Glas.
Sie wagten es kaum zu schlagen. –

Sie trieben wie im Weiher
„Herr König, wo binden wir an den Kahn."
„Bindet ihn an die Blumen an
und wartet mein in Treue."

Sie haben treu gewartet.
Und kaum daß er am Lande war,
aufflattert eine Rabenschar.
Er hat es nicht beachtet.

Die Heimkehr

„Wo seid ihr gewesen die ganze Nacht und
taglang bis an die weiße Stund?
Was ist euch widerfahren?"
Wo wir gewesen, das wissen wir nicht.
Wir kamen an ein grünes Land im Licht.

„Und was hat unser König getan?
Ging er jagen auf den grünen Plan,
ist er zum Fischen gefahren?"
– Er ging allein. Wir hielten Wacht.
Als er zurückkam, war es wieder Nacht –

Er trug mit Brust und Arm und Hand
ein Weib, bedeckt wie von Gewand
von ihren hellen Haaren.
Schwer lag das Haar dem Königskind
auf Aug und Mund und Knie: er ging wie blind. –

„Und wer war, die er mitgebracht.
Was ward gesprochen in der Nacht
da ihr zurückgefahren?" –
Stumm lag sie. Auf ihr hären Hemd
spreitet er sein Gewand. Sie blieb uns fremd.

Stumm lauscht er ihrer stummen Ruh.
Nur einmal wandt er sich uns zu.
„Wenn diese Fahrt vollendet,
meldet den Menschen, was geschehn,
und sagt: Der König will heut keinen sehn."

Und da die Kette klirrt im Ring,
und er das Weib aufhob und ging,
sprach er, zurück gewendet:
„So wahr ich euer König bin,
die Schweigende ist eure Königin."

Ballade

Sie schreiten nicht in Hall und Helle
zu hohen Domes Goldaltar.
Sie hasten durch die Nacht geringe Schar
zum Hügel der verlassenen Kapelle.
Die Kerzen brennen schief,
Strandvögel fliegen tief,
die Spur der Flüsse löscht geschwind die Welle.

Am Schlosse krampfen greise Hände.
Gespreitet wird ein Tuch,
der Bischof flüstert seinen Spruch.
Die Gottesaugen zürnen aus der Blende.
Die Braut, die bleiche, reicht
die Finger hin und schweigt.
Es fassen rasch des Königs heiße Hände –

Nicht zum Palast, nicht zum Gemach, –
sie wenden sich zur Seite.
Zwei Fackeln sind der Könige Geleite.
Bekümmert sieht der Bischof ihnen nach –
und kehrt sich zu der scheuen
Schar der verschwiegnen Treuen
und trägt den heiligen Stab wie eine Schmach.

Sie aber gehn am Rande,
an einem armen Nadelhain,
und endlich fällt ein Schein
vom alten Burggebäu am Wasserstrande –
Wo Bach und Meereswogen
begegnen, steht der Bogen
schwarz-steinern einer Brücke überm Sande.

WELLE MEINE Schwester, Schwester Welle
raunst von Ruh umsonst, flüsterst von Nacht,
überflutest nie die Seelenschwelle
des Schlaflosen, der vereinsamt wacht
neben dem geliebten Schlaf des Lebens.
Flute, spüle, sprich – es ist vergebens.

Ist der Schmerz, der meinen Schmerz vermeidet
auch gelöst von diesem Angesicht,
schwüle Brust, die nichts mehr von mir scheidet,
bannt mich wohl, doch sie empfängt mich nicht.
Liebe rief ich, daß sie uns versöhne.
Aber zwischen uns ist ihre Schöne.

Stieg in deinem Atem ein Verlangen,
das dem nahen Wahn der Ferne kost,
hättest auf den Lippen du empfangen
einen Traum – zu wissen wäre Trost –
Viel verschwiegner als die stumme Stunde
ist dein Schlaf – ich neige mich zum Munde.

Wie die Mütter überm Kinde wach,
bangen, ob das Leben auch verweilt,
ob der Hauch, so lautlos und so schwach,
immer noch die lieben Lippen teilt,
wie die Mütter, die bekümmert schweigen
weil ihr Eigenstes doch nicht ihr Eigen. –

Und der Wind will sich mir nicht vereinen
zu berühren deinen Schlaf im Flug,
und das Wasser will nicht mit mir weinen,
selig wär es, wäre schon genug
Wellen unten in der Nacht, noch gestern
– heute fremde Stimmen – wart ihr Schwestern.

NAHM ICH dich fort aus einem Reigen
und darum mußt du schweigen – ?
Die Äste der Wälder langen nun
umsonst in die Wiese: die Tänze ruhn.

Die Schwestern alle schlafen tief,
der Morgen fragt: wohin dein Fuß entlief?
Der unberührt zerschmelzen muß,
der Tau zittert nach deinem Fuß

Die Schwestern alle schlafen schwer.
Der Abend klagt: Wiese du wurdest leer
Der Mond geht suchen fahl und schmal.
Ihm mangelt deines Haares Strahl.

Die Schwestern schlafen – aus deinen Reigen
nahm ich dich fort – die Tänze ruhn.
Ins Leere langen die Äste nun –
und darum mußt du schweigen.

ICH GLAUBE, daß ich nun erkennen lernte,
Was mich dir so genähert du Entfernte,
was mich dir so enthüllte du Verhüllte.
Ich glaube, was dem eignen Geist geheim,
in mir geblieben kleiner Keim,
daß es in deiner Blüte sich erfüllte. –

Du bist Gestalt und wie aus mir bereitet.
Ich glaube, daß mein Gang mit deinen Füßen schreitet.
Zu fassen glaube ich mit diesen schmalen
geliebten Händen meine wunderbaren Schalen. –

Was ich dem Licht verhehle, ist
sichtbar, wenn deine Augen auf mich niedersehn,
dein Angesicht ist mir ein Wiedersehn,
ich glaube, daß du meine Seele bist.

Wohl funkelt die Frucht
am dunklen Ast:
Sehnsucht,
die du vergessen hast.

Auf daß sie verführt,
ward sie verflucht,
unberührt
hangt noch die Frucht.

Soll ich sie pflücken?
Kann Sündenglück
vielleicht beglücken – ?
Du weichst zurück.

Es lischt am Ende
dies lange Leuchten.
Wenn wir die Hände
mit Schuld befeuchten. –

Flicht deine Fäden,
irre Magd. –
Wir haben Eden
und sind verzagt.

Kinderlied
(von draußen)

Ihr Kinder sollt schlafen, sollt schlafen gehn,
nicht länger im feuchten Grase stehn –
die Weiden trauern –
nehmt euch in acht,
die Gräber lauern,
geht heim, geht sacht.

Die Königin kommt und kann euch sehen:
dann könnt ihr nicht mehr von dannen gehen.
Wen sie anblickt
mit ihrem Blick,
wem sie zunickt,
kann nicht zurück.

Sie kann nicht rufen, sie kann nicht locken,
muß an der Kirchhofsmauer hocken,
sie kann nicht sprechen,
kann nur blicken,
muß Sträucher brechen
und Äste pflücken.

Sie pflückt nicht Kronen, Becher und Kerzen;
all ihre Finger bluten und schmerzen.
Sie möcht wohl sterben,
ist sehr stille.
Sie muß verderben,
es ist nicht ihr Wille.

Sie kann nicht weinen und kann nicht lachen,
und muß unsern König traurig machen.

Eine Liebesnacht

Es ist nicht Lenz, es ist nur März.
Tu ich dir weh? Mach ich dir Schmerz?
Du bist viel kühlender als Schnee,
viel brennender. Wie zuckt dein Herz
in meiner Macht! Tu ich dir weh?

Fern ist die Nacht und ganz verhüllt.
Du Ruhende lässest nicht ruhn.
Die Kammer, die uns bettet, ist
von deinem Glanz allein erfüllt.
Kein Stern, kein Schein, der rettet, ist
geblieben – O es tut so weh,
zu lieben und dir weh zu tun. –
Du bist viel blendender als Schnee.

Die Finger, die so leise ruhn,
greifen wie Nesseln in mein Blut.
Im weißen Halse bebt und stockt
die lockende, die süße Flut.
Viel brennender, als Nesseln sind,
ist unsre Qual, ist unsre Glut. –
Ein Vöglein fand ich einst als Kind,
im zarten Schnee noch spät im März. –
Weh, warum hast du mich verlockt? –
Es tropft im Schnee, der niederflockt,
aus sterbendem Gefieder Blut.
Tu ich dir weh? Mach ich dir Schmerz?

Schwangerschaft

Das ist die Magd
die meinen Kummer trägt.
Mit allem was mir auferlegt
ist ihr an Schmerzen reicher Leib geplagt.

Mein Gram ist Wahn,
mir selbst aus Dämmerspiegeln zugewandt.
Vom Menschentag bin ich verbannt
und in das Dunkel eingetan, aus dem sie kam.

Da geht Geduld,
und was sie hütet, ist verflucht,
ist Fieberblüte, Todesfrucht. –
Die Unschuld geht und bettet meine Schuld.

Kein Glück ward mein.
Ich habe ihr nur weh getan.
Geheimnis ist ihr Harm, mein Gram ist Wahn.
Da geht, die meinen Kummer trägt, im Feld allein.

Die Raben

Hör uns flattern, sieh uns fliegen.
Schwester, weh und schwach,
liege still und wach,
leide lautlos und verschwiegen.

Horch: wir pochen an die Scheiben:
Hast du lieb dein Kind,
gib es uns geschwind,
aber du mußt liegen bleiben.

Zu Geweben klar verwind es,
was noch wirr und schwer,
bis zur Wiederkehr
deiner Brüder, deines Kindes.

Wandle dich zu uns und steige
zu uns Schwesterkind.
Schwester spinn geschwind,
spinn und schweige, spinn und schweige.

Ballade

Ein König geht am öden Strand
– reicher Wald, Inselwald –
und keiner, der am Wege war,
– schweres Haar, goldenes Haar –
und keiner, der am Wege war,
hat das Königskind gekannt.

Die Welle rafft, die Welle schwemmt.
– blendendes Haar, goldene Last –
Auf wüster Flut kein Streif, kein Mast,
– Brennesselbusch, Brennesselhemd –
Auf wüster Flut kein Streif, kein Mast,
und die Ferne leer und fremd.

Der Pfad steigt schmal hinauf im Sand.
– Brennesselbusch, Brennesselhemd –
Das dürre Gras der Düne sticht.
– Fleißige Finger, fleißige Hand. –
Das dürre Gras der Düne sticht.
Es sinkt hin am Brunnenrand.

Es rollt das Seil, der Eimer sinkt
– Fleißige Finger, fleißige Hand –
der Eimer schöpft aus rundem Grund
– kühler Mund, stummer Mund –
der Eimer schöpft aus rundem Grund
süße Flut, davon er trinkt.

Der Mittag glüht durch Wolken grell
– kühler Mund, stummer Mund –
und über grauem Gartenland
– fleißige Finger, fleißige Hand –
und über grauem Gartenland
schimmern Schlösser hoch und hell.

Er schaut hinauf zum Ahnenbau
– Brennesselbusch, Brennesselhemd –
und geht zum Hafendamm hinab
– Blendendes Haar, goldenes Grab
– und geht zum Hafendamm hinab:
Ankerring bewacht das Tau.

Im Staub am Markte macht er Rast.
– goldenes Haar, blendene Last –
Rings alles fremd, was blinkt und schallt
– reicher Wald, Inselwald –
Rings alles fremd, was blinkt und schallt.
Dunkle Gasse lockt den Gast.

Das Volk

Heraus die Hexe! Ihr sollt sie nicht wahren.
Wir können nicht warten auf euer Erkennen.
Wollt ihr dem Toten die Buhle sparen?
Heraus, eh wir eure Mauer einrennen.
Wir wollen Rache! An ihren Haaren
schleift sie heraus, daß wir sie verbrennen!

Kein Wahn soll das Volk, das befreite, verführen,
kein träumender Knabe soll uns leiten,
der uns betrügt mit vererbten Schwüren.
Wir wollen ein neues Reich bereiten,
und auf der Stätte, der altgeweihten,
einen neuen König küren.

Holt Brände, Brände, ein jeder vom Herde
und laßt sie schwelen im Sonnenglanze
und bringt sie zum heiligen Platze getragen.
Schon nahen die Vermummten, die Richter der Erde –
Nun, roter Henker, rüste den Wagen
und schmücke die Hexe, die Braut zum Tanze.

Die Raben

Wir sitzen am Wagenrande und krächzen.
Die Räder der Schande rollen und ächzen.
Die Knechte wollen uns verjagen,
wollen nicht hören, was wir sagen:

    Schwesterlein, näh geschwind
    bis die Hemden alle sieben,
    alle Hemden fertig sind.

Unsre Flügel sind immer rege,
wir fliegen droben, wir flattern am Wege.
Unsre schwarzen Flügel fächeln.
Ach mußt du noch immer spinnen hecheln?

    Schwesterlein, näh geschwind
    bis die Hemden alle sieben,
    alle Hemden fertig sind.

Nun sind wir am Tore, nun sind wir am Hügel,
der Fuhrmann läßt dem Gaul die Zügel –
Eilt fleißige Finger, Schwesterhände
die Schergen schichten und richten die Brände:

    Schwesterlein, näh geschwind
    bis die Hemden alle sieben,
    alle Hemden fertig sind.

Verwandlungen

König
Bin ich schon abgelöst von Luft und Welt
und nur noch Schwere, Stätte nur und Feld?
Schwer sinken in mich alle Schritte;
weich bleibt ein Hügel nur in der Mitte.

Noch fühl ich mich. Noch ist es nicht geschehen.
Mitten in dumpfer Fremde fühl ich tasten
erregend leise deine Zehen
und deine nackten Sohlen lasten.

Volk
Henker, was wartest du,
warum betrachtest du
statt zu vollenden?
Was steigt und schweift herbei?
Wohin noch greift sie frei
mit schwebenden Händen?

König
Und aus dem Hügel hebt sich, dir zur Qual
emporgereckt das Marterholz, der Pfahl,
der schon die nahen Brände schmeckt,
eh noch herauf die Lohe leckt.

Ich bin das Element, in meiner Gluten
flammenden Becher faß ich dich ganz.
In alle Ferne von dir zu fluten
und eng um deinen Wuchs zu blühn im Kranz.

Volk
Die Luft bewegt sich sehr,
es regt sich um sie her
schwarzflatternde Welle.
Aus ihren Händen fliegt's,
über den Flügeln wiegt's
wie Schleierhelle.

König
Viel tiefer als des Schwertes Schärfe wühlt
die Flamme, stets in sich zurück gespült,
die nur besteht, wenn sie verheert
und gierig immer sich verzehrt.

So dring ich wund durch alle deine Wunde,
lüstern bis in dein letzt-geheimes Weh.
– Die Stimme spricht – mit Sterbemunde
sink ich auf deiner Füße Schnee.

Volk
Sehet wie wunderbar:
wo Brand und Zunder war,
Henker und Raben,
Enkel und Eltern seht
auf weißen Zeltern seht
liebliche Knaben.

Die sieben Brüder

Ihr Menschenkinder hört und wißt.
Unschuldig unsre Schwester ist.

Und daß sie schwieg und stille blieb,
uns Brüdern tat sie das zu lieb.

Eine Königin war, die uns gebar,
Stiefmutter eine Hexe war.

Tat's Fenster auf und sprach zum Wind:
Trag fort die sieben Königskind.

Zu sieben Raben seid verflucht.
Schwesterlein lief, hat uns gesucht.

Sie lief und hat die Sonne gefragt.
Die Sonne hat ihr's nicht gesagt.

Sie lief zum Mond, zum Sternenheer,
der letzte Stern sprach: Übers Meer –

Und als sie an das Ufer kam,
die Fee das zage Kindlein nahm.

Und trug sie auf den Inselberg
befahl ihr stumm- und bitteres Werk.

„Deine Hände und Finger sind weich wie Wachs,
Nun brich und spinn aus Nesseln Flachs."

„Aus Nesseln, die an Gräbern stehn,
mach deinen Brüdern Hemden schön."

„Und näh geschwind und näh und sprich
kein Wort bis an den letzten Stich" –

Seht dort die Wolke hergesenkt.
Seht wie die Fee herniedersteigt,
das Kind der Mutter wiederschenkt –
nun spricht die Königin – nun schweigt!

*

Viel weher ist mein Weh ...

Viel weher ist mein Weh als Liebeswunde,
mein Herz war stumm: da flüsterte die Stunde.

Kaum fing es an und mußte gleich vergehen.
War das die Liebe, was mit mir geschehen?

Es war zu Ende eh es angefangen,
am Pfosten hat mein roter Kranz gehangen –

Mein Kranz, den ich vom Fest im Haar getragen
– was mit mir war, ich weiß es nicht zu sagen.

War das das Glück, darauf die andern hoffen?
Mir blieben meine Lippen arm und offen.

Leer sind geblieben meine Arme beide:
Ich sehne mich zurück nach meinem Leide.

Nichts blieb als Bitternis an meinem Munde:
Viel bittrer ist mein Weh als Liebeswunde.

Die Blumen haben welk und süß gerochen,
war das die Luft, was meinen Leib zerbrochen?

Mein Auge hat die Qual nicht ausgegossen,
ist alles innen in das Herz geflossen.

Es ist ein Mäuslein in die Wand geschlichen:
weh, meine Seele ist von mir gewichen!

Ich habe einen holden Freund empfangen,
es ist von mir ein fremder Mann gegangen,

Ich kann es nicht verlachen, nicht verweinen,
war das die Liebe, die die Menschen meinen? –

Karfreitag

Es ist nicht wahr, das von den guten Frauen
mit Leinentüchern und mit Spezereien,
das von dem milden Manne, der bestattet.
Nie werden vor geborstner Mauer schreien
die Wächter noch den Glanz des Aufstiegs schauen.
Denn deine Mutter hat der Geist beschattet,
die benedeite unter den Jungfrauen.

Und ohne Leben immer wirst du hangen,
und immer in die immer offne Wunde
der Speer im Arme deines Henkers dringen,
und Blut mit Wasser wird aus Leibes Munde,
ein Abendtau, auf trockne Erde fließen.
Doch keine Blume wird daraus entsprießen.
Es ist nicht wahr, was deine Jünger singen:
der Tag ist ewig. Ewig wirst du hangen.

Und unablässig schaut zum Himmelsrande,
der wie sein Mantel rot, über die Stätte
der Hauptmann auf dem starren Roß gewendet
und sieht die große Stadt in goldnem Brande
und seinen Kaiser auf dem Flammenbette,
darauf die irre Lust der Welt nicht endet:
Er sieht sie dauern in dem Himmelsbrande.

Siehst du mich an, mich den gebräunten Wandrer,
mein Bruder regungslos, mein Bruder bleich?
Der Weg, der mir bereitet, ist kein andrer
als der, den du gesucht zu deinem Reich –
Ich geh und weiß, ich werde nie gelangen.
Es bleibt das Abendrot am Himmelsrande,
der Tag ist ewig. Ewig wirst du hangen.

Das Modell

Einst war ich berühmt in der Malerei,
Am liebsten malte man mich nackt.
Jetzt ist meine gute Zeit vorbei,
Ich habe nur noch einen Abendakt.

Mein Vater stand Charakterkopf,
Meine Mutter stand Italienerin.
Als kleines Mädchen mit dem Zopf
Zog's mich schon zu den Malern hin.

Mein erster Freund war reich und schön
Und hat mich abends ausgeführt;
Bei dem braucht ich nicht stillzustehn,
Er hat mich in der Bewegung studiert.

Wenn ihm auch selten was geglückt,
Er hat doch viel gelernt an mir.
Aber dann hat er mich fortgeschickt,
Jetzt braut er wie sein Vater Bier.

Zehn Jahr' schon jeden Montag früh
Wart' ich an der Akademie.
Man grüßt mich im Vorübergehn,
Bleibt aber keiner bei mir stehn.

Und abends malen sie mich zuhauf,
Ich stell' mich gleich von selber hin;
Braucht keiner erst zu mir herauf:
Weiß schon, wie ich am besten bin.

Einst war ich berühmt in der Malerei,
Man malte mich am liebsten nackt.
Dann hatt' ich Unglück mancherlei,
Nun bin ich nur noch ein Abendakt.

Der Frühlingsdichter

Manchem Dichter ist's gegeben,
Bei dem angenehmen Wetter
In dem Schatten grüner Blätter
Ganz allein sich auszuleben.

Aber ich verlorener Knabe
Fluche zu dem holden Lenze,
Wenn ich niemand bei mir habe,
Der entsprechend mich ergänze.

Und ich pflege nur zu reimen
Auf verwandte Animalien,
Statt enthaltsam hinzuträumen
An beliebten Vegetalien.

Auch die Traum-Adelaiden
Können mich nicht mehr erlösen,
Und ich finde meinen Frieden
Nur bei Miezen, Rosen, Resen.

Eines braven Mädchens Hüfte
Müssen meine Hände streicheln,
Wenn die sanften Frühlingslüfte
Meinen Künstlerhut umschmeicheln.

Dann erst fühl ich den bezweckten
Dichterdrang auf grüner Flur,
Und mit Faltern und Insekten
Werde ich ein Stück Natur.

Arie

Ich heiße Kathi Anna Therese,
Aus Alt-Ötting bin ich gebürtig.
Hebamme ist meine Mutter gewesen,
Aber mein Vater, der war nichtswürdig.

Ich bin Stickerin für Monogramme
Auf bessere Taschentücher am Rand,
Und meine Mutter war Hebamme,
Und meinen Vater hab' ich nicht gekannt.

Und sie gebar mich ganz ohne Beistand,
Hat mich schon jung nach München geschickt.
Ich zog ins Tal, wo ein Zimmerchen freistand,
Und seitdem hab' ich immer gestickt.

Ein Tüchlein ...

Ein Tüchlein von Seide,
Ein Kämmlein blond.
Ich mußte dich meiden
Und hab' es gekonnt.

Wie zart ist doch Seide.
Wie hart ist mein Harm.
Eh ich mich bescheide,
Ich bin lieber arm.

Ein Tüchlein von Seide,
Ein Kämmlein von Horn.
Ich leide, ich leide,
Ich hab dich verlorn.

Marianne

I.
Wie das Gras im Garten
Muß ich stehn und warten,
Derweil die Seele wandern geht.
All mein Tun und Treiben
Ist ein Stillebleiben
Und hoffen, hoffen, daß es noch nicht zu spät.

Herbstwolken, die da jagen,
Vögel, die Flügel schlagen,
Dürfen eilen: ihr Weg ist weit.
Die Eisenbahn im Tale darf sich sputen,
Hat Stunden und Minuten,
Aber für mich ist noch nicht Stund' und Zeit.

Ich will nicht weinen. Das tut
Augen und Wangen nicht gut,
Viel schlafen all die dunklen Wochen hin.
Schöne Kleider will ich mir bereiten,
Mein Haar waschen und spreiten
Und strählen in allen Sonnenscheinen,
Daß es wie Gold ist, wenn ich bei dir bin.

II.
Blume, ich bin nicht wie du,
Blüte, ich schau dir nur zu,
Wie treu du mein gewartet hast,
Garten, ich bin nur zu Gast.

Als armes Kind war ich reich,
Das Kind war euch Blumen gleich,
Der warme Leib der Tiere war ihm lieb.
Die Katze blieb in meinem Schoß,
Auf meiner Hand die Taube blieb.
Nun bin ich groß.

Nun trag ich immer in mir eine Last,
Einen Hort, den ich ohne Ruh' hüte.
Ich bin nicht mehr wie du, Blüte.
Garten, ich bin nur zu Gast.

**Lied eines jungen Studenten
an eine schöne Buhlerin**

Oh, nimm mich mit zu Dir:
Mein junges, glühendes Leben
Will ich Dir gerne geben;
Nur wolle kein Gold von mir.

Mit mir geht es bergab:
Das Geld wird immer rarer.
Das Geld reicht für die Barer-
Straße nur noch knapp.

Was weißt Du, Kind, von Leid!
Goldklumpen haufenweise
Geben Dir gerne die Greise
Für etwas Zärtlichkeit.

Drum sei mir heute hold.
Ich liebe noch wild und wacker
Und zahle auch gern den Fiaker;
Nur wolle von mir kein Gold.

Hermine

Hermine liebt Aprikosentörtchen,
Limonade findet sie süßer als Bier.
Hermine liebt die geflüsterten Wörtchen.
Anständige Menschen gefallen ihr.

Sie liebt es, auf dem Diwan zu liegen,
Ein Stückchen Schokolade im Mund.
Sie spricht nicht gerne vom Kinderkriegen,
Sie findet es eigentlich ungesund.

Aber deshalb ist man nicht prüde.
Es gibt nichts Schöneres als die Natur.
Nur macht die Liebe einen so müde
Und ruiniert die ganze Frisur.

Hermine ist für das Ideale,
Das Ideale findet sie fein.
Die Liebe – findet sie – ist das Brutale;
Besonders die Männer sind so gemein.

Vatermord

Zarten Zeitgenossen, denen im jüngsten deutschen Theater, besonders in Bronnens „Vatermord", das Erotische zu mörderisch und das Mörderische zu erotisch und die Beziehungen zwischen Vätern, Müttern und Söhnen zu „kraß" geschildert sind, hier zum Vergleich ein Stück klassische Dichtung. In der Theogonie besingt Hesiod die schöpferische Ehe des Himmels, Uranos, und der Erde, Gaia. Das jüngste ihrer titanischen Kinder ist Kronos, der Krummsinnige.

Aber sie alle, soviel mit Gaia Uranos zeugte,
waren entsetzliche Kinder, verhaßt dem eigenen Vater
von jeher. Sobald nur eins von ihnen hervorkam,
barg er es wieder in Gaias Tiefen und keines der Kinder
ließ er ans Licht und freute sich noch seines schädlichen Treibens,
Uranos. Sie aber seufzte im Innersten, Gaia die Riesin,
ihrer Bedrängnis, und sie ersann böslistigen Anschlag.
Eilig bereitete sie den Stoff fahlgrauen Metalles,
schuf eine große Sichel und sprach zu den Kindern, den lieben,
mahnend und Mut einredend, in ihres Herzens Betrübnis:
„Kinder mein und des Vaters des frevelmütigen, wollt ihr
mir gehorchen, wir könnten bestrafen den Schimpf, den mir euer
Vater getan. Er hat's ja zuerst unwürdig getrieben."
Also sprach sie. Doch Furcht hielt alle befangen, nicht eines
redete, bis sich der große ermannt, krummsinniger Kronos,
welcher alsbald mit Worten begann zur würdigen Mutter:
„Mutter, ich nehme auf mich, will zusehn, daß ich vollbringe
dieses Werk. Denn er ist mir verhaßt, verflucht sei der Name
unseres Vaters, der es zuerst unwürdig getrieben."
Sprach's. Da freute sich sehr im Herzen Gaia die Riesin,
setzt ihn in verborgenen Schlupf und tat in die Hand ihm
die scharfsinnige Hippe und gab ihm allerlei List ein.
Und mit der Nacht kam Uranos her der Große. Um Gaia
rings lustgierig breitete er und dehnte sich weithin
aus. Da stieß sich der Sohn aus dem Schlupf mit der linken
Hand hervor, und die rechte erfaßte die riesige lange,
die scharfzahnige Hippe. Des lieben Vaters Gemächte
mäht' er behende hinweg und schwang's und warf es im Fluge

hinter sich. Das entflog nicht ganz vergeblich dem Wurfe.
Denn soviel abrieselten Tropfen des quellenden Blutes,
alle empfing sie die Gaia. Im Umlauf rollender Jahre
hat sie Erinnyen starke und große Giganten geboren ...
Doch das Gemächte, sobald das Metall es abgemäht, hatt' er
von dem Lande ins weitaufrauschende Wasser geworfen.
So schwamm's langzeit über die See, dann trennte sich ringsum
weißer Schaum von unsterblicher Haut, darinnen ein Mädchen
wuchs und wurde. Zuerst zur götterreichen Kythere
trieb es, und weiter von da zur ringsumflossenen Kypros;
und aufstieg sie, verschämt und schön, die Göttin, und Kräuter
sproßten unter den schlanken Füßen hervor. Aphrodite
nennen sie Götter und Menschen ...

Mondscheinklage eines alten Herrn

Als ich noch viele Haare hatte,
da waren mir die Mädchen hold,
und manche Muntre, manche Matte
hat mir die Kringel aufgerollt,
als ich noch viele Haare hatte.

Und manche Muntre, manche Matte
war meiner frechen Jugend gut.
Es bebte der betrog'ne Gatte,
die Mutter bebt' um ihre Brut,
als ich noch viele Haare hatte.

Es bebte der betrog'ne Gatte,
jetzt gibt er mir sein Weib in Hut.
Denn bei dem Glanzlicht meiner Platte
vergißt das süße junge Blut,
daß ich einst viele Haare hatte.

Das treue Glanzlicht meiner Platte
schützt euer Schifflein vor Gefahr.
Und streichl' ich euch die Haut, die glatte,
fragt ihr zerstreut, wie's früher war,
als ich noch viele Haare hatte.

Lied nach der Verhandlung

Kennt ihr die schwarze Anne Lie.
Ach seit ich die, ach seit ich die
Zum erstenmal gesehen,
Wenn ich nur ihre Nähe fühl,
Dann wird mir schwul, dann wird mir schwül,
Kann kaum mehr aufrecht stehen.
In jeder Woche nur zweimal
Seh ich sie in dem Tanzlokal.
Sie wird so streng gehalten
Von ihren Alten.

Mein Mann, das ist ein guter Mann
Wenn ich ihn auch nicht ausstehn kann,
Er geht mir auf die Nerven
Und wenn er mit mir zärtlich tut,
Die Qual, die Qual in meinem Blut
Die kann er nur verschärfen.
In jeder Woche nur zweimal
Werd ich erlöst von meiner Qual
Im Tanz mit meiner Kleinen.
Es ist zum Weinen.

Ich glaub, es wird das beste sein,
Ich geb dem guten Mann was ein,
Was Saures in die Suppe:
Er ruht von seinem Leiden aus,
Und ich nehm ganz zu mir ins Haus
Die süße schwarze Puppe.
Nicht in der Woche nur zweimal,
Nicht immer nur im Tanzlokal,
Nein, stets im Tête-à-tête
Von früh bis späte.

Und kommt's heraus, was ich gemacht,
Daß meinen Mann ich umgebracht,
Dann wird man mir vergeben.
Die guten Richter sehn es ein:
Man kann nun mal nicht anders sein
Als man veranlagt eben.
Laßt mich zu meiner Anne Lie.
Ich kann nicht leben ohne sie,
Die ich im Herzen fühle,
So schwul, so schwüle.

Ungewißheit

Ich sprach dich an am hellen Vormittage
in einer Gegend, wo sonst gar nichts ist.
Mein Wort war keck und deine Antwort zage,
und dennoch glaub' ich, daß du … eine bist.

In deinem Hausflur schienst du mir so bange,
machtest auf jedem Treppenabsatz: Pßt!
und wehrtest ängstlich meinem Überschwange,
und dennoch glaub' ich, daß du …

Im Zimmer saß leibhaftig deine Mutter.
Links an der Wand hing: Komm, Herr Jesu Christ,
und rechts ein Blatt mit Doktor Martin Luther,
und dennoch glaub' ich …

Dein Stübchen war so ärmlich, ach, und reinlich,
wie's nur bei tugendhaften Mädchen ist.
Daß auch ein Bett dastand, war mir fast peinlich,
und dennoch glaub' …

Dann wurden meine Küsse so ausführlich,
wie es bei mir sonst gar nicht üblich ist,
und gegen Ende warst du so natürlich,
und dennoch …

Es ist so schwer, sich heute auszukennen,
und niemand weiß mehr, was der andre ist.
Ich möcht' dich Adelaide nennen,
und dennoch glaub' ich, daß du … eine bist.

Wenn wir erscheinen

Wenn wir erscheinen, sind wir ohne Zeichen,
Wie Hirten sind wir und einander ähnlich.
Ich diene dir in Hof und Weidefeld,
Ein Knecht, des Aug am Abend dich erstaunt,
Wenn über Fließ und Horn ihm deins begegnet.
Und ich steh neben dir, dein junger Lenker,
Nur daß des Wagens buchene Achse stöhnt
Von meiner Last. Ein schmales Kind begegn ich
Dem Fragenden in unbekannter Stadt.
Ich aber bin der Wolf, vor dem die Herde
Ich selbst beschütze, und den ich begeistre,
Den Seher, ich auch bin es, der ihn schlägt.
Der rohe Stein bin ich vor deiner Tür,
Und wo du hinkniest steh ich auf und bin.
Wenn wir verschwinden, kennt ihr uns vielleicht
An einem Nebel oder einer Heitre.

Erechtheus

Du süße Mutter hast mich nicht getragen,
Von übereilter Gierde unbefleckt.
Du, die auch keines Schoßes Pflicht getragen,
Des Vaters Haupt entsprungene mit dem Schreie
Des Geistes, der Himmel und Erde schreckt.
O neig dich mir und zeig, daß du mich kennst,
Und werde Jungfrau meines Werdens Amme,
Daß ich vom feuchten Schauer mich befreie
Des nackten Felsenplans, dem ich entstamme,
Ich irr gestreuten Samens Kind-Gespenst.

Poseidon

Schnobend farbiges Maul des dunkel langenden Hauptes,
Füße in taumelnd vierfältiger Kraft dem Boden entwirbelnd,
Lastlos bäumender Bug, als peitscht und streichelte feuchter
Zügel des Erderschütterers dich, beseligter Renner.

Kalypso

… Nachts bettet mich dein Haar,
Tags trennt es mich von dir wie Helmesrand.
Ich wage nicht in deiner Wange Flaum,
Die Milde deines Auges macht mir bänger
Als Blitz des zürnenden. Ich liege fern
Von deinem seligen Haus auf öder Klippe
Und schaue nach dem Rauch der ärmeren Tage.
Bei dir hab ich nicht Zeit, nur noch Gezeiten,
Äonen hast du und die Stunde des Tieres.
O armer Tag, wenn ich gedenk und messe
Mit Menschenmaß und wart auf Wächterruf,
Den Qualm der Mahlzeit und der Zügel Knirschen.

Sommerregen

Nichts kann dir mehr beginnen,
noch ist dir nichts vollbracht.
Du wehst aus allen Sinnen
mit dem Wind in die Nacht.

Was du gemeint dein Eigen,
tropft von rauschenden Zweigen,
dein Lachen und dein Weinen
blinkt auf den Steinen.

Nichts ist vordem gewesen,
nichts wird nachdem geschehn.
Laß all dein selig Wesen
wehen, verwehn.

„Zehn Fennije der Kleiderschrank"

Ick spüre Ihre stumme Frage:
Wat soll mit dieses Zeug jeschehn?
Sie kommen alle in die Lage
Wodrin Se mir hier stehen sehn.

Im Walde jibt et keene Bänke,
Det Jras macht Rock und Hose jrien,
Im Freibad jibt et keene Schränke,
Wo sollen de Klamotten hin?

Da muß der Mensch sich wat ersinnen.
Det hab ick Ihnen mitjebracht,
Sie könnt' an jeden Baum anpinnen,
Sehn Se ma her, wie man et macht.

Du Kleener, halt mer ma die Stange,
Sie sehn, da is keen Schwindel mang.
Een Jriff – keen Hammer, keene Zange –
Und fertig is der Kleiderschrank.

Se haben weiters keene Spesen,
Die Sachen hängen tadellos,
Und woll'n Se wieder heimwärts peesen,
Een Ruck – schon is de Nadel los.

Und daß se Sie nich in de Beene
Und durch den Hosenboden sticht,
Davor is diese liebe Kleene
Och noch zum Klappen injericht't.

Hier, bitte selber zu probieren.
Det rostet nie, bleibt immer blank,
Sie können 't mit Papier polieren.
Zehn Fennije der Kleiderschrank.

Mannequin-Lied

1.
Man hat mich hier nicht alleine von wegen
der guten Figur fest angestellt.
Man findet: ich kann mich bewegen.
Das bringt zur Geltung, das gefällt.

Ich heiße hier: Atjö Sagess',
Enigme und Capriz,
Astarte und Petit' Mätress'.
Die Mutter nannte mich Miez.

Hauptsache ist, daß man versteht,
wie man in jedem Kleide geht
je nach den Tageszeiten,
im kurzen Sportrock Kniee hebt,
am Nachtmittage halblang schwebt,
um abends lang zu schreiten.

Und ich versteh das Stelzen
in Kleidern, Mänteln, Pelzen.
Ich bin das beste Mannequin
im ersten Hause von Berlin,
in Samt und Seide, Tuch und Fell,
zu deutsch Probiermamsell.

2.
Ich hatte schon immer ein feines Benehmen.
Die Mutter hat zu den Schwestern gesagt,
sie sollten mich zum Beispiel nehmen.
Die waren schon weiter und haben gelacht.

Jetzt ist die eine im Büro
vom Chef die rechte Hand
und geht mit Herrn von Sowieso
im Sommer nach Westerland.

Die andre hat einen tüchtigen Mann,
der fing erst klein in Wäsche an,
sie wohnten in zwei Zimmern.
Jetzt hat er'n Warenmagazin
und eine Villa in Trebbin.
Sie braucht sich um nichts zu kümmern.

Und ich, und ich kann stelzen
in Kleidern, Mänteln, Pelzen.
Und ich bin nur ein Mannequin
im ersten Hause von Berlin,
in Samt und Seide, Tuch und Fell,
zu deutsch Probiermamsell.

3.
Still sitzen wollte mir nie bekommen.
Muß ich nicht stehn, leg ich mich hin.
Die Mutter meinte, das ist gekommen,
weil ich so schnell gewachsen bin.

Das mit der Liebe hab ich gern,
doch noch nicht viel probiert.
Es haben sich verschiedene Herrn
für mich interessiert.

Ein Bankier hat sich sehr erwärmt,
ein Maler hat für mich geschwärmt
und ich für einen Sänger.
Man sagt, ich sei noch etwas kühl,
doch kann das richtige Gefühl
noch kommen und für länger.

Bis dahin muß ich stelzen
in Kleidern, Mänteln, Pelzen.
Ich bin das beste Mannequin
im ersten Hause von Berlin,
in Samt und Seide, Tuch und Fell,
zu deutsch Probiermamsell.

Bekenntnis einer Chansonette

Sing ich auch hier von Küssen und Kosen,
Von Puderdosen und Spitzenhosen,
Ihr Männer, bildet euch nur nichts ein,
Noch mag ich keinen von euch zum Schatze,
Zu Hause streichl' ich meine Katze
Und lese Schillers Wallenstein.

Ich übe fleißig die übelsten Chosen,
Kokottengebärden und Nuttenposen,
Ich bin noch jung, ich lerne schnell.
Doch eure Liebe, die ist mir schnuppe.
Zu Haus koch ich mir Tomatensuppe
Und lese Schillers Wilhelm Tell.

Und hab ich hier brav gemimt und gewitzelt
Und eure verwöhnten Sinne gekitzelt,
Dann geh ich nach Hause ganz allein.
Im Bettchen eß ich 'ne Schillerlocke
Mit Sahne und lese das Lied von der Glocke
Oder die Jungfrau – und schlafe ein.

Die Gliederpuppe

Was früher mit mir war, hab ich vergessen,
Wie man mich herstellt, wer mich besessen ...
Erst seit du mich bewegt hast und behangen
Und angemalt hast meine Wangen,
Kann ich mich denken.
Oft bebt es in meinen Kugelgelenken.
Die Hände langen nach Schleier und Fächer
Und greifen fester und öffnen sich schwächer.

Du hast mir eine wunderbare
Schwarzstraußenfeder angebracht,
Die hat wie mit nachtwarmem Haare
Mein Gesicht weich gemacht.

Rund schwillt meine Schulter von deinen Seiden,
Die Haut meiner Rippen, aus Strickwerk gesponnen,
Fängt an zu atmen vom vielen Bekleiden.
Kannst du nicht vollenden, was du begonnen?

Noch kann ich nicht stehen,
Ich lehn' in der Schwebe,
Im Gleichgewichte.
Kannst du nicht wie der in dem alten Gedichte
Zu einer Göttin flehen,
Daß sie mich belebe?

Du liebst mich nicht genug! Denk an die Nacht,
Als du den Mantel einer, die dir mehr
Gefiel als ich, auf mich geworfen hast,
Als wäre ich ein Garderobenständer!
Ihr tanztet dicht und wild an mir vorbei.
Es dröhnte, daß ich klapperte vor Wut.
Als sie dann endlich ging und du das Zeug

Von mir herunterrissest, fiel ich groß
Auf dich, und meine Arme klammerten
Sich so um deinen Leib, daß du aufschriest
Vor Schreck.
                Ich arm Gespenst!
Bin ich nur Puppe, Werg, papierner Teig?

Träume doch mehr von mir, du Mann, du Kind.
Ich bin von solchem Stoff, aus dem die Träume sind.

NICHTARISCH IST mein Schätzelein
Und doch ein herzig's Mäuserl
Und wenn sie der Herr Hitler säh
Dann käm er aus dem Häuserl.

Und wenn sie der Herr Göring säh
Dann täte er sie fressen
Und mit ihr tanzen, oben nackt
und unterwärts mit Tressen.

Und nur der Sepp, der intellek-
tuelle kleine Flegel
würd sagen: Was Ausnahmen sind,
die b'stätigen die Regel.

An die viel zu Frohe
Baudelaire-Übertragung

Dein Blick und Gebärde sind
schön wie die Landschaft im Licht,
Lächeln spielt dir im Gesicht
wie im klaren Blau frischer Wind.

Streifender Kummer verglüht
in der Gesundheit ganz,
die ein blendender Glanz
Armen und Schultern erblüht.

Widerspiel farbigen Scheins,
den du den Kleidern leihst,
wirft in des Dichters Geist
das Bild eines Blütenreihns.

Das Gewand, das wild dich umgibt,
ist schillernden Sinnes Bild,
Wilde, in die sich wild
Mein Lieben und Hassen verliebt.

Wenn ich den tonlosen Geist
manchmal ins Freie geführt,
hab ich die Sonne gespürt
Hohn, der die Brust mir zerreißt.

Frühling und blühende Flur
demütigten so mein Gemüte,
daß ich büßte an einer Blüte
den Übermut der Natur.

So möcht ich in einer Nacht,
wenn die Stunde der Wollust geschlagen,
in deinen Reichtum mich wagen
wie ein Dieb schleichend und sacht,

zu strafen dein Fleisch, das gesunde,
zu quälen die Brust, die gefeit,
in die bebende Weiche dir breit
und tief einschlagen die Wunde

und – Glück, das im Taumel mich trifft –
durch diesen neuen Mund quer,
der schöner und reizend viel mehr,
dir gießen, Schwester, mein Gift.

DRAMATIK

SIEBEN DIALOGE

Mit sieben Radierungen von Renée Sintenis

Eros und Aphrodite

Eros
Aphrodite
Psyche, *schlafend*

„Mein liebes Kind, wo willst Du hin?
Weißt du nicht, daß ich deine Mutter bin?"

Aphrodite: Halt, Ungehorsamer! Dieser Leib liegt in meiner Macht!
Eros: Ich trug sie her aus Felsenriffen ihrer bräutlichen Qual über öde Flut in meine Aue. Ich bin der Tod, dem du sie aussetzen ließest.
Aphrodite: Hieß ich dich nicht, sie verwunden mit deinem Pfeil, auf daß sie irgend einem Menschen verfiele und ein Weib würde wie ihre Mutter und ihre Schwestern? Daß sie nicht länger mir die Herzen meines kyprischen Volkes abwende. – Du weißt, sie hat der Menschen Sinn verkehrt. Ihr ward geopfert in meinem Tempel, die reichen Purpurrosen den unerschlossenen Knospen ihrer Brüste hingespendet. Und als der Vater, mein Priester sie verbarg, versperrte, da murrte das Volk und begehrte seine neue Aphrodite. Dem Vater aber befahl das Orakel, sie bräutlich zu schleiern und in Trauerpomp mit stöhnenden Hochzeitsflöten zum Felsen zu führen, davon im Flug ein Furchtbares sie reiße. All dies Leid konntest du ersparen, wenn du sie trafst mit deinem Pfeil.
Eros: Der Pfeil lag gespannt, das Auge wollte zielen, aber da es ansah, konnte es nicht mehr zielen. Es geschah, was noch nie geschehen: ich starrte, ritzte mich am vergessenen Pfeil, in hellen Tropfen rollte das Göttliche, das Blut.
Aphrodite: Der Tiefe ist sie verlobt, ihr Bett ist bereitet im Feuchten in den Tanggärten, den Korallenpalästen, wo die Wünsche zu schwimmenden Ästen erstarren, wo sich die widerstrebenden Wesen in den eigenen Haaren verfangen.

EROS: Tragt sie hinab. Ich tauch ihr nach. Eure Hallen sehen mich dann nicht wieder. Die dienenden, die deinen Gürtel betreuen, werden dir bleiben. Dein schwebender Knabe wird dich verlassen. Dann wohn ich wieder wie in der Zeit vor der Zeit in Schilf und Rohr, dann wuchern wir düster aus der Tiefe in euer olympisches Licht. Zag werdet ihr niedersehen in unsere steigende Nacht und zittern in eurer dünnen Helle.

APHRODITE: Wo willst du hin, Kind? Ist nicht vollkommen dein Bereich? Ist deine spielende Macht nicht Glückes genug? Was begehrst du? Alles ist feil. Nur von der, die hier schläft, laß ab.

EROS: Ich will kein Glück mehr. Hier lockt mein Leid. Mich ekelt meiner Macht. Ich möchte erliegen, – siegen nur wie der Liebende siegt über das Geliebte, leben nicht mehr in dieser einsamen Gestalt, nein, im Einander.

APHRODITE: Kind, es darf nicht sein. Dies schmale Mädchenwesen, dies blasse Seelchen wird dich austrinken mit ihren Lippen und Augen. In ihren Fingern vergeht des Gottes Gestalt. Du wirst ein Hauch wie sie. Und sie bedroht uns alle. Ihr Schoß ist Abgrund aller Götterlust.

Wenn sie aufwacht und sieht dein Gesicht, dann rütteln wieder die Arme der mühsam Gebändigten an unsern Säulen. Wir alle müssen untergehn, wenn Psyche in deinen Armen erwacht.

EROS: Was werden kann, soll werden. Was nennst du mich Kind? Weil diese Gestalt um dich spielt, seit der mildere Vater waltet? Mein Blut, ist es nicht alt wie Erde und Nacht und Chaos? Uraltes Heimweh erwacht vor dieser Todesblüte. Mag alles vergehen, sterb ich an ihrem Herzen, so ist Sterben und Verderben gut.

APHRODITE: Ich kann dich nicht halten. Du bist schon fern, bist schon bei den schrecklichen Ersten –. Aber eins könnte retten, eins bliebe, das deine Seligkeit noch größer machte und uns sicherte. – Laß sie nicht wissen, wer zu ihr kommt, laß sie klar in namenloses Dunkel schauen, nahe ihr unsichtbar.

EROS: Unsichtbar? Wird ihr nicht grausen vor mir?

APHRODITE: Die andern Götter, die Menschenkindern nahten, verwandelten sich in scheinbare Gestalt. Darüber wurden sie selber Schein und kehrten leer aus leerer Hülse zurück. Aber du – welch unerschöpfliche Seligkeit! Sie faßt das Unfaßbare, deine Arme halten den ertrinkenden Leib, raffen, fassen und falten die immer sinkende, die zitternd nach sich selbst langt.

EROS: Wohin verführst du? Ich suchte – Leid.

APHRODITE: Leid? Leid ist nur der ewigen Freude Kleid. Weh ist der Wollust Flaum. Glaub mir, du wirst vergehen vor Qual. Nie kannst du ihr Verlangen stillen, immer hängt sie am Felsen der ersten Todesangst in bräutlichen Schleiern, alle Süße ihrer fließenden Hingabe ist nur ein Tau auf Glut, die weiter brennt.

EROS: O Mutter, wie umstellst du meine Welt!

APHRODITE: Ich gebe dir nur, wonach du dich sehnst. Du wirst sie umschlingen, die immer blassere, die schemenschöne; je mehr sie blaßt, je reicher ihre Gaben. Sie ist das Haus, das nicht weiß, wen es empfängt. Immer bleibt es Eingang. Dein Kommen ein immer strandendes Glück, ihr Empfang das kleine Tor der großen Nacht. Und ohne Ende ist die Lust der Schwelle. O lern genießen.

EROS: Nun giebst du selbst, was erst du mir wehrtest, und was du mir nahmst, geht nicht verloren. Göttin, bleib ich denn immer ein Spiel um deine Schleier – und wollte doch entfliehen.

APHRODITE: Wohin du langst, du kehrst zu mir zurück. Auch Psyche führt dich heim zu mir.
EROS: Doch die Gefahr, die mich, die euch bedrohte?
APHRODITE: – ist schon vorbei. Lust ist älter als deine Gesellen, Chaos und Erde und Nacht. Und all deine Sehnsucht will heim in der Mutter Schoß.

Menelaos und Helena

> Ατρειδης δε καθευδε μυχω δομου υψηλοιο,
> παρ δ'Ελενη τανυπεπλος ελεξατο, δια γυναικων.
> ΟΔΥΣΣ γ

HELENA: Warum sitzest du aufrecht und starrst? Ich warf doch dir und Telemach und den Gästen von dem Kraut des Vergessens in den Wein, das mir die Ägypterin gab. Wir haben genug geweint um Odysseus. Seine Schützerin Athene wird der schönen Nymphe befehlen, ihn freizugeben, wird ihn heimführen zu Freiermord, Eheglück und Fürstentum.

MENELAOS: Es ist nicht um Odysseus allein, so sehr ich ihn liebe, der mir Gefährte war in mancher schlimmen Stunde. Was Telemach sprach und Nestors Sohn und ich selbst, weckt mir das ganze Leid wieder auf, Agamemnons Tod und Achills und des Ajas und aller der Helden. Aber du, wie erträgst du es? Das viele Blut, von Achaiern und Troern vergossen um deiner Blicke willen?

HELENA: Wenn du mich liebst, die du nun für dich besitzest im gesicherten Haus in reicher Halle und hier im Schoße des Gemaches, ertrag ich alles, was die Göttin verhängte, die mich trieb.

Heute verließ uns unsere Tochter, die du dem edlen Orestes vermähltest. Wir sind allein, wie wir waren, als Tyndareos, mein Vater, mich dir gegeben, dir unter allen Helden, die um mich warben, wir sind allein im heimlichsten Winkel des Palastes. Denk an dein Glück.

MENELAOS: Glück find ich nicht mehr, wenn ich dich anschaue. Ich weiß nicht, was für Gedanken wohnen unter diesen zieren Flechten. Die zehn Jahre, die ich ohne dich war, – war es nicht vielleicht deine schönste Zeit? Vielleicht vergleichst du. – Paris? Du lächelst.

HELENA: O blonder breiter Götterfreund Menelaos. Es gibt ein Geheimnis, das wissen nur die Olympier und ein wissender Greis und ich. Und ich weiß nicht, ob ich es dir schon sagen darf. Weißt du denn so gewiß, daß ich in Troja war diese zehn Jahre und bei Paris?

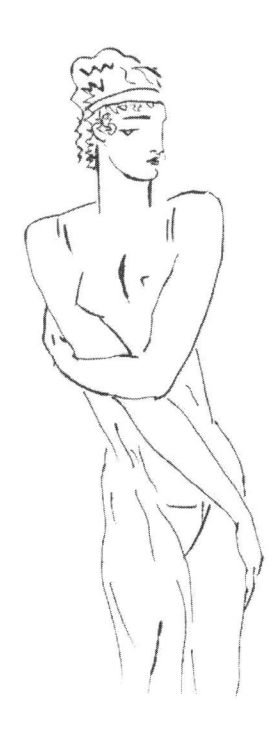

MENELAOS: Was für ein Wort, Seltsame! Als ich mit dem bräunlichen Bogenschützen kämpfte um dich, sahst du nicht zu, oben von dem Tor bei den troischen Greisen? Ach, deine Herrin Aphrodite entriß, umwölkte mir den stürzenden, ich hielt nur den Helmbusch. Und da Ilion brannte und ich stürmte über die Leichen zum Athenetempel, sah ich dich nicht knien am Altar? Mein Schwert, noch naß vom Blut des Deiphobos, deines letzten Gatten, war auf dich gezückt. Da wandtest du dich. Dein Gewand glitt von Brust und Knie. Das Schwert entfiel.
HELENA: Hättest du zugestoßen, mich trafst du nicht. War sie schön, die Helena, die du schontest?
MENELAOS: Starr war ihre Schönheit und schweigsam. Im Schiff, das uns forttrug und weit umhertrieb, konnt ich sie nicht berühren. Fremd blieb sie und unnahbar, die ich haßte und begehrte, bis –
Helena: Bis?
MENELAOS: bis wir nach Ägypten verschlagen wurden und an die Insel des weisen Königs, der mild uns Kleider gab und Nahrung, der uns

bettete und bewirtete. Da in seinem Hause lagst du mit einmal lieblich wieder wie in unserer Jugend und öffnetest gastliche Arme, da erst erkannte ich dich.

HELENA: Du trogst dich nicht. Da erst sahst du mich wieder. In Troja war ich nie.

MENELAOS: Und Paris, der dich entführte, als ich in Kreta –

HELENA: Paris, dem du mich so sicher anvertrautest –

MENELAOS: Ich vertraute nur dir und hieß dich seiner pflegen als meines Gastes, während ich fort war von Hause.

HELENA: An seinen Augen hättest du sehen müssen, daß du ihm nicht trauen durftest. Du aber gingst, um dein Erbe zu streiten, nach Kreta und ließest mich rauben. Allein die Göttinnen, die dich schützen, nahmen das Deine in Hut; als wir die erste Insel erreichten, die Phrygerinnen prunkendes Lager breiteten, der schöne Jäger seiner Beute nahte –, da faßten seine Arme ein Trugbild. Helenen aber hatte der Eilende Geleitende entführt und in Ätherfalten fortgetragen zum Nil zu dem weisen Alten, dem er mich zu verwahren gab. Der pflegte mein wie eines schlummernden Kindes. Zehn Jahre vergingen wie ein Tag und eine Nachtwache. Du tratest in das Gemach, mein Gemahl, der mich eben verlassen hatte. Das Trugbild, das du aus Trojas Brand gerissen, nahm aus deinem Schiffe der selbe Hermes und brachte es zu der Nacht und zum Schlaf in die Schar der Träume. –

Wie ungestüm du küssest, du sonst so besonnener! Willst du denn jetzt nicht schlafen. Es ist tiefe Nacht. In welche Leere schaust du wieder?

MENELAOS: Um ein Trugbild haben wir gekämpft, Achaier und Troer? Um ein Trugbild verblutet Hektor und Achill, zerstört die Stadt, vernichtet Priamos und Priamos' Volk, verraten Agamemnon und erschlagen wie ein Stier an der Krippe, Odysseus irr und fern! Um ein Trugbild!

HELENA: Aber du selbst, dem sein Bedrohtes gewahrt blieb. Denkst du nicht an dich?

MENELAOS: Wer bin ich? Einer aus der Schar der Kämpfenden. Der Erste nicht und nicht der Letzte, des größeren Bruders geliebter Bruder, des schlaueren Odysseus getreuer Helfer, der kühneren bedächtiger Berater, der bedächtigen kampfbereiter Arm. Und doch kämpften sie alle, bessere Männer als ich und geringere, für mich und um dich, – ach nein, um ein Trugbild.

HELENA: Was macht es auch aus, ihr kampfgierigen Männer, ob ihr um ein Bild kämpft oder um Helena. – Dachte Achill, da er Hektor erschlug, an mich oder an Patroklos? Was kümmerte mein Dasein den gewaltigen Ajas, den stürmenden Diomed? Sie liebten das Rasseln der Wagen und das Sausen der Lanzen. Und du? Dachtest du an Helena, als du über Patroklos' Leiche wütetest wie der Löwe über der verwundeten Löwin? Ja selbst im Kampf mit Paris, war dein Sinn bei mir oder bei deiner gekränkten Ehre? Er freilich dachte an Helena und kaum dem Kampf entronnen, eilte er in das Gemach und begehrte Liebe von – dem Trugbild.

Sieh, so hast du mich oft und ganz vergessen. Ich aber lag im Ägyptergemach und wartete auf meinen Gemahl.

MENELAOS: Wohl mag ich dein vergessen haben in der Männerschlacht wie man auch Speis und Trank vergißt und Schlaf. Nie aber sann ich auf ein anderes Weib, immer blieb ich dein verwitweter Gatte. Und nun da du dies schwere Herz leichter gemacht hast, sei mir Gattin, du Mutter meines Kindes. Noch sind wir gesegnete der Götter? Du Zeus' Tochter und ich sein Eidam. War uns nicht nach diesem Leben Elysion verheißen und ewige Wonne?

HELENA: Nicht von Elysion träumt mir, dem Sonnenland im Westen. Mir ist oft bang im Traume vor schrecklichem Ende, vor der Rache des Rächers, der mich erdrosselt, der Rächerin, die am Aste des Baumes mich aufhängt, vor allen, die mich begehrt und nicht errafft.

MENELAOS: So zag, du tapfere sonst, Spartanertochter? Getrost. Du liegst in meinem breiten Schutze. So ruhe nun, du anschmiegende, die ich empfing Jungfrau aus Tyndareos' Händen.

HELENA: Ei, nun schläfert dich deines sichern Besitzes, nun kann keiner rauben, was ganz dein ist. Aber du Eidam des Zeus, bist du denn sicher, daß du mich Jungfrau empfingst aus Tyndareos' Händen?

MENELAOS: – ein Mägdlein, sechzehn Jahre

HELENA: Ein Mägdlein war ich wohl schon lang lange. Schön fand mich schon mancher Gast des Vaters. Mir liebkosten gern die göttlichen Brüder. Viele Fremde trachteten mich zu rauben. Du hast mich nicht geraubt, hast mich bekommen. Einer aber war lang vor dir erschienen, kein zärtlicher Phryger, ein hellenischer Held, kein Jüngling, ein gewaltiger Mann, dem Herakles ähnlich und den Helden der Vorzeit. Als ich ein spielendes Kind im Reigen tanzte, raubte Theseus mich aus aller Schar, trug mich fort in die feste attische Burg. Die lieben Brüder kamen dann, mich zu befreien, die geschwinden, als er mit dem Freunde in die Unterwelt gestiegen war, ihm Persephone zu rauben, Hades' Gattin. Wer nach Persephone trachtet, verliert Helena. Wer versinkt, dem schwind ich, und versänk er auch in mir.

MENELAOS: Ein Wahn nur warst du dem ungestümen Theseus, der kaum dich haltend schon neuen Kämpfen nachsann. Und der Troer, ob er dich hielt, ob er dich nur träumte, er hielt in seinen Armen einen Wahn.

HELENA: Aber mich bedrängt der Wahn der Vielen: all die werbenden Augen, die freienden Schwerter, Graus und Tod um mich, helmklaffende Wunde, blutender Fall – und das alles muß ich verweben in die zarten Gewebe am Spinnstuhl mit fleißigen Fingern.

MENELAOS: Köstlich sind die Tücher, die du gesponnen und durchwirkt mit schönen Schlachten der Rossetumler und der Erzumschienten. Spinn und wirke, breit in die Lade die Schätze hier im sicheren Haus, das dich wahrt vor raubenden Blicken und Händen. Hier, hier bist du mein wie Land und Burg und Halle, Hort und Schwert, mein wie dieser Leib, der dich hält.

HELENA: Bist du denn so sicher, daß er mich hält?

MENELAOS: Wie ich seiner selbst sicher bin.

HELENA: Weißt du denn, ob nicht auch du ein Trugbild hältst? Weißt du, in wessen Armen Helena ruht?

MENELAOS: – in wessen Armen – ?

HELENA: Eine Insel schwimmt im östlichen Meere voll Wäldern ganz, darin wildes Getier einander begegnet mit freundlichem Hauche in Schilf und Rohr und Wurzeldickicht. Dort im weißen Lichte des Mondes bin ich vermählt dem Einen, der nie um mich warb und doch von mir träumte, dem ich immer verborgen war und sah ihn im Traume. – O Mondinsel und Brudergestirn zu unseren Häupten und Achill und ich –.

MENELAOS: Die Toten überwachsen. Ich wollte, es wäre Tag, ich säße unter Männern in der Halle, spielte, stritte mit Männern. – Mond ringelt dein Haar, du Fremde, deine Gestalt regt sich wie im Wandel, Du unfaßbare, einzige unter den Frauen!

HELENA: Mondinnen sind wir alle. Weißt du das nicht?

MENELAOS: Komm herauf, Tag, daß ich dem jungen Gastfreund Geschenke wähle aus verbreitetem Vorrat, einen Mischkrug oder einen Becher, gut zu fassen, deutlich im Sonnenlichte.

HELENA: Und ich will ihm für seine Gemahlin schenken wenn er nun bald freit, bis dahin wahrts ihm die Mutter, hütet es ihm im Schrein, ein köstliches Halsband, daß er der Hände Helenens denke zur Stunde der ersehnten Vermählung, wenn sie es dann trägt, seine junge Frau, daß er Helenens denke.

Priester und Knabe

DER PRIESTER DES ZEUS
KNABE

"Da aber das Volk sahe, was Paulus getan hatte, hoben sie ihre Stimme auf und sprachen: Die Götter sind den Menschen gleich geworden und zu uns herniedergekommen.
Und nannten Barnabam Jupiter und Paulum Mercurius, dieweil er das Wort führete.
Der Priester aber Jupiters, der vor ihrer Stadt war, brachte Ochsen und Kränze vor das Tor und wollte opfern samt dem Volke.
Da das die Apostel, Barnabas und Paulus, höreten, zerrissen sie ihre Kleider ..."

Apostelgeschichte 41. 11. ff.

KNABE: Trauerst du immer noch, Vater, über die Schmach, die dir die Fremden angetan?
PRIESTER: Man verkündete mir ein Wunder. Ich ging Göttern entgegen. Leichter Götterhände Berührung hatte den Lahmen geheilt. Mit Kränzen kam ich und mit Opfertieren vor das Tor. Ich sah den strahlend Schweigsamen und den beredt Bewegten. Ich wähnte, Zeus meinen Herrn mit Augen zu sehen und Hermes den geleitenden. Aber da sie mich erblickten, da, vor meinen betend erhobenen Händen, verwandelten sich ihre Mienen bis zur Verzerrung, bis zu der irren Wut, die all die Gesichter dieser Sektierer, dieser Syrer, Chaldäer und Juden, dieser Barbaren entstellt, sie zerrissen ihre Kleider und gaben ihre schöne Tat einem unbekannten Gotte zurück, der sie gesendet habe.
Bitter ist es, verehrt zu haben, was auf deine Andacht speit, bitterer, Antlitz und reine Gestalt der Götter gesehen zu haben, und sie verkehren sich dir in Münder, die nur lehren, und Arme, die von sich weg weisen in die leere Luft.

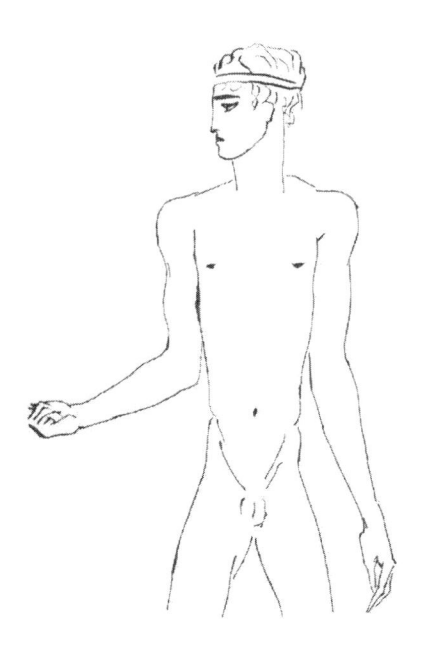

KNABE: Aber schon wirst du gerächt: es sind Juden gekommen aus Antiochia und Derbe, die kennen die beiden Wundermänner, die schäumen gegen sie und überreden das ungewisse Volk; und mit Steinen und Schmähworten vertreiben sie diesen Barnabas und Paulus, schleifen sie zur Stadt hinaus.

PRIESTER: Sie werden wiederkehren, werden den Zweifelnden den Gott ihrer Verzweiflung und Verzückung verkündigen und Anhänger gewinnen wie all die neuen Lehrer, wie die blutigen Tänzer der Kybele, wie die blassen Diener jener Isis, die ohne Gestalt ist und sich anmaßt, die Wesen unserer lebendigen Göttinnen zu vereinen, Artemis zu sein und Aphrodite, Hera und Persephone zugleich, die Soldaten Roms werden ihnen nachlaufen wie den Mithrasknechten und die leeren Spötter werden sich von ihnen füllen lassen wie von den Philosophen.

Denn die Menschen sind mißtrauisch geworden gegen die Gottheit, die im Äther wohnt und im Auge, das den Äther spiegelt, und gegen die in der Ähre und in dem Leib, den die Ähre nährt, und die in der Taube und im Sperling wie in unserm Geschlecht, und die in dem Weg wie in dem Schritt auf dem Weg und im Mond unserer Nacht wie in unseren Nachtgedanken.

Bin ich denn lächerlich oder frevelhaft? Warum sollte Zeus, um mir zu erscheinen, nicht den Leib dieses Juden erfüllen können? Ist ihm doch manche Menschen- und Tiergestalt gemäß. Ach, aber er verließ feindlich die Hülle, ehe ich ihn noch sah. Oder wurden meine Sinne schon so schlecht, daß ich ihn nicht mehr sah? Schlecht wie die Sinne der vielen, die nicht mehr Wohnung werden des Leibhaftigen und fort von sich begehren und verehren, was sie nicht sehen noch fühlen können, und wollen sich hinwerfen vor das, was ihnen am fremdesten ist, und spalten immer gräßlicher die Kluft zwischen Gott und Mensch.

Die Götter zürnen und fliehen unsere stumpfen Sinne und voreiligen Süchte. Ich fühlt es schon lange; und heute glaubt ich einmal endlich ihn, den ich bisher nur in den unumschließbaren Elementen, verbreitet im Äther, zückend und rollend im Wetter sah und wiedersah im Tempelbilde zu Stein versammelt, ihn glaubt ich in tagumflossener lichtgerandeter Menschengestalt zu sehen, meinen eigensten Herren, und neben ihm den regen, den aufleuchtenden Jüngling, den oft ich vermutet im Glanze, der die Wege teilt, im Schimmer über der gekräuselten Woge, in der jähen Wonne des Entschlusses, ihn, der uns holt und bringt, trägt und geleitet, den Vollender – aber – nun, du weißt, was mir geschah: auch mir, ihrem Getreuen, zürnen die Götter.

KNABE: Hast du auch gehört, was sie lehren, diese neuen Männer?

PRIESTER: Ich mag nichts Neues mehr hören, – es sei denn, du sagtest es mir. Aus deinem Munde, mein Knabe, wird es mir vielleicht vertraut.

KNABE: Sie lehren einen Gott so erhaben, daß er nicht wohnen kann in Tempeln, die von Händen gemacht sind. Und er bedürfe der Menschen nicht. Und doch sei er nicht ferne von einem jeglichen unter uns. In ihm, sagen sie mit altem Worte, leben und weben und sind wir, wir sind seines Geschlechtes. Und er habe seinen Sohn gesandt in Menschengestalt, der opferte sich selbst für alles Geschöpf an einem Kreuz, an das ihn die Juden überantworteten und die Römer schlugen. Aber er sei auferstanden von den Toten, sitze zur Rechten des Vaters und werde richten über alle am Tage der Wiederbringung aller Dinge.

PRIESTER: Genug! Ich merke, daß ihre Rede dich verführt. Es ist Gewalt in ihrer Rede. Hangst du ihnen schon an?

KNABE: Ich bin dein Knabe, Weiser, ich warte, daß du mich lehrst.

PRIESTER: *Ein* Gott, lehre ich dich, ist Wahnsinn und Feigheit und Flucht!

Soviel Gestirn über deiner Geburtsstunde, soviel Gottheit steht über deinem Leben. Opfere denen, die nahe standen, das wird dir leicht sein. Opfere den fernen, auf daß sie dir nicht zürnen.

Ein Gott, der sich selbst opfert, zerstört seine Gottheit, und stört alle Gottheit, er verkehrt das heilige Verhängnis der Natur und macht aus der Ohnmacht eine fiebernde Kraft und aus der blühenden Kraft ein Unmaß und einen Frevel, und auferstehen kann nur sein Schemen.

Was ist nur geschehen, daß die Welt sich so verwandelt? Steigt denn nicht immer noch jedes Herdes Rauch zu Göttern? Können wir uns ihnen nicht darbringen im Blute der Rinder, in Erstlingen der Früchte, in Blumengewinden? Was bedarf es mehr? Sie aber bedürfen gerade dieses Wenigen, dieses kleinen Duftes und schmalen Rauches, um zu uns gelangen zu können. Denn sie wollen zu uns gelangen. Sie blühen, wenn sie Pflege erfahren von Menschenhänden. Unser Dasein ist ihnen Gestalt der Welt wie ihres uns. Jeder von ihnen begehrt auf seine Art unser Herz, und jeder hat ein Recht auf unser Herz. Und seinen Willen kund zu tun, braucht er nicht Söhne noch Weltgerichte vom Himmel zu schleudern, in den Eingeweiden des Opfers kann er sich verkünden, in den Geweben des Traumes, ja, in Gesicht und Gestalt des Menschen. Warum willst du in ihm unsichtbar werden? Er kann ja sichtbar werden in dir!

KNABE: Du lächelst, Vater, und siehst an mir entlang.

PRIESTER: Ich sehe zwei Locken deines Haares in die Stirn fallen und deine Miene voll seltsamer Wehmut wie Haar und Miene derer von den Wassern und unter der Erde. Tief lauschst du wie der Knabe, den die großen Göttinnen von Eleusis lehren und kränzen, und bist schön wie der, um den Apoll weinte, da er ihn selbst getötet, ehe Sommer wurde, diesen Frühling. Wie die Blätter der Blume dieses

Hyakinthos fallen deine Locken voneinander. Du bist so schön, daß mir bangt, Du stirbst jung.

KNABE: Die neuen Propheten verheißen, daß es keinen Tod mehr geben wird, daß wir ewig werden durch das Blut jenes – Gerechten, daß wir uns wiedersehen.

PRIESTER: Verflucht ihre Ewigkeit, die unsere Lebenszeit aussaugt, verhaßt ihre Vertröstung, die mir die Trauer um dein Todeslos rauben will und diesem Augenblicke, da du schön bist, seine Ewigkeit.

    Laß nicht Götter sterben für uns. Laß uns sterben, auf daß sie leben. Laß uns vergehn wie alles, verwandelt werden wie Wolke und Blume und hartes Gestein, verwandelt werden, auf daß die Götter dauern. Wenn aber auch sie wandelbar sind, ach, dann laß mich hingehn mit meinen alten Göttern, ehe euer neuer Todesgott recht hat und siegt.

Ahasver und Veronica

> „Quand l'univers je regarde et contemple,
> je crois que Dieu me fit servir d'exemple ..."
> *Complainte*

AHASVER: Dein Tuch! Was geschah?
VERONICA: Schau es an!
AHASVER: *Sein* Antlitz! Der Messias!
VERONICA: Ich trocknete den Schweiß vom Gesichte dessen, den man zur Schädelstätte führte, der unter seinem Kreuz zusammenbrach. Da blieb – Wunder! – dies Bild auf meinem Tuche.
AHASVER: – dessen, den man zur Schädelstätte führte?
VERONICA: Ja, der von deiner Schwelle fortwankte unter der Last seines Kreuzes.
AHASVER: – den ich von meiner Schwelle stieß, den Verbrecher, den falschen König, den Auflöser des Gesetzes?
VERONICA: Ich weiß nicht, wer er war. Holdselig war er. Ich hätte das Blut seiner Striemen von den Peitschen der Kriegsknechte küssen mögen, den Staub von seinen gequälten Füßen wischen mit meinen Haaren.
AHASVER: Ich haßte sein Gesicht, als er mich ansah, die feindliche Milde seines Blickes, der mit Liebe siegen will über Gerechtigkeit. Aber jetzt auf deinem Tuch ist es das Gesicht des Weltrichters, des Messias, auf den wir harren, und ist doch milde, das faß ich nicht. – Was wird aus mir, den er so sanft verfluchte?
VERONICA: Wie? Er verfluchte dich? Er, der alle segnet?
AHASVER: Mich verfluchte mit sanftem Fluche die Liebe, die alle segnet. „Ich wollte ausruhen auf deiner Schwelle", sprach er, „du aber jagtest mich fort. So mußt du nun für mich wandern ruhelos. Ich werde ruhen und du wirst wandern, bis du mich findest." – Als er es sprach, verachtete ich sein Wort. Jetzt, da ich im Tuche sein Gesicht sehe, fühle ich, daß es sich vollzieht. Ich muß wandern, die Liebe zu suchen, die unfaßbar ist.

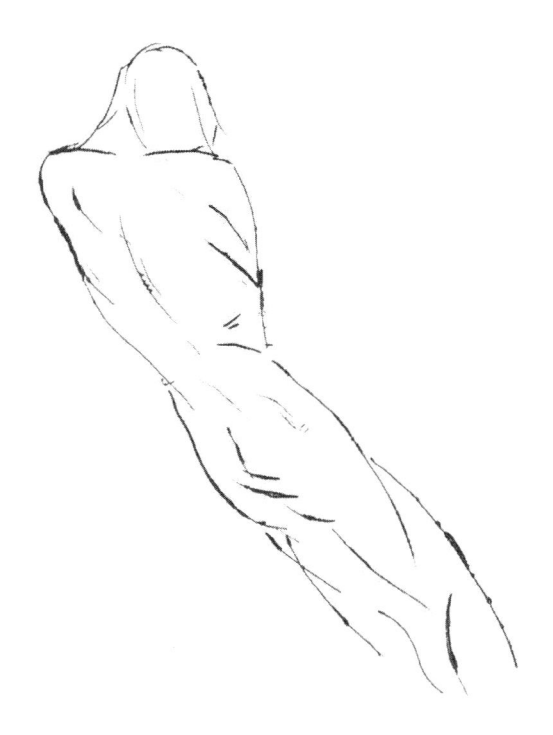

VERONICA: Warum liebtest du ihn nicht, als er dir erschien?
AHASVER: Mit solcher Sehnsucht wartete ich auf ihn, den Erlöser, den Befreier. Da er mir aber erschien, erkannte ich ihn nicht. Und nun sehe ich den Abdruck seines Schweißes auf eines Weibes Tüchlein und erkenne ihn. O meine Mutter, was für einen Schemen gebarst du? O mein Vater, was für einen Narren zeugtest du!
VERONICA: Aber warum stießest du ihn fort? Die Schwelle des Hauses und der Rand des Ackers ist jedem Zuflucht, selbst dem Verbrecher.
AHASVER: Weil ich ihn haßte, ihn fürchtete wie eine Befleckung, – ach – weil ich ihn wohl schon liebte und mich fürchtete vor meiner Liebe. Hat er nicht gesagt: Liebet eure Feinde – unbegreifliches Wort des Wahnsinns, das alle Wirklichkeit aufhebt? Nun muß ich, sein Widerspiel, sein Entsprecher, den Spruch umkehren: Hasset, die euch lieben. Hasset eure Liebe! – Ich muß die Liebe hassen, die hier im

Leben war, im Greifbaren. Auf tut sich das furchtbare Jenseits des Herzens, die Welt hinter der Welt, die das Leben verschlingt in ihre Unendlichkeit – –

Nun bin ich unsterblich. Unsterblich wie er, der immer sterben und immer auferstehen wird, werde ich immer untergehen und nie sterben.

Als ich vormals lebte in erster Zeit, in erster Kraft, da konnte die Brunst meiner Liebe doch noch morden. Heut kann sie nur fortstoßen. O hätt ich ihn getötet mit diesen Händen, er hätte mich erlöst. Denn der Gemordete erlöst den Mörder. Nun hab ich ihn nur den ahnungslosen Römern zum Morden überlassen.

VERONICA: Was redest du, Nachbar? Wann lebtest du vormals? Bist du nicht der Sohn eines Zimmerers aus dem Hause Naphtali? Ist deine Mutter nicht das fleißige Weib, das die Kleider der Leviten näht?

AHASVER: Eva war meine Mutter. Sie empfing mich am Tage des Fluches, als sie von der Frucht des Baumes gegessen hatten beide und sich nicht mehr dumpf und selig liebten wie die Tiere, sondern seherisch Aug in Auge wie die Götter. Sie gebar mich in der Verstoßung neben dem ersten Acker. Im ersten Glücke dann nach dem Glücke des Paradieses, als sie entsagen gelernt hatten und unter Tränen froh sein, gebar sie Abel, meinen Bruder. Er war licht. Die Schwestern liebten ihn; und ich liebte ihn mehr als die Schwestern. Und da ich ganz verzückt war von seiner Süße und nicht wußte, wie ihn umarmen, durchdrang ich ihn mit meiner Waffe, daß sein geliebtes Blut warm über mich floß. Der Herr wollte mich strafen mit Not des Akkers und Unrast und Elend. Ich aber sprach zum Herrn: „Meine Sünde ist größer, als daß sie mir vergeben werden möge."

Und wieder geschieht mir heute, was er nicht vergeben kann. Nur, daß ich nicht tat. Ich unterließ. Vergeben kann er mir nicht, nur unstät und unsterblich mich machen.

VERONICA: Du redest irr. Du verwandelst Gesetz und Propheten und die Geschichten der alten Zeiten.

AHASVER: Wie er, wie er, mein Bruder! Wir sind die Verwandelnden. Nichts ist wirklich als das Wandelbare, aber wir, die Verwandler, wir sind nicht wirklich.

VERONICA: Wer bist du?

AHASVER: Schon bin ich nicht mehr, bin nicht mehr Einer, werde ein ganzes Volk, das Volk, das Heilande gebiert und seine Heilande verstößt, das totgeweihte Volk, das niemals stirbt und niemals lebt. Lebendig ist nur sein Äußerstes: sein unendlicher Haß und seine unendliche Liebe, alle seine Mitte aber, all sein Maß ist lächerlich und armselig. O Volk der Mütter, die immer einen Propheten und einen Wucherer als Zwillinge tragen. Und der Prophet muß in sich töten das geile Blut des Wucherers und der Wucherer in sich das heile Blut des Propheten. Und davon ist beider Angesicht entstellt und ist nicht eines Menschen Angesicht, ist nur in der Verzerrung schön.

VERONICA: Du ein Volk? Bin ich denn nicht aus deinem Volke?

AHASVER: Selig bist du! Du bist ein Weib. Kannst lieben. Brauchst nur dein Tüchlein hinzuhalten und aus dem Schweiße der Qual empfängst du das Angesicht des Lebens.

VERONICA: Ich danke dir für dies Wort. Ja, mir ist Seliges geschehen.

AHASVER: Danke mir nicht! Denn ich verfluche dich, du Wartende am Wege, die du buhlst mit unseren Schmerzen und dich sättigest an unserm Schweiße und Leben saugst und nährst aus unserm Sterben. Laß mich vorüber, Dirne!

Bist du nicht einer Griechin Kind von den Proselyten des Tores? Küß dein Götzenbild, das Wunder an dir tut. Laß dich von ihm lieben wie euer Abgott die Töchter der Menschen liebt. Laß mich vorüber und fort.

VERONICA: Nachbar, da steht dein Kind auf deiner Schwelle und streckt die Arme aus nach seinem Vater.

AHASVER: So laß mich fort, daß es mich nicht ansehe mit seinen holden Augen. Es ist noch jung, wird mich vergessen. Denn nun hab ich nicht Weib noch Kind, nur Wanderschaft, nun such ich, um nie zu begegnen, nun schau ich, um nie zu erblicken. Nun wird jedes Lager ein Fieberbett und jedes Stillstehn eine Qual.

VERONICA: Staub weht auf, die Sonne verliert ihren Schein. Eine Finsternis jetzt um die sechste Stunde!

AHASVER: Er stirbt, der Selige: nun muß ich wandern. O weite Welt, wie eng wirst du mir sein.

VERONICA: Wie willst du im Finstern deine Straße finden?

AHASVER: Finsternis ist der Rand des Lichtes.

Ganem und Enis

> „Das Weib ist ihres Leibes nicht
> mächtig, sondern der Mann ..."
> 1. Corinther 7.4

GANEM: Ganem – wie sprach sie den Namen? – *aufblickend* Eine Verschleierte! heimlich, durch den Garten –
ENIS: Von der Herrin Enis Aldjelis.
GANEM: Ist sie in Gefahr? Zürnt ihr der Kalif?
ENIS: Der Kalif will nicht glauben, daß du sie schontest die sieben Tage lang, die sie bei dir verborgen lebte. Du mußt ihm sagen, bittet sie, daß du sie nie liebtest, nie begehrtest.
GANEM: Deine Stimme gleicht wundersam der Stimme deiner Herrin – oder höre ich immer noch ihre Stimme? – Ich will tun, was sie befiehlt.
ENIS: Du mußt es hier auf dieses Blatt schreiben.
Ganem faßt die Feder, will schreiben,
ENIS: *entschleiert* Du wolltest schreiben, daß du mich nicht liebtest? Deine Finger konnten das schreiben?
GANEM: Enis! Alles kann ich, denn ich liebe dich.
ENIS: O Ganem, ich bin nicht froh. Der Kalif ist alt. Er begehrt Künste von mir. Er erfreut mich nicht.
GANEM: So flieh! Ich bin reich. Ich helfe dir, wohin du willst.
ENIS: Ich war glücklich hier auf deinen Kissen bei deinen Schalen und Düften und Worten. Ihr schmeicheltet mir, trugt mich wie ein Traum schmeichelt und trägt.
GANEM: Aber hier wird man dich suchen und finden, wird dich grausam fortreißen wie jüngst – oder muß ich schon sagen: damals? Soll ich meine Lager und Ballen verkaufen und dich begleiten in ein andres Land? Ich will gleich gehen, alles ins Werk setzen. Du schweigst? Enis, du sagst, du warst glücklich auf diesen Kissen. Ach, ich muß dich erinnern: als du hier saßest, seufztest du nach deinem Herrn, verzweifeltest, daß du seine Huld verloren.

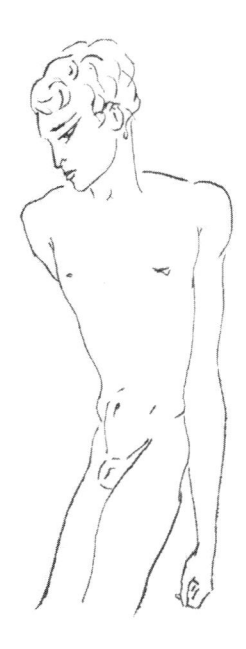

ENIS: Ich seine Huld verloren? Niemals! Die neidische Fürstin Subeida hat mich, als er fern war, mit Bendj betäubt, in die Kiste gelegt –
GANEM: Ich weiß, ich weiß; ich habe ja selbst das Bendj aus deinem Munde gezogen, deinen ersten Atem getrunken auf dem Kirchhof in der schrecklichen und holden Nacht.
ENIS: Aber du weißt nicht alles. Du weißt nicht, wie der Kalif trauerte um mich. Als er zurückkam von seiner Reise und mich nicht fand und die Listige ihm sagte: „Enis, die Geliebte, ist gestorben", und führte ihn an das leere Grabmal, das sie für mich gebaut hatte, da wollte er das Grab öffnen, mich noch einmal im Arm zu halten, so wie er war, in Reisekleidern. Da er aber das Totengewand sah, fürchtete er sich vor Gott, setzte sich neben das Grab und weinte, bis er in Ohnmacht fiel. Vier Tage blieb er so an meinem Grabe.

Und dann, als er, der schlafend schien, das Gespräch der geschwätzigen Wächterinnen belauschte und erfuhr, daß er neben einer hölzernen Puppe trauerte und daß die lebendig begrabene Enis gerettet bei einem jungen Kaufmann, Ganem dem Damaszener, wohnte, während er hier seine Nächte verweinte, da raste der Kalif gegen seine Getreuen, die Ader des Zornes schwoll mitten auf seiner Stirn. Töten wollte er die Fürstin Subeida und auch dich töten, den Räuber seiner Enis!

Nun, er hat dich verschont, weil du mich schontest, o Ganem. Du konntest sterben für mich, Ganem, wenn du mich nicht schontest. O wie froh war er, daß du mich geschont hast, Ganem! Wie froh war er, daß er mich wieder hatte. Tagelang wich er nicht von meiner Seite und ließ kein Gewand auf mir bleiben. Aber hundert Perlenschnüre und Goldgehänge hing er um all meine Glieder, kühl wie Schlangen.

GANEM: O Enis, du redest lieblich, und dir zuhören ist eine Lust und deinen redenden Lippen zuschauen ist Wonne. – Aber was ist zu tun? Was begehrst du?

ENIS: Was begehrst du, Ganem?

GANEM: O Herrin, ich hob dich aus der Sargkiste, in der dich die grinsenden Neger auf den Kirchhof geschleppt und in das Grab getan hatten. Ich hielt dich auf meinem Pferd in den Armen. Ich trug dich über die Schwelle hier, ich bereitete und breitete dir Kissen und Polster, mit Straußenfedern gefüllt. Ich brachte dir Schüsseln und Becher und ersättigte mein Herz an dem Anblick deines Essens und Trinkens. Ich ließ all meinen Handel meinen Gehilfen und blieb bei dir im Gemach. Ich vergaß Sonne und Dunkelheit vor dem Licht deiner Stirn und der Nacht deiner Haare. Du lehntest an dieser meiner Schulter und ich durfte deinen Schlaf bewachen. Aber –

ENIS: Aber?

GANEM: Aber du sagtest, daß um deinen Gürtel ein strenger Spruch geschrieben stehe. Wie durfte ich wagen, dir das Schloß zu lösen, dessen Hut du mir anvertrautest wie einem Bruder. Ich litt, aber lieber litt ich durch dich als glücklich zu werden durch andre. Ich diente dir. Ich diene dir. Was soll ich tun? Ich bin Ganem dein Sklave.

ENIS: O Ganem, die Zeit drängt. Ich muß mich eilen, dir mein Geschick und meinen Willen zu sagen. Nicht fliehen will ich. Denn ich bin gefesselt. Und fliehe ich, so wird meine Fessel mit mir gehn ein unendliches Band.

GANEM: Ich verstehe nicht. Ich kann dich bergen in den fernsten Ländern. Ich will alles verkaufen, was ich habe.
ENIS: Ach, Ganem, meine Zeit drängt. Was begehrst du, Ganem?
GANEM: Dir zu dienen, die Knöchel deiner Füße zu küssen.
ENIS: Ganem, wisse die Not meines Herzens: ich sah aus dem Fenster des Frauenhauses. Da sah ich Abdul, den schönen Sohn des Veziers. Da traf mich der Pfeil seiner Blicke, geschnellt von dem Bogen seiner Brauen. Ich ward krank vor Liebessehnsucht. Ich war unmächtig, mein Gewand zu tragen. Es kam eine Alte, die brachte mir einen Brief von seiner Hand auf duftendes Pergament geschrieben: betäubende Worte. Ich schrieb ihm – wirst du mir vergeben, Ganem, was ich tat in Liebesraserei? – ich schrieb ihm: „O Abdul, ich habe einen Freund, einen Helfer, Ganem, den Damaszener, der mich vom Tode errettete. Wie soll ich dich sehen, Abdul, ich bewachte Sklavin, wenn nicht in dem Hause meines Freundes, der auch des Kalifen Freund und Gesellschafter ist und Macht hat, uns zu bergen und zu schützen? So komm zu ihm um die Zeit des Abendgebetes. Mein Getreuer erwartet dich an seiner Tür. Er wird uns bewachen, wird uns vor Tage durch seinen Garten fortlassen, wo niemand uns sieht." – Und nun, Ganem –
GANEM: Gleich ist die Zeit des Abendgebetes. So will ich, Enis, will zu ihm, den du liebst, an das Tor gehen, will ihn erwarten. Es eilt.
ENIS: Wie? Du willst ihn erwarten? Ihn einlassen?
GANEM: Du – befahlst es.
ENIS: Wie? Du willst mich einem andern Manne geben auf diesen Kissen, darauf du mich schontest, weil ich dir vertraute?
GANEM: Ich habe gelernt, zu leiden und dir zu dienen bis in den Tod.
ENIS: Ich speie auf deinen Tod, du Verschnittener! Du Kuppler! Ich hasse Abdul, diesen Gecken, und keiner ist so schön und so furchtbar wie Harun, mein Herr der Kalif. Die Peitsche will ich küssen, mit der er mich schlägt wenn seine Lüste träge sind und zaudern. Ich speie auf euch, Sklaven und Gecken!
GANEM: Du bist schön im Zorn, wie wenn Nachtgewitter das Abendrot auffrißt.
ENIS: Ich bin nicht schön. Eine arme Sklavin bin ich und nicht mehr jung. Ich muß meine Flecken salben, daß mein Herr sie nicht sieht, muß das Licht verschleiern –

Und nun leb wohl und Dank für deine Gastfreundschaft jener Tage und deinen guten Willen heute. Denn nun ist meine Zeit um. Die Schwarzen mit der Sänfte warten am Bazar.

GANEM: Kommst du wieder zu mir, du Zürnende und Schmeichelnde?

ENIS: Nein! Was soll ich hier? Ich hatte eine Stunde, die wollte ich dir schenken. Ich war neugierig, was du machen würdest aus einer Stunde, nachdem du aus sieben Tagen nichts gemacht hast.

GANEM: Es war die Zeit meines Lebens, diese sieben Tage!

ENIS: So brauche ich dir ja nicht einmal zu danken. – Du dauerst mich, Kaufmannssohn, ich war neugierig auf dich. Du warst schön, als du mit zitternden Händen die Kissen breitetest und mir zu trinken gabst aus Kelchen, die in deinen Fingern bebten. Du warst schön, als du deinen Atem zurückhieltest auf dem Lager neben mir wie neben einem Kinde, das man nicht wecken will. Nun hätt ich gern den Atem deiner ungehemmten Lust gespürt, gern dein Gesicht in der Verzückung und dein Auge im Wahnsinn gesehn. Aber ich glaube, dein Hauch ist erbärmlich, dein Auge fällt zu im Wahnsinn, wie es zufiel, da du den Saum meiner Schleier küßtest, und dein Gesicht erlischt vor der Liebe. Leb wohl!

Pierrot und Don Juan

„Finsternis ist der Rand des Lichtes."

PIERROT: Wer bist du, der sein dunkles Kleid so fremd durch meine helle Nacht trägt?

DON JUAN: Ei, vielleicht nur ein schwarzer Streif an deinem Mond hin, Pierrot, damit er nachher um so voller strahle.

PIERROT: Mein holdes Licht bedarf keines Widerspiels, um heller zu werden, es ist hell.

DON JUAN: Wär es wohl so hell, wenn dein Haar nicht so rabenschwarz wäre, du Blasser, und die Schatten deiner überwachten Augen so düster auf deinen runden Wangen?

PIERROT: Ich sehe mein Gesicht nicht. Ich weiß nicht von mir. Nur von der Mondnacht weiß ich.

DON JUAN: Von der Mondnacht und der lichten Colombine.

PIERROT: Du sagst es.

DON JUAN: Ja, und du sagst es schier zu oft. Deine Lieder laufen bald wie laute Marktschreier, bald wie leise Kupplerinnen vor Colombinens Reizen her. Hab acht auf dein Schätzchen, Freund!

PIERROT: Wer bist du, daß du dich bemüßigt fühlst, mir Ratschläge zu geben? Ist das Menschenkennen deine Sache oder das Weiberkennen?

DON JUAN: Ob ich die Weiber kenne, weiß ich nicht. Aber ich glaube, ich weiß, was ihnen not tut.

PIERROT: Drüben, wo der Wald zu Ende geht, unterm ersten Dorfdach wohnt ein Bartscherer, der hat mehr Jungfernschaften erkannt als der Junker des Landes und mehr Kinder im Ort als die Ehemänner ahnen. Soll ich deshalb zu ihm in die Lehre gehen, damit ich klüger werde über die Weiber?

DON JUAN: Nun, man kann bisweilen von einem Bartkratzer mehr lernen als von einem Weltweisen. Übrigens bist du unliebenswürdig, Pierrot: es ist besser, ich gehe.

PIERROT: Nein, bleibe! Deine Augen gleichen manchmal Colombinens Augen, wenn sie nicht hört, was ich sage. Deine kurze Stirn, deine herrische Nase sind voll Eigensinn und drängen in das Neue. Aber deine Augen träumen noch vom letzten Glück. – Du bist der ritterliche Don Juan. Wo kommst du her? Wohin gehst du?
DON JUAN: Du kennst mich. Jeder Abend macht mir Sehnsucht zu bleiben, jeder Morgen Lust zu gehen. Wozu soll ich dir mein letztes Woher – Wohin erzählen? Du weißt, ich bin unterwegs.
PIERROT: O Don Juan, ich kenne nichts als diesen Garten, das Feld zur Rechten und links den Wald im Zeiten- und Stundenwechsel und ...
DON JUAN: und Colombine im Launenwechsel.
PIERROT: Die Jahreszeiten spiegeln ihre Launen. Und ihre Launen bedeuten Jahreszeiten.
DON JUAN: Das ist deine Schuld. Du müßtest Sonnenglut in ihre wolkige Kühle und Sturm in ihre Schwüle bringen.

PIERROT: O wenn sie nur in dem ist, was ihr wohltut. Was liegt an mir?
DON JUAN: Es würde ihr wohltun, zwängest du sie in das, was dir gefällt.
PIERROT: Du scheinst allerlei über sie und mich zu wissen ...
DON JUAN: Ich möchte dir nur helfen.
PIERROT: Hat sie dich sehr geliebt? Hast du sie glücklich gemacht? Wenn du sie in Trauer zurückließest, ich müßte dich hassen.
DON JUAN: Mensch, ich verstehe dich nicht ...
PIERROT: Ich weiß ja längst, du kommst von ihr. Dir widersteht, so sagt man, keine. Und ihr, wer könnte ihr widerstehn?
DON JUAN: Hab ich mich, hab ich sie verraten, so bin ich strafbar. Strafe mich.
PIERROT: Du warst untadlig. Meine Liebe erriet. Warum suchtest du mich, als du sie verließest? Oder war es Zufall, daß du mich trafst?
DON JUAN: Nein, Zufall war es nicht.
PIERROT: Sie hat dich nach mir geschickt?
DON JUAN: Du errätst alles. Sie sagte erwachend: „Wo ist Pierrot?" Da haßte ich dich. Sie sagte lächelnd: „Wenn du mich lieb hast, so bring mir Pierrot." Da war mein Herz voll Wut gegen sie. Sie sagte: „Nie war ich glücklicher als in deinen Armen; aber wenn du willst, daß ich glücklich bleibe, so schaff mir Pierrot." – Du hast das wohl alles erraten. Wozu lässest du mich meine Niederlage berichten?
PIERROT: Es ist keine. Colombine belügt Don Juan nicht. Du hast sie glücklich gemacht. Der Himmel segne dich.
DON JUAN: Und du? Widert es dich nicht, Mensch, daß ich in dein Heiligtum drang? Warum tötest du mich nicht?
PIERROT: Du hast Colombine glücklich gemacht. Ich – ich habe sie nie berührt.
DON JUAN: Wie? Was? Was treibt ihr denn mit einander?
PIERROT: Berührt der Mond, was er bestrahlt? Könnte die Erde um die Sonne kreisen, wenn sie ihr nicht immer gleich fern bliebe?
DON JUAN: Bist du selig oder verzweifelt?
PIERROT: Ohne Verzweiflung wäre meine Seligkeit undenkbar.
DON JUAN: Und Colombine? Will sie, daß du ohne Hoffnung lebst?
PIERROT: Danach habe ich nicht zu forschen. –
DON JUAN: Ich werde nun gehn. Ich darf nicht bleiben in der holden Stille deines, eures Gartens.

PIERROT: Geh, Seliger, und beselige. Du bist rastlos wie ein Held. Heil deiner Unruhe, du Froher!
DON JUAN: O Pierrot, ich beneide ein wenig deine Ruhe und deine Trauer.
PIERROT: Ich weiß, daß nichts geschieht und alles von Ewigkeit ist. Wie sollte ich nicht ruhen und trauern?
DON JUAN: Ich weiß, daß nichts ist und alles geschieht. Wie sollte ich nicht eilen und froh sein? Froh, aber nicht glücklich.
PIERROT: O Don Juan, glücklich sind nur die andern, die Vielen zwischen dir und mir, sie, die auch Eifersucht genießen und Eitelkeit befriedigen. Aber du und ich, sind wir nicht wie die Enden des Schlangenringes, die sich begegnen?
DON JUAN: Leb wohl, Pierrot, selig bist du, daß du bleibst.
PIERROT: Leb wohl, Juan, selig bist du, daß du gehst.
DON JUAN: Vielleicht findest du Colombine schlafend, die Lippen auf dem Arm.
PIERROT: So werde ich sie nicht wecken.

Der verlorene Sohn und der Steinklopfer

„Und er begehrte seinen Bauch zu füllen
mit Träbern, die die Säue aßen, und niemand gab sie ihm."
Ev. Luc. 15. 16

STEINKLOPFER: Mensch, hältst du meinen Schotter für ein Lotterbette, daß du so hineinplumpst?

DER VERLORENE SOHN: Du ruhst doch selbst in der Sonne an diesen Steinen. Laß mich dein Nachbar werden.

STEINKLOPFER: Hast du keinen bessern Nachbarn und kein besseres Lager?

DER VERLORENE SOHN: Hier ist nicht Stadt noch Dorf, nur Straße. Niemand kann mich wegjagen, wenn du mir erlaubst, neben dir zu liegen.

STEINKLOPFER: Du bist ein hübscher Junge. Du hast eine Mädchenhand. Die hat wohl noch nicht viel gearbeitet?

DER VERLORENE SOHN: Hat sie nicht noch gestern die Mistforke gehalten, diese Hand?

STEINKLOPFER: Und der Bauer hat dich weggejagt?

DER VERLORENE SOHN: Der Großknecht hat mich weggejagt. Erst wollt er mir wohl, und mir gefiel bei Tische die Demut seines krummen Rückens. Ich freute mich, sein Genosse zu werden in Dung und Dunst. Des Nachts aber, als wir in der Kammer lagen, schlich die Magd, die sonst bei ihm gelegen haben mag, zu mir. Sie wimmerte, weil ich sie nicht wollte, das hat er wohl mißverstanden und jagte mich weg. –

STEINKLOPFER: Möchtest du denn nicht selbst Weib haben und Vieh und Acker?

DER VERLORENE SOHN: Ich bin doch der, der nicht besitzen darf. Und die da besitzen, dauern mich.

STEINKLOPFER: Beim Bauern ist gut sein, Mensch und Tier hat Nahrung.

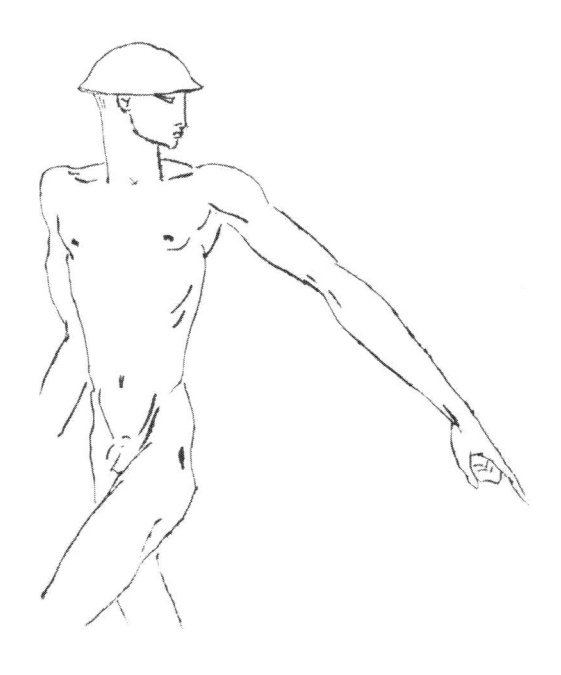

DER VERLORENE SOHN: Ja, ich liebte es, in die Schüssel zu langen, wenn die Reihe an mich kam. Das ist ein gutes Schicksal, fast so gut wie das des Viehs. O wenn die Schweine heimgetrieben in den Stall drängen, die Welle ihrer Rücken! Eins dem andern, alle allen nahe, welches Glück!

So sagt ich auch zu dem Knechte: „Wenn du mich nicht magst in deiner Kammer und an deinem Tische, so laß mich bei den Schweinen wohnen und mit ihnen von den Trebern fressen." Aber da spuckte er und trieb mich fort.

STEINKLOPFER: Wo warst du denn, eh du zum Bauern kamst?

DER VERLORENE SOHN: Eine Zeit war ich bei einem Schmiede, der Axtklingen glühte und im Wasser löschte mit der Rechten, während seine Linke den großen Blasebalg zog. Wie schön sind die Farben des Stahles, eine nach der andern, ein Regenbogennacheinander!

Wie klug ermaß des Meisters Auge, was noch zu glühen, was schon zu löschen war.

Sein kleiner Bube saß zu seinen Füßen und spielte mit seinem Hämmerlein an den Stahlstücken und schliff sein Kinderwerklein am großen Wetzstein. Er hatte des Vaters Blick und Griff. Er vergaß nicht sein Werk über dem Wunderblick von Flamme und Stahl.

Steinklopfer: Wie du.

DER VERLORENE SOHN: Ja, wie ich. So war ich auch eine Zeit mit den Holzhauern im Walde. Aber die Wurzeln und Knorren unter meiner Axt schnitten mir seltsame Gesichter. Die Menschen haben mich ausgelacht. Nun lachst du auch. Aber dein Lachen tut mir wohl.

STEINKLOPFER: Du solltest in die Stadt, da gibt es Arbeit für solche wie du.

DER VERLORENE SOHN: Aber ich liebe das Land, die Dörfer eingeschmiegt in die runde Erde, im Walde betautes Spinnweb, glitzerndes Spitzenwerk. Ach, wenn ich mit den Jägern ging durch Busch, Stoppel, Wiese und Forst, das drehende, fließende, trocknende Land! Der Schiefer, darunter die Vipern hausen. Beim Wirt, wo wir rasteten, das Weinfaß, darin wir die Trauben gären hörten.

STEINKLOPFER: Was bliebst du nicht bei den Jägern?

DER VERLORENE SOHN: Mittags faßte mich die große Stunde. Die schwere Weinbergerde haftete an meinen Schuhen, ich konnte nicht auf, blieb bei den blauen Steinen. Als die Jäger wiederkamen, nahmen sie meine Stille für Lauer und vertrieben mich als Wilddieb. In eine Höhle kam ich. Da wohnte ich wie ein Biber. Kinder kamen zu mir. Ich mußte ihnen erzählen von meines Vaters Reich.

STEINKLOPFER: Bist du denn ein Königssohn?

DER VERLORENE SOHN: Wir sind doch alle Vaterskinder.

STEINKLOPFER: Das ist unterschiedlich, Kamerad. Ich zum Exempel habe nie einen Vater gekannt, nur die Mutter.

DER VERLORENE SOHN: Und ich die Mutter nie. Aber zuletzt, das weiß ich, komm ich zum Vater heim, zurück in die Zukunft, hinein in das Vergangene.

STEINKLOPFER: Du sprichst wie ein Schriftgelehrter. Du solltest in die große Stadt, das Glück zu suchen.

DER VERLORENE SOHN: Ich war ja in der Stadt. Als ich an die große Brücke kam, war da unten ein Steindamm neben dem Wasser. Da bewegten sich zwei Alte, Mann und Weib, geschäftig in einem Haufen von Abfällen. Sie zupfte Tabak aus Zigarrenstummeln und sammelte ihren Raub in eine Blechbüchse, er suchte Eisernes aus qualmenden Kehrichthaufen. Es stieg ein Geruch auf wie von einem Kartoffelfeuer. Ich mußte denken an ferne Zeiten, da wir viel Volk durch die Steppe ritten, und an den duftenden Schlummer im betäubenden Heu neben dem atmenden Gefährten. Weißt du noch – den Kampfbruder, den Stärkeren, den reifen Helden, der dir seinen Geist einhaucht in die zagenden Glieder?

STEINKLOPFER: Vom Lumpensammler wolltest du erzählen, Mensch.

DER VERLORENE SOHN: Ja? Wollte ich das? Ich vergesse immer das bißchen Letzte über all dem Früheren. Ja, also, der alte Indianerhäuptling sah, daß ich ihn belauschte. Da richtete er sich auf und ging stolz, die Hände in die Hüften gestützt, zwischen seinen Beutestükken hindurch. Ich konnte nicht hinunter in das rauchende reiche Zeltlager, ging weg von der Brücke und in die Häuserinseln der großen Stadt.

STEINKLOPFER: Nun und was triebst du dann in der Stadt?

DER VERLORENE SOHN: Ich hatte doch die zwei Säckel Goldes mit. Die leerten die Mädchen aus und bekamen für das Gold Seide und Gehänge und Duftbüchsen. Sie gaben mir aus ihren Bechern zu trinken. Ich roch nur am Glase. Ich liebe vom Weine wohl nur den Geruch. Sie lachten mich aus, weil ich nur klirrte an ihren Ketten, nur flocht in ihren Locken. Die eine, die immer an mir hing, die brachte mir Gold, als mein Säckel leer war. Das gab ich der andern, weil sie danach gierte. Da zeterten sie, ich lief davon.

Nacht und Morgen lag ich am Tor ohne Obergewand. Die Bürger kamen und fragten, wo ich es gelassen habe. Ich erzählte ihnen von der Prinzessin, zu der mich der Flügelgeist getragen. Das nannten sie Traum. Aber mich dünkten vielmehr ihre pockennarbigen Gesichter Traum. Einer drückte immer auf den Eiterpickel seine Backe, der wurde dann blaß und rot wieder: ich erbrach mich vor Ekel.

Aber der Fischer kam herauf vom Flusse, er hatte nichts gefischt als einen toten Affen. Als er mich sah, rief er: „Halloh, du Blasser, du bist ein Buhler, du bringst Glück!" Da kam ich mit zum Wasser, für ihn das Netz auszuwerfen, und als ich zog, kam ein prächtiger Fisch herauf, den trugen wir zu des Königs Koch. Für den Erlös kaufte der Fischer eine Kiste voll Heimlichkeit, die man ausrief auf dem Markt. Die mußt ich schleppen. Sie war schwer.

Ich sollte sie bewahren und bewachen in des Fischers Haus, als er fortging. Es klopfte an die Holzwand. Ich machte auf. Da war sie darin, die Allerschönste. Sie warf Juwelen heraus und Tücher und glitt und kroch und stand in Seide zitternd. Sie floh mit mir in einen entlegenen Garten. Im sanften Grase legte sie sich schlafen in meine Arme. Aber um die Dämmerzeit stand vor uns ein Greis, der hatte unsere schlafenden Füße geknetet. Er sah auf das Weib wie vorher die Hure auf das Gold. Ich schenkte es seiner Gier. Meine Arme waren frei.

Sie aber, die Schöne, rief mir nach. Sie ruft mir nach! Sie wird mich suchen überall. Es sind wohl viele hinter mir her. Aber du verrätst mich nicht. Wer kann mich noch kennen? Es ist ja alles gleich vergangen, wenn wir es angesehen haben. Nun bin ich auf der Straße. O wie ich lief! – Nun bin ich bei dir. Du hast das Glück, das schwere einsame Glück.

Allen schenk ich. Du Armer bist der erste, den ich bitte: Gib mir!

STEINKLOPFER: Ich muß nun wieder arbeiten. Meine Mittagspause ist vorbei.

DER VERLORENE SOHN: Laß mich dir helfen.

STEINKLOPFER: Das ist nicht leicht, Bursche, das will gelernt sein. Die Steine, die sind sehr verschieden. Es gibt granitharte und mergelige und bröcklige und dicke sandweiche, da will jeder seinen besondern Hammerschlag.

DER VERLORENE SOHN: Wie tausendfarben sie sind, deine Steine!

STEINKLOPFER: Auf die Farben kommt es nicht an. Wie sie splittern, darauf muß ich achten, daß ich beizeiten den Kopf drehe, eh es mir in die Augen spritzt. Das taugt nicht für dich. Geh weiter, du reicher Jüngling! Hier hast du ein Stück Brot, wenn dich hungert auf deinem Wege.

DIE WITWE VON EPHESOS

Dramatisches Gedicht in zwei Szenen

Matrona quaedam Ephesi ...
PETRON, Satyricon

ARSINOE, Witwe des Aristos
LYSANDER, Bruder des Aristos
IANTHE, Dienerin der Arsinoe
EIN RÖMISCHER SOLDAT

Inneres eines reichen griechischen Grabmals. Über dem Lager des in farbigen Decken aufgebahrten Toten brennt eine Ampel. Zu Häupten und Füßen des Lagers Räuchergefäße. Arsinoe kniet, in grauen Schleiern, den Kopf auf dem Schoß des Toten. Mitten im Raum ein großer Bronzeleuchter. Im Vordergrunde seitwärts ein paar Stufen zu der kleinen Eingangstür. Dort stehen Lysander und Ianthe im Gespräch.

Erste Szene

IANTHE: So schweigt sie auch zu mir, weist Speis und Trank zurück,
    hebt, wenn ich nahkomm, wehrend nur die Hand.
    Stunde um Stunde liegt sie auf dem toten Mann,
    bald eingeschlafen, wie in tiefen Liebesschlaf,
    bald wach und reg, mit Kinderstimme flüsternd,
    wie Vogelzwitschern schrill, wie Blätterascheln dumpf.
    Dann spielt sie mit dem Liebsten Wechselrede,
    wie mit der Puppe Zwiesprach spielt ein Kind.
LYSANDER: Oh, liegen so wie er in ihrer süßen Macht,
    tot und geliebt sein! – Immer war ihm alle Gunst:
    Aristos, leicht zu jedem Spiel, zu jedem Amt
    geschickt, Feldherr und Redner, sein das schönste Haus,
    Arsinoe sein. – Und eh er noch erlebt,
    was nicht leicht herfließt und von dannen gleitet,
    stirbt er im Feld ruhmreich. Ein jähes Fieber,
    das er kaum spürt, rafft ihn hinweg vom Abendtrunk.
    Glückseliger Bruder, noch auf deinem verlassenen Rest
    liegt sie und haucht ihm süßen Atem ein.
IANTHE: Neide nicht. Kannst du lieben, liebe mit.
LYSANDER: Nein, meine Liebe ist wie sengender Sand.
    Sie durfte es nicht wissen, ich nicht sagen,
    kann's jetzt auch noch nicht sagen. – Sieh den Seligen dort.
IANTHE: Gesegnet, der uns segne, Aristos!
    Du weißt, all meine Jugend war Arsinoes
    Dienst und Vertraun und Mitspiel. Mir war bang
    vorm Tag, da sie am Herd, des Feuer mich
    mit ihr gewärmt, fortholen sollt ein Bräutigam,
    vorm Hochzeitsliede bang aus meiner schluchzenden,

erstickenden Brust. Als aber Aristos
erschien, war's wie mein eigner Brauttag. Glühender
war nie mein Arm als da er Linnen breitete
des Brautbetts, Purpurdecken, wie aus meinem Blut
gefärbt, rührt ich mit zitternder fühlloser Hand,
im Klang der Hymenäen verging ich ganz. –
Vergib es, Herr, daß ich von mir, der Dienenden,
geschwätzig red in Schweigenszeit. Gewähre mir
der Herrin Hut, bis sie sich aufhebt von
dem Toten, daß ich sie stütze.
LYSANDER: Du bist, Ianthe, jetzt
die nächste ihr, vermagst vielleicht, was uns mißlang,
kannst sie bewegen, daß sie von dem Leichnam läßt,
auf daß dann wir, den Dienst vollendend, ihn verbrennen,
mit frommem Weinguß seine Asche löschen
und in die Urne sammeln, was zerfallend blieb.
Du Treue bring uns die Geliebte heim
in das verödende Haus. Morgen vielleicht,
wenn goldner Staub des Tages durch die Luken
herfällt in diese Totenkammer, lockt sie neu
das Licht. Hüte sie du die lange Nacht.
Früh morgen komm ich wieder fragen, schauen. *Ab.*
ARSINOE *sich aufrichtend:* Ianthe!
IANTHE: Oh, du sprichst, geliebte Herrin, sprich.
ARSINOE: Wenn ihr ihn brennt, so laßt mich in die Flamme
wie Indiens Frauen. Können wir ihn nicht
mit Salben und Balsamen dauern machen
wie die am Nil?
IANTHE: Arsinoe, es ist nicht Sitte.
Du hast genug getan und mehr, du hast
ihn selbst gewaschen, eingekleidet und gekränzt
und in das Vorhaus hingelegt auf Polster, die
du selbst trugst mit den Dienenden, bei Leuchtern
und Weihrauchpfannen gewacht. Du gingst den weiten Weg
heraus auf zarten Füßen hinter der Bahre
zwischen den Klageweibern, nicht mit den Edlen,
nein, zwischen Schreienden, Haarausrauferinnen –

ARSINOE: Sie sind gemein, ihr falscher Schrei tut wohl,
   der Edlen gemessene Haltung macht mich rasen.
IANTHE: – dein Aug zu Boden unverwandt in der Spur
   der Füße unserer ritterlichen Jünglinge,
   die das bestreute schwellende Totenlager trugen.
ARSINOE: Oh harte Sohlen auf mein Leben tretend,
   ihr schönen Knöchel fegend meinen Staub.
IANTHE: Du hast genug getan. Nun gib den Wartenden den Leib
   heraus. Die Scheiter sind geschichtet, Rebenholz.
   Zypressenkränze sind gewunden, Krüge stehn bereit
   mit Wein und Wohlgerüchen.
ARSINOE: Weg mit Wohlgeruch!
   Schon zuviel goßt ihr auf ihn Duft und Süße.
   Ich spüre kaum durch eure Dünste den geliebten Ruch,
   in dem ich lag und atmete und schlief
   ein Jahr, das kürzeste von allen Jahren.
IANTHE: Graut dir nicht vor den Schauern der Zersetzung,
   die unsre Künste kaum noch hemmen? Von dem
   entseelten Leibe wenden sich die Himmlischen.
   Sein Ort ist unrein.
ARSINOE: Mein ward nur im Leib die Seele.
   Ich banne sie mit meinem Mund auf seinem Mund.
   Sie darf nicht fort. Wenn die Olympischen fliehn,
   so wohnen mir die Unterirdischen bei
   und trinken mit. Ich geb ihn nicht heraus.
   Vermodern will ich mit dem Modernden.
   Wir haben uns noch nicht zu End geliebt.
   Es gibt noch Liebe, die ich nicht erprobt
   an dem ehrwürdig Lebenden. Der Stille
   hier unter meiner Brust wird mir nicht widerstehn.
IANTHE: So bleib ich bei dir, bis – ein Ende kommt.
ARSINOE: Ianthe,
   Wir nie Getrennten! *Eine* Amme tränkte uns,
   ein Boden trug die ersten Schritte beider, *ein* Gemach
   hütete das Geheimnis unserer Jungfraunschaft.
   Wie oft *ein* Lager, waren uns gemein
   der Blumen Nähe und der Sterne Ferne.

Und als ich Weib ward und dem Manne beilag,
fühlt ich hinter den Teppichen deinen Schlaf
mich weiter hüten. Tu's auch jetzt, halt fort die Welt.
Stirb mit! Es ist so leicht. Der Duft betäubt
uns allgemach. Der Tote reicht uns sanft gewaltige Hand
herüber. – Weinst du? Hast noch Heimweh nach dem Licht?
Verlässest du ein Liebes?
IANTHE: Nichts hab ich als dich.
Ich stürbe gern und leicht, könnt ich dich sterben sehn.
Soll ich denn nie mehr deine morgenlaue Haut
öffnen mit warmem Guß, mit kühlem frischen,
mit Salben lindern, mit Wolltüchern reiben,
Seide von deinen Gliedern abgetan zerknittert
nie mehr an meiner Brust fortschaffen, neue dir
mit schönen Schließen über die Schulter zu heften?
Mit Gürteln nie mehr schürzen deines Kleides Bausch?
Nie mehr Sandale binden um den geliebten Fuß?
ARSINOE: Es ist vorbei, das Holde ist abgetan,
die Trauerhülle kann ich nicht von mir tun.
Kein Wasser wecke mir die Haut. Schlafwach
will ich hier liegen, bis ich hinüber bin.
Du geh und leb.
IANTHE: Nein, nein! Ich bin an dir wie dein Gewand.
Wirf mich nicht fort. Vergib der Zaudernden. Auch dies,
das Sterben, lern ich. Lernt ich alles doch mit dir.
ARSINOE: Was hast du dort im Korbe, Blumen noch?
IANTHE: Nein, Frucht,
auf frischen Blättern Feigen, Äpfel, Trauben, wenn
vielleicht du etwas nehmen willst –
ARSINOE: Mich lüstet anders.
Du weißt, wie ich von jeher liebte, lang zu fasten,
bis ich mich schwinden fühlte, fließen, schweben dann,
wehn ohne Schwere, ruhen ohne Druck,
weißt auch, wie ich in neuerwachter Gier
des nahenden Dufts der Speisen allzu froh ward
und heftig aß und trank, ach, und mich dann zurück
sehnte nach Leichtheit. Laß mich selig darbend

vergehn. Verführ mich nicht. Es ist zu leicht. Trag's fort.
Ianthe trägt den Korb nach vorn zu den Eingangsstufen. Das Tor geht auf
IANTHE: Das Tor! Was ist da? Schleicht ein Tier? Wolfsaugen –
ein Mensch! ein Mann! Was willst du?
DER SOLDAT *erscheint in der Tür:* Ich sah Licht durch Spalten.
Er kommt die Stufen herunter, das Licht des großen Leuchters fällt auf ihn. Helm und Rüstung glänzen hell. Er bemerkt Arsinoe und stiert sie an.
IANTHE: Verschloß ich nicht das Tor? Geh, geh! Dies ist ein Grab.
SOLDAT: Dies, dies ein Grab? So sah ich nie – Wer ist die Frau?
IANTHE: Geh, geh. Du störst die Trauer.
SOLDAT: Griechenfraun,
wie schön sind eure Brautgemächer, schön die Braut!
Arsinoe wendet sich ab und zu dem Toten.
SOLDAT: Vergebt. Du – *zu Ianthe*
gib mir bitte einen Trunk.
Mir brennt der Schlund.
Er nimmt den Helm ab, sein zottiges rötliches Haar flutet. Ianthe schenkt ihm aus einer Amphore Wasser in den Helm.
IANTHE: So nimm und geh.
Er trinkt langsam, schaut immer auf die kniende Gestalt der Arsinoe
Herrin, befiehl,
daß dieser geh.
ARSINOE *wendet sich um, sieht ihn groß an:*
Willst du nicht fortgehn, Mann?
Hier ist Todstätte, sieh den Toten. Lebe wohl.
SOLDAT: Es ist nicht leicht – Ich will –
ARSINOE *sich aufrichtend:* Was willst du hier,
du blühend Festes, Atmendes, das breit und hoch
Raum füllt? Siehst du nicht, wie wir sinken, blättern,
aus Form und Stunde schwinden, unsern Hauch zurück-
gehalten oder überröchelnd, fürchtest nicht zu schmelzen
in unsres Schmelzens Glut, willst du dein Leben tauschen
um Sterben? Ach, es reicht nicht hin für so viel Tod.
Nimmst du? Schenkst du? Geh fort.
IANTHE: Wie kamst du denn herein?
SOLDAT: Ich bin doch hingestellt dort an der Straße
beim Dreiweg an den Galgen der Gehenkten.

ARSINOE: Bist du auch Totenwächter? Bist wie ich –
IANTHE: Wozu den armen Toten Wächter?
Soldat: Daß
nicht ihre Sippe komm und hol die Leiber,
sie zu bestatten. Warnung sind sie aufgehängt,
die Räuber waren, Mörder.
ARSINOE: Habt ihr nicht genug gestraft,
ihr Strafenden, mit Strick und Ruck und Stoß?
Wenn nun ein Weib, dem dort der Liebste tot hangt,
hin will, ihn nehmen, küssen und beweinen? Sieh, ich bin
auch nur ein Weib auf einem toten Mann. *Kniet wieder hin.*
SOLDAT: Es ist
mein Tod, wenn man die Toten raubt.
ARSINOE: Furchtbare Welt!
Wir Lauernden mit Angstpuls bei den Adern,
die nicht mehr pulsen.
SOLDAT: Ich will gehen. Regendunkel
da draußen war die Nacht und schwül. Da sah ich Licht,
kam, sah Lichtspalten dieses Marmorhauses und
dann diese – *zu Ianthe*
Bitte, gib mir noch einmal
aus deinem Kruge.
ARSINOE *rasch auf, nimmt lächelnd Ianthe den Krug aus der Hand:*
Dürstet dich so sehr?
Graut dir nicht vor dem Kruge, der bei Leichen steht?
dem Wasser Todeswein?
SOLDAT: Ich weiß nicht, ob
es Durst ist.
*Sie gießt ihm in den Helm. Während er trinkt, legt sie ihre Hände an den
Helm. Er sieht ihr trinkend in die Augen, ihre Finger berühren sich.*
ARSINOE: Gib auch mir. *Sie trinkt mit geschlossenen Augen.*
Dies ist wie Blut,
Blut, das wir wesenlosen Schatten trinken
aus euren Opfergruben, Lebendige.
Du läßt mich trinken, wehrst nicht mit dem Schwert
der Gier des Schemens, gibst von deinem Blut. *Ihn betastend*

Wie braun und warm du bist. Sieh dort der Leib, der mich
erwärmen sollte, er ist kalt wie Stein.
SOLDAT: Vornehm ist dein Gemahl, die Finger zart
in königlichen Ringen. Knöchel schmal.
Wir sind aus derbem Stoff.
ARSINOE: Du lebst, du lebst!
Sie zieht ihn an das Lager. Ohne ihn loszulassen, faßt sie die Hand des Toten.
Die Hand, die mich mit leisestem Druck erschütterte,
sinkt schlaff aus meiner. Willst du nicht trinken, Toter?
*Sie faßt nach dem Helm in der Hand des Soldaten, der Helm entsinkt dem
Erschrockenen, fällt zu Boden, Wasser fließt heraus.*
Sieh, sieh, wir spenden dir, der nicht mehr trinkt. –
Ich lebe noch, mein Blut geht neu. Wer hilft?
Bleib stehn, daß ich vom einen zu dem andern
taste. Breit bist du. Wohlgebettet ruht dein Weib
an solcher Brust.
SOLDAT: Ich hab keins, kam so früh von Haus,
vom Berg, vom See nach Rom in die Legion. *Sie umschlingend*
Du bist das Weib.
ARSINOE: Glückliche Hände, die noch nicht verführt
zu tödlich feinem Spiel, sie werden dauern.
Die dort, die welken schnell. Und meine, sind
sie nicht schon abgestorben, wächsern, sollen sie
schmelzen, bröckeln wie dort? So hilf mir doch. Mich ekelt!
Halt mich, du Starker. Horch, die Totenwinkel flüstern,
die Schlange an der Ampel züngelt her. Am Dreifuß
die Enten regen sich, der Knabe mit dem Ei
reicht's her mit Händen. Und der mit der Traube dort,
wie wild! Lockt das zum Sterben, was hier hergestellt?
Es macht nicht still. Es duftet Sucht. Unruhe weckt's.
Rotbrauner Lächlergott auf weißer Vase,
drohst, lockst, tränkst mich mit feuchter Lippen Röte.
Ist das Vergessen, was ich trank? – Mich hungert.
Ianthe, gib mir Frucht, ich werde schwach.
Ianthe bringt den Fruchtkorb. Arsinoe ißt und gibt dem Soldaten ab.
Iß mit, Gesell. So und nun bette mich,
hier zu den heiligen Füßen meinen Kopf.

Ich habe sie geküßt, gewaschen mit Wein und Weinen.
Sie lassen mir an ihrer Kissen Weiche Teil
für mich und dich. – Nein, sprich nicht. Deine Rede
vielleicht ist deinem Werke nicht gewachsen.
Zu Ianthe, die über den Lagernden stehend die Hände zu der Ampel erhebt
Was tust du an der Ampel, Ianthe? Lösche nicht.
Füll neu! Er soll uns sehn. Laß strahlen. Er verläßt mich nicht.
Wir spenden ihm. Er kann ja nur noch segnen.
Den er mir sandte, nehm ich an mein Herz.
Warum auch sandt er meiner Brust die Schlange nicht.
Die Schlange, die zur Königin kommt, die sterben kann?
Warum nicht seine Schlange Ewigkeit? Nun hält
die Fackel, die entsank, der andre Knabe.

Zweite Szene

Arsinoe zu Füßen des Lagers. Ianthe aufrecht vor ihr.
ARSINOE: Es spielten zwei mit mir, ein Kühler und
   ein Glühender, sie lächelten über mir einander zu.
   Wie tief er schläft. Er liegt nicht gut. Von seinem Lager
   gab er für unser Bett zu viel her. Ach der Helfer
   verließ, den erst er neu belebt. Wo ist er hin,
   sein ewiger Heros, wo? Ianthe hilf, daß ich
   ihn besser bette. Du verhüllst dich, weinst. Sei froh
   mit mir.
IANTHE: Weißt du denn nicht, was du getan? Mir graust.
ARSINOE: Wo Gottheit waltet, graust sterblichem Sinn.
   Der Wintererde leere Furche schaudert auf,
   dem Säerguß entgegen müd und neu.
IANTHE: So weißt du noch nicht, was du selber getan,
   zu den Füßen hier des Geliebten, des Herrn,
   seine Sohlen rührend mit deinem Hauch,
   seine Schenkel peitschend mit deinem Geströhn,
   verstreute Kissen heruntergerafft,
   gezerrte Decken, die unrein schon

>   von Todesmoder, der Flamme bestimmt,
>   mit rasender Gier besudeltest du,
>   die Reine. –
> ARSINOE: Still. Hüt die Zunge du, daß keiner aufhorch
>   der fernen Götter. Sie werden zu ihrer Zeit
>   ihr Opfer haben. Dank mit mir dem nahen Gott.
>   War er nicht wie ein brauner Knabe, ach, ein Kind,
>   des irdischen Zwillingsbruders himmlischer
>   Gesell, der für den Bruder dem ewigen Saal entsagt
>   und mit ihm teilt das Wechselglück von Grab und Glanz
>   und mich, die zwischen Sonn- und Erdenwelt
>   im Monddunst bleibt befangen? Oh, nun leuchtet er,
>   der letzte Nachtstern und der erste Dämmerstern.
> IANTHE: Arsinoe, du, der Frauen hohes Vorbild,
>   umworben von den Edelsten, umsonst begehrt,
>   um die Lysander trauernd nicht zu werben wagt,
>   verehrend deine Trauer, du, die schwur,
>   zu sterben mit dem sterbend Einzigen, du hast
>   dich hier vermischt mit einem Söldner, einem wölfischen
>   Barbaren, einem Tier.
> ARSINOE: Der Heros wählt
>   nicht die Gestalt der Edlen, Ähnlichen.
>   Des Stieres Nacken, Wolfes Weichen, Rosses Bug
>   sind ihm gemäß, sein Angesicht erscheint
>   weit leere Fläche wie des Pferdes Haupt.
>   Verwirrend nach den Seiten glüht sein Auge.
>   Stumm wirkt sein Werk. Die Göttertiere schweigen.
> IANTHE: Siehst du nicht seinen Mantel dort, den Römerschild?
>   Ein Kriegsknecht war bei dir, ist nun hinaus,
>   nach den Henkerskreuzen zu schaun, die er bewacht.
>   Schau um, erwache, wisse, was geschieht.
> ARSINOE: Sklavin, ich brauche nicht zu wissen, was
>   geschieht. Ich weiß, was ich erfahre.
> IANTHE: Herrin,
>   vergib, wenn ich dich nicht begreif, ich liebe dich
>   mehr als dies Leben, war so nah dem Glück, mit dir
>   zu sterben, und nun lässest du mich und den Tod.

ARSINOE: Noch weiß ich nicht, ob ich den Tod verlassen,
noch bin ich nicht zurück in den Tag getan.
IANTHE: Ach kehr zurück aus Wahn und Graus und Schuld
in das wartende Haus zu den ehrwürdigen Alten.
Bald ist es Morgen: Wenn Lysander kommt,
der Bruder unsrer Not, vergiß, was war,
gib den Bestattenden den Leib heraus,
sei, wie du warst.
Der Soldat stürzt herein.
SOLDAT: Zu Ende! Sterben, eh Gerechtigkeit
mich morden kommt. Hilf meiner Ehre, Schwert.
Ianthe fällt ihm in den Arm
SOLDAT: Halt mich nicht, Weib. Hier ist ja Grab. Ihr könnt mich ja
zu eurem Toten legen.
ARSINOE: Ianthe, wer ist der Mensch?
IANTHE: Ihr Sinn ist irr. Sie kennt dich nicht. Was hast du?
ARSINOE: Ich weiß um ihn. Warum kommst du zurück,
wenn du entgöttert ein erbärmliches Geschick
hereinschleifst hier, wo alles Schicksal nichtig?
SOLDAT: Weib, willst du mit mir büßen, was du mit gefehlt?
Sie haben, während ich hier bei euch lag, vom Holz
den einen meiner Toten mir gestohlen.
ARSINOE: Was liegt daran? Sie werden ihn begraben.
SOLDAT: Was daran liegt? Mein Kopf liegt in der Schlinge.
Ich bin Soldat, bin Römer, habe schlecht gewacht.
Wir haben unsre Toten schlecht bewacht.
Du, du bist schuld, du hieltest mich von meinem Amt
fern. In die Höhle locktest mich du Dämon.
ARSINOE: Der arme Bursch, wie ihn der Schrecken schüttelt.
Sie sollen dir nicht weh tun. Bleib. Hier ist Asyl.
SOLDAT: Man wird mich finden. Aber wenn sie kommen,
zeig ich auf dich, auf euch, zwei Hexen, die mich fest-
gezaubert zwischen Gräbergestein, Lemuren, die mich
in Schlaf gefesselt.
ARSINOE: Nun, so stirb zuvor mit mir.
Bei mir ist Sterben leicht wie Lieben leicht ist.
In meinen Armen stirbt sich's süß. Willst du

geopfert werden, werd es mir. An meine Brust
flicht dich die höchste Pflicht. *Ihn umarmend*
Oh, denk wie gern
die Erde trinken wird von unserm pochenden Blut,
wie sie das Leben der zuckenden flatternden Tiere
gern trinkt, die an der ersten Lust verenden
müssen und drängen doch hin und begehren ihr schwebendes Glück.
Kein Zaudern. Lieb und stirb.
SOLDAT: O Heimat, Eid und Adler der Legion. –
ARSINOE: Wie wenig ist das, Kind. Ich warf viel mehr
für diese eine Lust am Grabe hin,
all meine Höhe, Scham und Stolz und Ruhm.
Wollt ich nicht treuer sein als alle Treuen?
und gab so ganz mich an den Toten hin,
– daß du mein bißchen Leben leicht bekommen.
SOLDAT *sie schüttelnd:* Ich hasse dich, du blasser heißer Hauch
zwischen den Perlen und den Funkelsteinen,
gleißende Tücher und betäubend Fleisch.
ARSINOE: Ja, haß du nur und faß und krall dich ein!
Ich träum nicht mehr vom Helden Geisterbotschaft,
ich lieb dich dumpfes Geschöpf, wenn du grollst und fauchst.
Denk nicht, was war, was wird. Trink, tränke, schleif und stich.
Mit Lust umblut ich dein zustoßend Schwert.
Was schaust du fort von deiner Lagerdirne.
Wirf sie. Hier ist ja Bett genug.
SOLDAT: Da hinter dir,
da über dir steht einer auf, streckt Arme aus,
ein Finger drohend teilt das Leichentuch –
ARSINOE: Dir spukt das erste Zwielicht. Mitternachts
warst du beherzter. Liebe, töte, stirb.
Kein zagend Schmeicheln, schenk mir deine Wut,
gib Klauen, Mäler, heißes Haar und Brandgeruch,
aufreißende Pflugschar, Eisen, Saatgeruch.
SOLDAT: Der Tote!
ARSINOE: Laß gespenstern. Das erregt.
Sie liegt über ihm. Die Ampel erlischt. Blaues Dämmerlicht.

IANTHE *im Vordergrund betend:*
   Es lischt. Ich füllt es selbst, weh mir, zu frecher Buhlschaft.
   Wie siedend Öl tropft Sünde in mein Herz.
   Wohin, Göttin, wohin ist meine Frau?
   Die vielen Kränze, Veilchen und Rosen,
   was all ich an Blüten durch ihre Locken,
   blau Lotos, rosenrote Nymphäen,
   gewunden, geschlungen, und Haargeflechte
   um zarten Nacken, die goldenen Spangen
   wie heilige Schlange um ihren Arm –
SOLDAT *aufspringend, nach seinem Schwert fassend:* Nun muß es sein.
ARSINOE: Stoß zu.
IANTHE *dazwischengeworfen:* Erst mich, ehe du sie
   triffst.
SOLDAT: Nur mich selbst.
ARSINOE *ist aufgestanden, entwindet ihm sanft das Schwert:*
   Warum schon sterben? Bist
   ja noch nicht leer.
SOLDAT: Jetzt, jetzt mit letzter Kraft.
   Sonst kann ich's nie. Ich muß es tun.
ARSINOE: Was tun?
   Wir tun ja immerfort.
SOLDAT: Mein Toter –
ARSINOE: Toter? Da, da liegt
   ein Toter, dünkt mich. Wenn du einen Toten brauchst,
   nimm, was da liegt, häng's auf und lieg bei mir.
   Ihr starrt. Geschwind! Wenn euch so lieb das Leben,
   dann tragt das Tote fort zu eurem Galgen,
   hängt's auf, daß etwas hängt an eurem leeren Galgen.
IANTHE *schreiend:* Arsinoe!
ARSINOE: Nicht schrein. Hilf mit. Du meinst,
   Er, meiner, ist sehr anders als der andre.
   War deiner bärtig? Sollen wir ihm einen Bart
   anmalen, ihm die Lippenwinkel zerren,
   damit er die Halunkenfratze schneide,
   die du für deinen Galgenvogel brauchst?
   Zur schluchzenden Ianthe

Nicht wimmern. Dies ist Possenspiel. Das Traurige
ist lang vorbei. Die Faune tanzen, Becken schellen.
Faß mit an, Mädchen; schleift es feldwärts, eh es tagt.
SOLDAT *ihr zu Füßen fallend:*
Du gütige Retterin, laß mich deines Kleides Saum
küssen.
ARSINOE: Laß, kleiner Narr. Was gibt es hier zu danken?
Wir tauschen nur mit toten Leibern und lebendigen.
Du gibst und kriegst, wie's ziemt. Macht schnell, schafft fort.
Ianthe und der Soldat tragen den Leichnam hinter Arsinoe vorbei fort zur Tür und gehen. Arsinoe geht ein paar Schritte rückwärts und setzt sich auf das Lager. Sie horcht.
ARSINOE: Laut wird die Nacht gen Morgen. Hör ich nicht ringsum
Raunen und Röhren, Balzen, Johlen, Geigen der
Heuschrecken, Zimbel der Zikade, Krötensang,
Radschlagen, Lustfluchtflattern. *Sie kauert*
Bin ich schon
die fette Spinne, sauge des Buhlen Sterbesaft?
Komm, daß ich dich im Hochzeitsfluge schleife,
mein Falter, wir trunkenes Boot, von Blüte wir
zu Blüte Flügeldoppelpaar, das Pollen frachtet.
Wir schwebender Libellenfunkelreifen,
mit immer zartern Fühlern kosend, immer mattern
Haaren, bis daß wir fallen goldner Regen
von vielen Sterbenden. – – Horch auf! ein Vogel weckt.
Mein Sittich bunter, bist du's? dein Grauweibchen hört.
Gib grüne Kehle, Wippschopf und Zitronenschweif.
Was krallt mich? *Sie liegt auf dem Gesicht*
Grausam blinder Dränger stößt
von hinten nieder tief in Erdenfurche
mich Blindgepreßte. O reißende rasende Hast!
Pasiphae, ist's dies? Otrere, Reiterin,
bezwang's dich so? – O tiefere Tiefe. Flut! Delphin,
du badest die Ertrinkende in blaue
und Silberwellen, unter deiner Lust
kräuselnd, quirlend, verschäumend, o du Schwan, du Gott –

Ianthe eilt herein, faßt nach Decken, Kissen, Tüchern, die auf und vor dem Lager liegen. Arsinoe hat sich langsam erhoben, steht ins Leere schauend.
IANTHE: Rasch die Tücher gerafft, zu den Scheitern gebracht,
die Kissen, die Schalen ins Feuer geschwind,
eh es tagt, eh sie kommen und fordern den Leib.
Bepackt ab. Das marmorne Lager ist entblößt. Arsinoe läßt sich in halb liegender Stellung darauf nieder.
ARSINOE: Auf diesem Stein, auf diesem Inselfels, da mich
der helle Held verließ, lieg ich in bleibender Nacht
und warte auf den Gott. Bringt er den goldenen Kranz
der Himmelshochzeit? Bringt er kühlenden Efeu nur?
Kommt er allein, die Einsame zu trösten?
Kommt er in gleitender Fahrt, bettend auf Pardelfell,
von Rädern leicht durch Teppichgras getragen,
von samtenen Tatzen gezogen, um seine Spur
der Panther Spiel, der Leiber Taumel? Bin ich nur
der rasend Dienenden eine aus der Schar
der Gottesammen, der Erzschlägerinnen,
das Blut geschwellt von heiligem Saft, daß Milch
enttropft der quellenden Brust, der kindlosen,
dran saugt das Zicklein? Jeder Lust werd ich gemäß!
Der letzten auch, der schneidenden der Räder
heiligen Wagens durch willige Glieder.
Ianthe kommt wieder, Kissen, Decken holen.
IANTHE: Die Scheiter brennen. Wein goß ich hinein und Myrrhen.
Du hörst mich nicht. Ich habe dir von Marius –
ARSINOE: Von wem?
IANTHE: Von Marius, deinem Lieber, dem Soldaten,
zu sagen, nur ein kleines mögest du dich
gedulden, und dann ist er frei und abgelöst
und kommt dich holen fort in seine Lande,
mit dir zu leben fern, Acker zu haben
und Herd und Kind. – Du lachst! – Wohl ist er arm.
Doch du hast Edelsteine und Geschmeide,
auch ich durch deine Huld –
ARSINOE: Geschmeide, Steine? *allen Schmuck abreißend*
Da nimm und bring es ihm und schick ihn fort,

daß er zu Hause frei' ein fruchtbar Weib
aus seinem Volk und Kinder habe. – Ich bleib hier,
ich bin Die bei den Gräbern.
IANTHE: Und ich? und ich?
ARSINOE: Ianthe, süße, du mußt von mir gehn.
Dem Schmeichelspiel der Leiern und der zart
öffnenden Hände bin ich nun entfremdet.
Tuben und Flöten schrein um meinen Herrn.
IANTHE: Und wenn die Deinen kommen, suchen dich?
ARSINOE: Soll ich
verborgen bleiben, kann der Sümpfe Herrin
Schilfdickicht sprießen, wuchern, wachsen lassen,
das rankend rings mich vor dem Tag versteckt.
IANTHE: Bleib nicht allein hier in den Gräberstraßen.
Seltsam Gesindel treibt sein Wesen, böse Priesterschaft
des neuen Gottes haust hier dumpf in Höhlen;
zu dem Gehenkten beten sie, dem Götterfeind,
sie liegen nächtlich bei verliebten Mahlen
alle mit allen buhlend um sein Blut.
ARSINOE: So finde ich am Ende noch Gesellschaft,
die zu mir paßt, Gespielen mir im Tanze
um den Erlöser, dessen Trauben bluten.
Fort, fort mit dir. Laß mich allein.
IANTHE: Ich geh',
bis wieder du mich rufst. Leb wohl. *Ab.*
ARSINOE: Leb wohl.
nach langem Starren
– ach, oder bleibst du mir unsichtbar immer,
wie Psychen, der grausam verzärtelten,
in deiner eignen Spiegelschöne du
beglückt, und ich nur ferner Widerhall?
LYSANDER *tritt ein:*
Ich bin zu spät. Du hast es schon vollbracht,
ihn schon verbrannt, allein, Geschwister, Sippe
mißachtend. Liebten wir ihn nicht? Und lieben
wir dich nicht, Schwester, Herrin?
Arsinoe schweigt

Tatest du's allein,
so sei es recht, weil du's getan. Doch nun komm heim.
Dein Haus ist ohne Frau. Zitternde alte Hände
hebt meine Mutter, wenn dein Name laut wird.
Dein edler Vater ist weither gekommen, als
er Aristos' Tod und deine Trauer hörte. –
Du starrst, schweigst. – Schwägerin, Arsinoe, ich bin
des Bruders, deines Gatten, junger Bruder nur.
Doch all seine Lasten, seine Ehren werden mein.
Könnte nicht auch das Holde seines Lebens, könntest du –
Du lachst entsetzlich, hebst die Hände.
ARSINOE: Schöner, junger Herr,
Dies Grab, Eigentum deiner Sippe, wurde Zuflucht
für eine Hure, die ohn Obdach hier sich bei
den Toten wärmt. Gewähr ihr das. Und wenn dir dies
ihr Lächeln nicht mehr schrecklich, wenn es dir
verlockend wird – kann Schreck nicht locken? – wenn es dir
gefällt und einlädt, ei, so schenk ihr, wovon sie
kauf, dieses Lächeln neu zu malen. Mein Geschmeid ist all
vertan, all meine Schalen, Büchsen sind mir leer,
verdüftet, ich hab alles auf den Toten
verschüttet, der – nun fort ist.
LYSANDER: Artemis,
heilige, was geschah ihr?
ARSINOE: Artemis?
Vielleicht traf sie mich längst mit dem sanften Pfeil.
Zürnt sie noch, weil ich nie nach ihr geschrien
gebärend? Zürnst du, daß ich deines Bruders Samen
nicht Dauer schuf, daß immer ihn mein Blut verdrängt?
Ich liebt ihn doch, ich liebe doch euch alle, selbst
die armen Söldner, selbst die Gehenkten.
Ich bin doch ohne allen Stolz. War ich vordem
hochmütig, so vergib mir. Sieh, ich bin
noch schön und gebe gern, wer haben mag,
von dieser Schönheit um ein geringes ab,
geb gerne viel für wenig her. Ich gab
für eines Söldners Brust und rauhe Schenkel gern

und leicht den heilig bleichen Leib, an dem ich schon
heilig verblaßte. Willst du nun Entgelt
für deines Bruders weggeschenkten Leib, nimm diesen hier.
Fühl an. Er lebt noch. Ist er kühl, so sei versichert,
Jüngling, er glüht schnell auf und macht dich glühn. Doch wenn
dir diese Lust zu schlecht ist, wenn du Rache willst,
weil deines Bruders Leib mir feil war, Strafe willst,
weil er am Galgen hängt im Tausch für Galgenfleisch,
zum Fraß den Geiern und den Raben Hackfleisch,
zerhacke mich mit deinem Schwert. Das gibt am End
Lust, nach der nichts mehr bleibt, nicht Ekel noch Begehr.
Artemis nahm mich nicht, ich throne nächtlich selbst
Hekate an dem Dreiweg, daran du nun stehst,
du Ahnender. Sie nahm nicht, die doch taurisch Opfer nimmt,
ließ mich auch nicht der Erde, nicht der Unterwelt,
die schon begann, der fahlen Früchte Duft herauf
zu wehn in meine Nüstern.
LYSANDER: Was ist hier geschehn?
Ich ahne, doch ich will nicht. Ach dein Duft, ob Grab-
duft oder Blumentod, riecht nach Vergessen.
Ich kann nicht richten. Du bist stark. Wohin
ziehst du mich Willenlosen?
ARSINOE: Geh, entflieh. Wenn ihr
schwach werdet, werde ich Medusa, die
erstarren macht und nicht erstarren kann.
Wer mich nicht töten kann, den töte ich.
Ianthe erscheint in der Tür, ruft, ohne Lysander zu sehn
IANTHE: Er hat sich in sein Schwert gestürzt, den Kopf
rücklings geschlagen an des Galgens Holz,
tot aufwärts starrend nach Aristos' Leib,
des Angesicht er nicht ertrug.
Sie kommt näher, bemerkt Lysander
Vergieb,
Herr. Oh, ich sah nicht –
ARSINOE: Nun, so wird ja alles gut.
Holt schnell den Leichnam. Eure Scheiter flammen noch.
Verbrennt der Sippe Eigen, das Gerettete.

Geht hin, vollzieht.
IANTHE: Und du?
ARSINOE: Ich bleibe
hier außen bei den Gräbern an den Straßen,
bis einer komme, der mich töten kann.

STURM AUF APOLLO

[APOLLO, BRUNNENSTRASSE]

Ein Volksstück in zehn Bildern
von Stefan Großmann
[und Franz Hessel]

Personen-Verzeichnis

FRAU LEOPOLDSGRUBER
FRANZ LEOPOLDSGRUBER, ihr Sohn
WILLI GRÖNER
KÄTE TECHOW
LENCHEN PAPE
PAULE PIEK
GRIT MILL
EGON WALTERSHAUSEN
GENERALDIREKTOR LANDSBERGER
PACHNICKE
HERR LEVY
FRAU LEVY
MIERICKE
KURTCHEN, Kätes Sohn
MARIECHEN, Grits Tochter
GERICHTSVOLLZIEHER
FRAU VOM LANDE
GASTWIRT
ERSTER GEHROCK
ZWEITER GEHROCK
EIN ZWERG
RIESENDAME
ZIMMERER, MIETER, EIN SCHIEDSRICHTER, FILMSTATISTEN, ZWERGE, NUTTEN, GREISE, HILFSREGISSEURE, SCHUPOLEUTE, RHEINTÖCHTER, SCHIFFER

1. Bild

Morgen im Hof des Hinterhauses

Die Szene stellt die drei Mauern des Hinterhofs einer alten vierstöckigen, schwarzgrauen, brüchigen, zum Teil durch Stützbalken gehaltenen Mietskaserne dar, mit sehr vielen blumengeschmückten Balkons.
Es ist der Morgen eines Apriltages; langsam wird es licht und lebendig, die arbeitenden Menschen verlassen das Haus.
Als erste erscheint im Hof, noch ihre Morgenstulle essend, die siebzehnjährige Lenchen Pape mit ihrem Rad. In dem Moment, als sie abradeln will, geht dem Rad die Luft aus. Sie versucht es aufzupumpen.

LENCHEN: Ach Jott, jerade heute, mit der jroßen Eisenbahnkatastrophe in Brandenburg *weinerlich* einundzwanzig Tote ... da hätt ich so schön verkauft ... *ruft Herr Leopoldsgruber! schreit noch lauter* Herr Leopoldsgruber!
GRIT MILL *erscheint ganz verschlafen im Pyjama auf dem Balkon II. Etage:* Ruhe! So'ne Rücksichtslosigkeit. Kaum fängt man an zu pennen, macht die Jöhre ihren Mordskrach.
LENCHEN: Wer is hier Ihre Jöhre? Ick bin von die Zeitung! Wenn ick gegen Ihnen operiere, haben Sie die janze Mottenpost jejen sich. Für Sie bin ick noch lange keene Jöhre. Sie werd'n noch mal froh sein, wenn Sie am Wedding steh'n und meine Zeitungen ausrufen.
GRIT MILL *zu Egon Waltershausen, der, durch den Lärm angelockt, auf Grits Balkon im schäbigen Schlafrock erschienen ist:* Haste Worte, Egon? Der Stöpsel macht Krach! So'n Kiekindewelt.
EGON: So'n Sandpuper. *Er gähnt fürchterlich. – Beide verschwinden wieder.*
FRANZ LEOPOLDSGRUBER *unten im Hof bei Lenchen, untersucht das Rad, er spricht halb berlinisch, halb wienerisch:* Lenchen, das Rad ist lunkenkrank.
LENCHEN *weinend*: Und ick habe so'ne scheene Eisenbahnkatastrophe mit einundzwanzig Toten ... Sie können doch alles operieren, Herr Franz, ick muß in zehn Minuten in der Zimmerstraße sein.
Paule Piek erscheint zur Arbeit gerüstet.
LENCHEN *holt, während Leopoldsgruber an dem Rad arbeitet, aus ihrem Rucksack Zeitungen hervor:* Morgen, Herr Piek.

PAULE *sieht zu den Balkons hinauf, unbeteiligt:* Morjen.
LENCHEN: Wissen Se schon's Neuste? *Liest vor.* Zusammenstoß in Brandenburg ... einundzwanzig Tote, vierundzwanzig Schwerverletzte. Fürchterlich, nich?
PAULE *gleichmütig:* Jleich zum Frühstück?
LENCHEN *liest:* Lustmord im Grunewald.
PAULE: Wundert mir, daß sie im Grunewald überhaupt noch Lust haben.
LENCHEN *noch eifriger:* Erdbeben in Tokio ... fünftausend Tote, eine Stadt versunken.
PAULE: Is mir bißchen zu weit weg.
Fortwährend verlassen Arbeiter und Arbeiterinnen das Haus. Von den Frauen rufen immer wieder einige: „Frau Leopoldsgruber! Geben Sie aufs Kind acht!"
FRAU LEOPOLDSGRUBER *hinter der Szene, tiefer Baß:* Gehn S' nur, Frau Nachbarin, i paß schon auf.
LENCHEN *immer noch lesend:* Hitler auf dem Vormarsch.
PAULE *gähnend:* Danke für Backobst ... Schluß, Lenchen. Is ja alles nur jedruckt; im Morgenblatt is Krieg und im Abendblatt ist schon wieder Frieden. Is ja alles nur jedruckt.
FRANZ *steht vom Rad auf, ratlos:* Flüssigen Gummi brauch ich, oder eine Azetylenflamme.
LENCHEN: O Gott, da komm ich ja zu spät, da verlier ich den Potsdamer Platz.
PAULE *hat sein Motorrad vorgeschoben, da erscheint Käte Techow, dreiundzwanzigjährige, schöne Arbeiterin:* Eijentlich, Lenchen, könnt ich Sie ... *er bricht ab.* Morgen Frollein Techow.
KÄTE *sich umdrehend, zum Balkon hinauf:* Adjö, Kurt.
FRAU LEOPOLDSGRUBER *auf dem Balkon, hält Kurtchen, Kätes fünfjähriges Söhnchen, hoch:* Wirf der Mutter ein Busserl zu.
KÄTE: Nicht verzärteln, Frau Poldi, gelegentlich ein Klaps, das ist kein Unglück.
PAULE *nähert sich Käte:* Wenn's jefällig is, Frollein Techow, können Se auf'm Soziussitz Platz nehmen, ick setze Ihnen bei der AEG ab.
KÄTE: Ja, eigentlich warum nich? *Sie bemerkt plötzlich das betrübte Gesicht von Lenchen.* Aber wollen Sie nicht lieber Lenchen ... Wo doch ihr Rad ...

LENCHEN *tiefbeleidigt durch Paule:* Nee, nee, nee. Der Sitz is mir viel zu unsicher ... An so'nem Soziussitz sind schon viele Mädchen jescheitert.
PAULE *zu Käte:* Haben Sie auch Angst?
KÄTE *nimmt Platz:* Nein, Lenchen, ich steig gerne ab, wenn Sie's eilig haben.
LENCHEN *eigensinnig:* Nee, det bollert mir zu viel.
PAULE *im Abfahren:* Lenchen, in fünf Minuten hol ick dir ab.
LENCHEN *fast unter Tränen:* Wer is denn hier Ihre Du? Ick bin 'ne Sie, Herr Piek.
Es marschieren im Trupp acht Zimmerer ab, in ihren weiten Hosen und breiten Hüten. Sie singen das Zimmererlied nacheinander, nicht im Chor, es bricht ab und schwillt wieder an:
Arbeitsmann, was is das Beste?
Felsentreu und felsenfeste
machen wir das Leben neu.
Felsenfest und felsentreu.
Die Zimmerer rufen zu Willi Gröner, den man oben im ersten Stock im Trikot trainieren sieht: Hals- und Beinbruch, Will, für morjen!
GRÖNER *tritt auf den Balkon:* Jungens, wenn's morgen schiefgeht, bin ich übermorgen wieder am Bau.
Er bleibt auf dem Balkon. Lenchen, die ganz zusammengehockt auf dem Brunnen sitzt, blickt einmal zu ihm hinauf. Er beugt sich über die Brüstung.
Glaubst du an Spalla oder mich, Lenchen?
LENCHEN *holt die Zeitung, liest:* Wir schätzen die Chancen, Gröner kontra Spalla, auf fuffzig zu fuffzig ... wenn auch Spallas Rechte länger is, so is Gröners Deckungstaktik weitaus vollkommener ... *strahlend:* Nee, Herr Gröner, unser Verlach is für Ihnen ... Was is denn mit meinem Rad, Herr Leopoldsgruber?
FRANZ *auf der Erde:* Haben Sie an festen Seidenfaden da? Eigentlich müßt ich die Löcher der Pneumatik materialfest verlöten, aber das dauert noch ne jute halbe Stunde.
LENCHEN: O Jott, da is ja schon das Mittagsblatt raus.
GRÖNER *wohlwollend:* Fräulein Lene, wenn's eilig is, nehmen Sie doch mein Rad ... dort steht es.
LENCHEN *tief geschmeichelt:* Wenn Sie's mir anvertrauen, Herr Gröner.

GRÖNER: Du wirst bißchen wackeln drauf, Damenrad is es nu nich.
LENCHEN *beglückt:* Auf Ihrem Sitz bin ick sicher, Herr Gröner. *Sie steigt auf das Herrenrad, ihre Beine sind viel zu kurz, sie droht fortwährend abzustürzen, dennoch ruft sie:* Herrlich fährt es sich auf Ihrem Rad, Herr Gröner! Uff det Rad mach' ick'n Sechstagerennen mit. *Sie wackelt glücklich und schwankend auf dem Rad ab.*
Herr Levy verläßt pfeifend das Haus.
FRAU LEVY *ruft aus dem Fenster, höchstes Stockwerk:* Nathan, du hast das Schmalzbrot vergessen!
LEVY *schwankend:* Soll ich nochmal raufkommen? Ich kauf mir im Geschäft etwas.
FRAU LEVY: Was fällt dir ein, alles kost' Geld. Zu was unnötige Ausgaben? *Sie wirft ihm das eingewickelte Frühstück hinunter.*
Man hört auf der Straße, es ist schon ganz hell, ein Auto hupen und halten. Dann treten ein:
Generaldirektor Landsberger, der Besitzer des Hauses, Chef der Apollo-Film-Gesellschaft, ein sehr dicker Herr im Pelz.
Pachnicke, Hilfsregisseur, sehr langer Mensch, hält sich vornübergebeugt, um kleiner neben dem Chef zu erscheinen.
LANDSBERGER: Holen Sie mir den Waltershausen runter.
Pachnicke fliegt beflissen ab. Grit Mill erscheint im Pyjama auf dem Balkon.
LANDSBERGER: Morgen, keusches Gretchen.
GRIT *verzärtelt, armeräkelnd:* Morjen, Direktor.
LANDSBERGER *wirft ihr Kußhände zu, humoristisch:* Sag Sali, Gretchen.
GRIT *deutet auf die Balkons:* Psst ...
GRÖNER *lümmelt sich aus seinem Fenster:* Guten Morgen, Sali.
Waltershausen mit Pachnicke unten im Hof bei Landsberger, auf Grit Mill deutend.
WALTERSHAUSEN: Das ist ne zweite Jrete Jarbo, die Jrete Müller.
GRIT *auf ihrem Balkon:* Bitte, Grit Mill!
LANDSBERGER *Blick hinauf:* Könnten wa ja mal priefen. Pachnicke merken Sie vor: Morgen fünf Uhr nachmittag, Probeaufnahme ... wie heißt se? – Grit Mill im Apollofilm.
GRIT *in schwärmerischer Pose:* O, vielen Dank ... aber morgen um fünf bin ich schon bei der Ufa anjesagt.
LANDSBERGER *gleichgültig:* Pachnicke, notieren Se, sechs Uhr.

GRIT *affektiert:* Um sechs Uhr? Da erwartet mir Jannings.
WALTERSHAUSEN *wütend:* Dann versetzte den Jannings, der Herr Jeneraldirektor is wichtiger.
GRÖNER *aus dem Fenster, gereizt:* Wann prüfen Sie mich, Herr Generaldirektor, oder soll ich Sie *muskelprotzend* einmal prüfen?
Grit Mill verschwindet vom Balkon.
LANDSBERGER *setzt sich mit dem Rücken zum Hause mit Waltershausen auf den Brunnen, sie flüstern:* Also, ich habe beschlossen, das Haus abzureißen. Hierher gehört 'n großer Filmpalast, Apollo-Palast. Wat sagen Se? Phänomenale Idee?
WALTERSHAUSEN: Jewiß, Herr Jeneraldirektor *kratzt sich* ... Fragt sich nur, wat die Mieter sagen.
LANDSBERGER: Die Mieter? Det war'n mal. Morgen sind die Mieter wieder *so* klein. *Geste* Pachnicke, entwickeln Se ihm unsern Plan.
PACHNICKE: Der Herr Generaldirektor findet, daß das Haus baufällig is ... Die Treppen sind doch direkt lebensgefährlich. Und sehen Se sich den Riß in der Grundmauer an! Der Herr Generaldirektor is immer bereit, Sie als Leiter in den Apollo-Palast einzusetzen ... Ist das Haus nu baufällig oder nicht?
WALTERSHAUSEN *hat begriffen:* Wer'n Se gleich sehen ... *ruft* Frau Leopoldsgruber! Sagen Se, is im Haus irgendwas nich in Ordnung? Der Herr Generaldirektor is da.
FRAU LEOPOLDSGRUBER *über den Balkon gebeugt:* Das Haus? Die Ratzenburg?
LANDSBERGER *versteht das Wienerisch nicht, zu Pachnicke:* Wat sagt sie? Ratzenburch? Wat heeßt Ratzenburch?
PACHNICKE: Sie meint Ratten, Herr General ...
WALTERSHAUSEN: Wat fehlt noch, jute Frau?
FRAU LEOPOLDSGRUBER: Die Stiegen sind direkt lebensgefährlich, stockfinster und voll Löcher.
LANDSBERGER: Stieje? Wat is denn das, Stieje?
PACHNICKE: Se kann nich Deutsch, sie is ne Wienerin. Sie meint Treppe.
FRAU LEOPOLDSGRUBER: Und die Kanalisation! ... Auf fünf Parteien ein Retirad! Der G'stank!
PACHNICKE: Sie meint, es fehlt an Klosetts.

FRAU LEVY *mischt sich in das Gespräch:* Das Dach ist total kaputt. Wenn's regnet, schwimmen wa in die Zimmer. Die Polizei sollt' man rufen, jawohl!

LANDSBERGER: Die jute Frau hat janz recht. Das Haus ist abbruchreif. Wir danken Ihnen sehr, jute Frau! *Vertraulich zu Waltershausen* So, und jetzt machen Sie 'ne Anzeige beim Wohnungsamt und verlangen den sofortigen Abbruch des Hauses wegen Lebensjefahr. Wenn wir det Haus in vier Wochen leer haben, sitzen Sie in sechs Monaten in einem feenhaften Apollo-Palast! *Sie wollen noch weiter beraten, da beginnt Frau Leopoldsgruber, oben auf ihrem Balkon Decken und Möbel zu klopfen.*

FRAU LEOPOLDSGRUBER *winkt anderen Frauen, sie mögen auch klopfen:* Wenn ein Hausherr sein Haus anschaut, da müssen's immer die Parteien ausbaden.

Am Nebenbalkon, dann auf einem anderen, dann auf einem dritten beginnt ein Höllenklopfkonzert.

LANDSBERGER *kann sich mit seinen Herren nicht mehr verständigen:* Herrgott, Ruhe!!

GRIT *stürzt verzweifelt auf den Balkon, schrill:* Ruhe! Ruhe!

Die Weiber klopfen noch wilder. – Ein Mann mit einer Drehorgel ist auf den Hof gekommen, die Weiber klopfen nach dem Takt der Melodie.

LANDSBERGER *verläßt, rechts Waltershausen, links Pachnicke, während er zu Grit mit den Fingern deutet:* sechs Uhr, fluchtartig das Haus. Man hört das Auto hupen ... *Das Klopfkonzert hört sofort auf.*

GRÖNER *aus seinem Fenster lehnend:* Ich gratuliere, Fräulein Müller, zu der Prüfung.

GRIT *kokett:* Sie können mir ja auch priefen, bitte sehr.

GRÖNER *gelassen:* Ich will Sie nicht kränken, aber Sie sind mir schon zu viel geprüft.

GRIT: Das is eine Frechheit, das verbitt ich mir. *Verschwindet.*

GRÖNER *schlägt das Fenster zu, trainiert.*

Pause

PAULE *kommt auf seinem Motorrad:* Lenchen! ... Lenchen! ... Ach, die hat woll nich warten wollen. 's zieht sie zu die Zeitung ... Mir nich, die Bude kann warten. Ick weeß nich, ick kann janz jut janz ohne Zeitung leben ... Det bißchen Mord ... Na, und ob nu Herr Müller is oder nich is ... Und so ne kleene Katastrophe mit zwanzig Tote hilft auch nich viel ... Is eijentlich mal Kriech jewesen? ... Und wenn nu wirklich Amerika plötzlich von der Landkarte wech wäre ... Ich weeß nich, manchmal gloob ich, die janze Welt is eijentlich nich ... 's is alles bloß gedruckt.

    Nu steh ich seit meinem 14. Jahr
    am Setzerkasten und setze
    mal liberal und mal agrar,
    Freisinn und Judenhetze.
    Was haben wir schon alles der Welt
    in fetten Lettern verkündigt
    und in Petit richtigjestellt,
    was wir in Borgis gesündigt.
    Die Redakteure waren verhetzt,
    auf der Straße die Leser blieben stehn.
    Ich habe ruhig weiterjesetzt
    und alles mit anjesehn.

    Immer wieder druff mit Druckerschmier
    und rüberjerollt das nasse Papier.
    Is ja alles nur Jetu,
    Wenn man in die Zeitung kuckt.
    Immer mit de Ruhe, immer mit de Ruh.
    Is ja alles bloß jedruckt.

Und anno 14 am 12. August
da bin ich Rekrut jeworden,
dann hab ich nach Frankreich und Polen jemußt,
    im Dreck von weitem zu morden.
Nach Zeitung fragte man da nich viel,
die war uns ziemlich schnuppe,
bis ich als Setzer zur Kriegszeitung Lille
ward abkommandiert von der Truppe.
Da gab es täglich Sieg und Heil
in unserm Setzerkasten.
Die Kameraden lernten derweil

im Graben das Fürchten und Fasten.

Hie Not und Tod! Hier Druckerschmier!
Hüben das Elend und drüben Papier.
Und man sah dem Schwindel zu
und hat lange nich jemuckt.
Immer mit de Ruhe, die verfluchte Ruh.
War ja alles bloß jedruckt.

Nu setzen wir wieder, seit Friede blüht,
bald fette, bald magere Letter.
Doch glaub ich, wenn wirklich was jeschieht,
dann kommt es nich in de Blätter.
Die Leute sind jejen, die sind für,
sie schreien Hoch und Nieder.
Das Bier ist noch kein Friedensbier,
aber es schmeckt schon wieder.
Und Fragen gibt es massenhaft
und sojenannte Probleme.
Das Kinderkriegen wird abjeschafft
janz wie die Diademe.

Noch'n Korridorkrieg? Noch'n kleener Putsch?
Is Asien dran? Is Europa futsch?
Ich halt stille und seh zu,
wie es zappelt, wie es zuckt.
Immer mit de Ruhe, immer mit de Ruh.
Is ja alles bloß jedruckt.

2. Bild

In Kätes Zimmer

Helles, sauberes, zweifenstriges Zimmer, Blumen am Fenster. Spielwinkel für den kleinen Kurt, Nähmaschine im Alkoven. Bei Beginn der Szene liegen die Personen am Fußboden. Leopoldsgruber, Lenchen Pape und der kleine fünfjährige Kurt. Leopoldsgruber hat einen Radioapparat eingerichtet.

FRANZ *zu Kurt:* Sixt es ... nee, sieh mal ... wenn du das an diesem Hebel anziehst, dann hörste ... verflixt noch amal, da san atmosphärische Störungen ... hörst es? So, jetzt kannst es hören ... das is Stockholm, Volksklänge. *Man hört schwedische Volkslieder.*

LENCHEN *ist aufgesprungen, tanzt, singt zu der schwedischen Musik:* Skal ... jeg elskar dig ... Meine Tante hat nämlich vor zwei Jahren 'nen Schweden als Schlafburschen jehabt.

KURT *aufgestützt den Kopf, zu Leopoldsgruber:* Kannst ... du ... denn zaubern?

LENCHEN *zwischen Leopoldsgruber und Kurt sich drängend:* O, zaubern kann ich! ... Haste keine Zaubermusik, Franze?

FRANZ *prüft einen Hebel:* Hab ich, wart mal, ich werd' nachsehen. *Prüft die Hebel des Funkapparates.*

LENCHEN *hat sich in eine Ecke geschlichen, vermummt sich mit einem Schlafrock, ruft von dort:* Warte, Kurt, ich muß mir erst mal mit dem jroßen Pinke-Punke in Verbindung setzen ...
Wieder vorn, macht beschwörende Bewegungen der weitausholenden Arme. Allah, Kawallah ... *immer dazu Zaubermusik* hab Gnade ... mit deiner Made ... Stärk meine Wade ... nu jerade ... so, jetzt paß mal auf, Kurtchen ... aus dem linken Arme ... daß Gott erbarme ... hol ich mir ab ... *greift langsam einen weißen Stab aus dem Ärmel* diesen Zauberstab.

KURT: Schwindel ... Schwindel ... Den haste in der Ecke jeholt.

FRANZ *der sich neben Kurt gekauert hat:* Schwindel gibt's überhaupt nicht, nur Wunder ... Schau, was sie jetzt treibt ... großer Prix-Fix, is dös nix?

LENCHEN *hält den weißen Stab in der Hand, dreht sich geheimnisvoll im Kreise, immer Zaubermusik:*

Ganz still, ... ohne Geschrei ... leg ich'n grünes Ei. *Plötzlich liegt vor Kurt ein grünes Ei.*
KURT *tief erstaunt:* Jibt's ... grüne ... Eier?
LENCHEN *beschwörend:* Für einen Dreier ... auch rote Eier. *Sie legt Kurt ein rotes Ei zu Füßen.*
KURT *springt auf:* Die haste im Ärmel!
LENCHEN *verletzt:* Bitte, sieh selbst nach! *Sie krempelt sich die Ärmel hoch. Plötzlich hört man aus der Nebenwohnung heftigen Krach zwischen Waltershausen und Grit Mill.*
WALTERSHAUSEN: Ick verbiete dir, hinzujehn! Wat geht dir der olle Boxer an!
GRIT *schrill:* Er verbietet ... haste Töne, der Pofelkavalier verbietet ... n' Mann, der mir auf der Tasche liegt.
WALTERSHAUSEN *wütend:* Jrete, du hast wohl lange keene Backzehne jespuckt? Noch een Ton und ich kenn ma nich ... Laß dir eins jesagt sein, wenn erst alle Parteien hier, inklusive dein Boxer, rausfliegen, bin ick Direktor vom Apollo-Palast.
GRIT: Mensch, wenn ick Sali ein Wort sage, biste jewesen, iebermorgen prieft er mich.
WALTERSHAUSEN *schreiend:* Hast wohl noch nich ausjelernt? Und heute willste dich vielleicht von dem Boxer priefen lassen?
GRIT *frech:* Man lernt immer noch zu, je mehr Priefungen, desto besser.
Man hört einen furchtbaren Klatsch, Backpfeifen, Hilferufe, Schläge, Lärm.
KURT *sich an Leopoldsgruber drängend:* Kriegt sie Haue?
FRANZ: Na, ich glaub, er ... Machen ma a andere Musik. *Er liest.* Königswusterhausen ... 6,25 ... alte Militärmärsche ...
Er stellt den Hebel ein. Das Zimmer ist von dem Lärm der Militärmärsche erfüllt.
Mitten in den Lärm tritt Käte ein
KÄTE *grüßt, fragt:* Was ist denn los?
FRANZ *aufs Nebenzimmer deutend, während er den Lärm abstellt:* Wir ham a bissel Schlachtenmusik gemacht.
LENCHEN *aufgeregt:* O Gott, kommen Sie schon aus de Fabrik, Frollein Techow? Da muß ich mir ja jleich fertigmachen, wejen meine Zeitungen. Aber Frollein Techow, um halb sieben müssen Sie auch da sein, es wird stiekevoll.
KÄTE *gelassen:* Was ist denn los?

LENCHEN *schon an der Tür:* Na, wo doch heute Herr Gröner mit Spalla boxt.
KÄTE: Ach richtig.
LENCHEN: Was heeßt da richtig? Sputen Sie sich, machen Sie sich zurecht. So 'n Siech haben Sie Ihr janzes Leben noch nich mitjemacht. Jestern war schon 'n Redakteur von unsre Sportredaktion da und hat mir interfift, wat glooben Sie, wir wern ja alle weltberühmt durch Grönern. Jawoll, Gröner wird heute berühmter wie Hindenburch ... Ich würde mir 'n bißken dekolletieren an Ihrer Stelle, Frollein Techow. *Ab.*
KÄTE *zu Kurtchen:* Was sagst denn du dazu, wenn ich heute noch ausgehe?
KURT *zu Leopoldsgruber:* Dann bleib ich bei dir, und du zauberst weiter.
FRANZ *zu Käte:* Wird Ihnen janz gut tun, einmal auszugehen. Herr Gröner würde Sie beim Siegesfest vermissen.
KÄTE *hat sich an der Nähmaschine niedergelassen:* Iwo, der siegt auch ohne mich. *Klappert.*
FRANZ *setzt sich zu ihr:* Sie sollen jetzt nicht nähen. Der Orschanismus braucht Ruhepausen. Wenn ich hier was zu befehlen hätte, so würd' ich Ihnen sagen: heut abend raus! Der menschliche Orschanismus braucht den Sauerstoff der Abwechslung. Ein schönes, junges Mädel wie Sie ...
KÄTE *ernst:* Ich bin kein Mädel, ich hab einen fünfjährigen Jungen.
FRANZ: Hat Paule Sie mit der Pupperlhutschen abgeholt?
KÄTE: Mit was? Sprechen Sie deutsch!
FRANZ: Ich mein, auf dem Soziussitz von seinem Motorrad.
KÄTE: Wie kommen Sie denn auf den Gedanken?
FRANZ *etwas irritiert, aufstehend:* Sie sind doch in der Frühe so sicher hinter ihm gewesen, wie ... wie wenn Sie dort schon oft gesessen wären.
KÄTE *blickt ihn an, die Nähmaschine klappert, dann hört sie auf zu klappern:* Franz, *sie lacht ihn an* Sie? *Sie steht auf und hält ihn in seiner Wanderung auf* Franz ... *sie lacht sehr fröhlich auf* Franz, Sie ... sind doch nicht eifersüchtig?
FRANZ *setzt seine Wanderung fort:* Eifersucht? Das ist eine chemische Reaktion, die in meinem Laboratorium nicht vorrätig ist ... Soll ein

243

Element frei werden, dann *wird* es frei ... Eifersucht ist ein wertloses Nebenprodukt.

KÄTE *wieder an der Nähmaschine:* Der Matrosenanzug da ist wichtiger, als der ganze Sportpalast.

FRANZ *wieder bei ihr, etwas dozierend:* Aber, meine Liebe, Freude ist eins von den psychophysischen Grundelementen, und deshalb werd ich ein Verfahren erfinden, das alle Nähmaschinen der Welt um 6 Uhr abends zum Stehen bringt.

Grit Mill, geschminkt, geputzt, Egon Waltershausen und Paule Piek treten stürmisch ein

GRIT: Aber Fräulein Techow, es ist halb sieben und Sie sind noch nicht fertig?

Von der Straße her hört man wieder das ungeordnete Lied der Zimmerer, die Will Gröner zum Sportpalast geleiten. Hochrufe auf Gröner, abgerissene Dankesworte Gröners; alle stürzen zum Fenster.

LENCHEN *fliegt herein, ans Fenster:* Hoch Gröner, Nieda Spalla!
dann sich umdrehend, zu Käte Nu aber dalli!

GRIT: Fräulein Techow, Ihr Spiegel macht dick.

KÄTE: Ach, ich guck gar nich mehr rein, nettes Kleidchen haben Sie da.

GRIT: Das? Nichts besonderes. K. d. W. Braun, die große Herbstmode.
Frau Leopoldsgruber tritt ein.

WALTERSHAUSEN: Zwanzig Emm leg ich auf den Tisch, daß Gröner in der zweiten Runde ausgezählt wird.

LENCHEN *empört:* Sie sind woll doof auf der eenen Backe?!

PAULE *nähert sich Waltershausen ganz langsam, fast feierlich:* Wenn ick mir nich täusche, is der Herr immer noch da. *Er rückt Waltershausen bedrohlich nahe.* Eigentlich kann ich mir ja nich vorstellen, daß der Herr nich schon auf der Treppe is.

Die anderen haben Waltershausen zur Tür hinausgedrängt.

GRIT *ihm nach:* Egon, ich hab dir gleich gesagt, wozu vermengste dir mit de Bevölkerung? *Ab.*
Kätes Nähmaschine klappert.

FRAU LEOPOLDSGRUBER *hat inzwischen den Schrank geöffnet, Kätes Sonntagskleid herausgenommen; dann geht sie rührig zu den Männern, die um Käte stehen und ihr zureden. Kommandierend:* Mannsleut ... außi! *Sie verbessert sich* Nee, Männerchen, raus! Raus sag ich!
Paule, Franz an der Tür.

In zehn Minuten kommt Kätchen nach.
Die Männer ab.
So, und jetzt is genug, meine liebe Kati.
KÄTE *noch nähend:* Aber der Anzug muß zum Geburtstag fertig sein.
FRAU LEOPOLDSGRUBER: Wird er! *Sie knöpft ihr die Bluse auf.*
KÄTE *widerstrebend:* Sie kommandieren mit mir wie mit einem Kind!
FRAU LEOPOLDSGRUBER: Stimmt! Hier bin *ich* die Mutter.
KÄTE: Und ich? *zieht Kurt an sich.*
FRAU LEOPOLDSGRUBER: Wegen so an einzigen Buam? A richtige Mutter is ma erscht nach 'm dritten Kind. *Sie hat ihr die Bluse ausgezogen, nestelt ihr den Rock auf.* Ich habe fünf Buben in die Welt gesetzt.
KÄTE *schwach widerstrebend:* Aber ich bleib viel lieber zu Hause.
FRAU LEOPOLDSGRUBER: Das is eine Krankheit von Ihnen. Junge Menschen müssen was sehn von der Welt. *Beugt sich zu ihr hinab.* Machen S' dem Franzl die Freud! ... Und die Nähmaschin' g'hört heut abend mir!
KÄTE *aufstehend, zu dem Sonntagskleid gehend:* Und Sie bringen den Kurt zu Bett?
FRAU LEOPOLDSGRUBER *schon nähend:* Wer denn?
KÄTE *schlüpft in das Sonntagskleid:* Frau Poldi ... nein ... ich kann nicht ... ich hab nich einmal eine Halskette ...
FRAU LEOPOLDSGRUBER *schon bei ihr:* Hab ich mir eh gedacht ... da nehmen S' meine Korallen ... die hab ich bei meiner Hochzeit getragen ... *sie hilft und schmückt die Junge* Und daß mir der Franzl nicht vor 2 Uhr z' Haus kommt! Und passen S' auf ihn auf! Und wann's geht, ein kleines Räuscherl heut is erlaubt. *Sie sieht Käte staunend an.* Schön bist, Mädel, schön! *Sie umarmend.* Die Schultern sind vom Herrgott nicht zum Verstecken gemacht ... und das Fußerl ... Mädel, du bist ja so schön, du könntest aus Wien sein! *Küßt sie ab.*
KÄTE *strahlend ab.*
FRAU LEOPOLDSGRUBER *zu Kurt:* So, mein Bua, und jetzt werd ich dich ins Bett zaubern!
Sie schiebt den Hebel. Man hört wieder die Zaubermusik, während sie dem Jungen Rock und Höschen abstreift.

3. Bild

Auf der Galerie des Sportpalastes

Vier dicht besetzte Reihen der Galerie, die vorderste Reihe mit Brüstung und Geländer. Man hört aus der durch Scheinwerfer beleuchteten Tiefe das Plaudern, Schreien usw. des Parterrepublikums, untermischt mit abgerissener Musik. Es ist gerade Pause. Eben war ein Kampf mit Applaus zu Ende gebracht, das Dunkel weicht elektrischer Helligkeit.

1. BESUCHER *in der ersten Reihe der Galerie:* Jehn wa runter, Fritze? Frische Luft schöpfen?
2. BESUCHER: Luft hab ick zuhause, ick wohne in Tegel. Die Pausen sind nur for die Wirte.

KELLNER *windet sich mit vielen Gläsern hinter den vier Reihen durch:* Wer wünscht noch Bier? ... Brause? *Gibt rechts und links Bier ab.*
1. BESUCHER *während er trinkt:* Was haste gegen die Wirte? Wirte müssen sind, die janze Politik beruht auf die Wirte. – Haste die Skatkarten mit? Los! ... Mischen! *Sie spielen laut Skat.*

In der dritten Reihe sitzen Paule, Franz und zwei Zimmerer, in der zweiten vier Zimmerer, in der vierten Reihe Grit und Egon mit einem Freunde, neben ihnen Herr und Frau Levy.

FRAU LEVY *hinunter zu Franz:* Ist der Platz neben Ihnen noch frei?
FRANZ: Entschuldigen, Madame, reserviert für eine Dame.
LEVY *zu seinem Nachbarn:* Pardon, ich bin das erstemal beim Boxkampf. Jetzt kommen doch Gröner und Spalla dran? Wer hat denn Aussichten? Gröner, glaub ich?
EGON *beugt sich zu dem Fragenden hinüber:* Lächerlich, der kommt ja gegen Spallas Schwinge gar nicht uff, is ja ganz ohne Sprungtechnik, kämpft ohne Deckung, is in der dritten Runde k. o.
DER FREMDE *neben Egon:* So 'ne Rotzneese gegen Spalla.
EIN ZIMMERER *dreht sich um, drohend zu dem Fremden:* Geben Se acht, daß es bei Ihnen nicht tröppelt.
Die anderen Zimmerer haben sich auch erhoben.
2. ZIMMERER *noch drohender:* Mann, halten Sie die Luft an.
KELLNERIN *in den Streit eingreifend:* Grönlandeis jefällig?

LENCHEN *im Kostüm der Zeitungsausträgerin:* Die Nachtpost ... Lustmord in einer Mädchenschule ... Interfief mit Mutta Gröner! ... Kinder ... da is ja die janze Brunnenstraße 124.

EGON *etwas höhnisch:* Ick zittere für Gröner.

LENCHEN *empört:* Bibbern Sie zuhause. Gröner hat doch bei Hans trainiert, Gröner, wo die Reichweite hat, und überhaupt, der Italiener is ja viel zu schwer mit seinen Makkaronibauch.

EGON: Damen jehören überhaupt nich zum Boxen.

GRIT: Willste sagen, daß ick keene Dame bin?

EGON: Bei dir is det was anderes, du jehörst zur Kunst, ne Künstlerin muß alles kennen.

PAULE *steht in der zweiten Reihe auf, betont:* Leider!

GRIT: Woll'n Se damit wat ausdrücken, Herr Piek?

PAULE: Ick habe nur leider jesagt, man wird doch noch sein Mitjefühl oder sein Bedauern von wegen der schiefen Ebene äußern dürfen.

FRAU LEVY *zu Egon:* Eigentlich haben Sie recht, was brauch ich zusehen, wie ein Mann dem andern die Nase zerhaut? Aber Herrn Gröner, wenn er schon in unserem Hause wohnt, is man doch schuldig, zuzusehen. Vergnigen is es nicht. Nebbich, ein so anständiger Mensch ... Läßt sich zerschlagen und is noch stolz auf der zerbrochenen Nase.

PAULE: Das is 'n janz falscher Standpunkt, jute Frau, wenn der Arbeeter vor dem Kriech schon jeboxt hätte, wäre der janze Militarismus unmöglich jewesen. So'n rotziger Leutnant kann jarnischt mehr sagen, wenn er fürchten muß, det er mit einem Kinnhaken erledigt is.

KÄTE *erscheint unter den Stehplätzen, ruft hinunter:* Abend, Kinder, is da noch ein Plätzchen für mich? Draußen regnets in Strömen.

1. SKATSPIELER: Hierher, Frolleinchen, erste Reihe!

PAULE: Sie möchten wohl neben det scheene Frollein sitzen? Nee, die Dame is schon neben uns besetzt *Zu Käte* 's regnet? Steht die olle Bude in der Brunnenstraße noch? Wenn ma die Ruine valäßt, weeß man nie, ob nich nachts der reene Trimmerhaufen iebrig is.

FRANZ *reicht ihr die Hand über zwei Bänke:* Steigen S' nur herüber ... entschuldjen die Herrschaften ... So, Fräulein Techow, und da habe ich Ihnen einen Feldstecher mitgebracht, da können Sie alles ganz genau übersehn.

FRAU LEVY: Besser, sie sieht nicht alles so genau ... nebbich, der arme Gröner ... auch e Geschäft ... der Mensch soll davon leben, daß er halbtotgeschlagen wird.

MIERICKE *junger, proletarischer Stutzer, mit buntem Seidentuch in der Brusttasche, ruft vom Gang hinter den Bänken zu Grit hinunter:* Fräulein Grit, paar Würstchen gefällig?

GRIT *zu ihm kommend:* Ach ja, danke. Immer Kavalier, Herr Miericke.

MIERICKE *geschmeichelt:* Auch ein Helles?

GRIT *Wurst in der einen, Bier in der anderen Hand:* Sie sind immer Schentelmen, Herr Miericke.

MIERICKE *putzt mit einem Tüchlein die gespreizten Finger ihrer biernassen Hand, galant:* Kann man 'ner Künstlerin anders als mit Zartjefühl begegnen?

GRIT *seufzend:* Herr Miericke, Sie sind Idealist ... Wo ist denn der Bierjunge? Ach, ich nehm noch 'n Schluck aus Ihrem Glas.

MIERICKE *übernimmt das Glas:* Darf ich ... dort wo Ihre Lippen?

GRIT: Ach, wischen Sie erst den Fleck ab, bloß vom Lippenstift.

LAUTSPRECHER *dröhnend, im Lärm fast unverständlich:* Fünfter Kampf ... Spalla–Gröner ... Herr Gröner ist der Herausforderer.

Man hört von unten höhnisches Gelächter, Pfiffe, die Musik setzt schmetternd ein. Die Scheinwerfer funktionieren. Der Fremde neben Egon pfeift auch mit.

1. ZIMMERER: Schmeißen Sie Ihre Pfeife in 'n Lokus.

2. ZIMMERER: Lange keen blutjes Schemisett jehabt?

LEVY *zur Gattin:* Gott behüte, gleich werden sie hier auch boxen.

LENCHEN *steigt über die Bänke:* Kinder, ich kann nich mehr verkoofen, ich muß zu euch, ich setz mir auf die Treppe.

EIN SCHUPO *faßt sie am Arm:* Treppen müssen freigehalten werden.

LENCHEN *zwischen den Bänken, unsicher stehend:* Lassen Sie mir los! Ick bin doch ne alte Bekannte von Gröner.

SKATSPIELER *erste Reihe zum Schupo:* Wir haben doch den Platz reserviert for det Kind.

PAULE *sich aufrichtend:* Herr Schutzmann, Polizei is hier nich, Polizei sind wir selber. Wir stehen Ihnen ja ooch nich in die Laterne.

SCHUPO *grüßend ab.*

FRANZ: Ganz a freindlicher Herr, der Schupo.

PAULE *stolz:* Die haben wa jut jezogen.

SKATSPIELER *eine Karte ausspielend ...*
LENCHEN *sitzt schon in der ersten Reihe:* Jott, wie kann man nur Skat spielen, wo 's auf Tod und Leben jeht.
SKATSPIELER: Skat kann man immer. Ich lasse mir 'n scheenes neues Spiel in Sarg legen.
Der Saal wird dunkler.
LENCHEN: Sie kommen! Hoch Gröner!
Gelächter antwortet von unten. Pfiffe! Rufe: Hoch Spalla! Die Galerie antwortet: Hoch Gröner!
GRIT *patzig:* Warum sind wir nicht Parkett gegangen?
EGON: Richtig, det Dach hätten wa Herrn Jröners Kollegen überlassen können, aber ich werd mir nich stören lassen. *Er pfeift schrill durch die Finger.*
KÄTE *sich umwendend:* Das ist gemein!
FRANZ *zu Egon:* Ich fordere den Herrn auf, das Trommelfell der Dame sofort zu berücksichtigen.
RUFE: Ruhe! Ruhe!
PAULE *zieht mit einem Blick auf Egon den Rock aus:* Die Herrschaften jestatten, daß ick mir in Hemdsärmeln entledige?
KELLNER *dröhnend:* Bier jefällig?
KELLNERIN *gellend:* Jrönlandeis ...
FRAU LEVY *zu Levy:* Siehste, Gröner trägt den blauen Bademantel, was er aus unserer Inventur gekauft hat.
KÄTE *sieht durch das Fernglas, zu Lene:* Was machen sie denn jetzt mit ihm?
LENCHEN: Bitte jeben Se mir das Glas. Jott, jetzt zehlen se ihm den Puls.
GRIT *zu Lenchen:* Dürft ich einen Augenblick um das Glas bitten?
LENCHEN *zögernd:* Nur für ne Sekunde.
GRIT *mit dem Fernglas:* Jewachsen is er ja eisern, der Brustkasten und die Schenkelmuskeln ...
LENCHEN *nimmt ihr das Glas schnell aus der Hand:* Ach, geben Sie zurück.
Gongschlag unten. Tiefe Stille.
EGON *setzt den Zwicker auf, als erster das Schweigen brechend:* Ich hab ja jesagt, Spalla jeht sofort los, det hält Gröner nich aus ... Spalla, jib ihm Saures!
Die Zimmerer drehen sich zuerst geärgert um, dann stehen sie vor Egon auf, so daß er nichts sieht.

EGON: Setzen! Setzen! *bei diesen Worten steigt er selbst auf die Bank. Allmählich stehen in den hinteren Reihen alle auf den Bänken. Man hört von unten das Klatschen der Schläge.*
LENCHEN *bebend:* Jott, Jott, das hat jesessen.
PAULE: Laß nur, Lenchen, Jröner steht wie 'ne Eiche. Det klatscht nur wejen die offenen Handschuhe. Die juten Schläge hört man nicht ... Au, Spalla, det war Dein Auge.
FRAU LEVY: Nathan, laß mich, ich muß hinaus, ich kann das nich sehen, nebbich, der arme Gröner ... Hat er das nötig gehabt?
LEVY *ganz interessiert, verdrossen:* Bleib, es is doch hochinteressant ... Er ist doch gut gedeckt.
KÄTE *mit dem Fernglas:* Er steht ganz ruhig, der Gröner, wie wenn er die Schläge gar nicht spürte.
EGON: Hat ja nicht die jeringste Offensive.
PAULE *erhitzt, während er den Kragen abknöpft:* Er läßt ihn anloofn ...
Unten bricht wüstes Geschrei aus: „Bravo Spalla", kurzer, jäh abbrechender Applaus, ein schriller Ruf, Pachnickes Stimme unten: „Willi Gröner, leg dir schlafen!"
Die ganze Galerie protestiert wütend: „Schiebung! Schiebung!"
LENCHEN *beugt sich weit über die Brüstung, zeigt hinunter:* Bezahlte Schieber!
PAULE *zu Lenchen, begütigend:* Laß man, Lenchen, du bist zu uffjeregt.
LENCHEN *mit dem Fernglas:* Ick seh ja unten den Pachnicke, der hat jerufen.
PAULE: Der Furzfänger.
LENCHEN: Det muß in die Zeitung ... und hinter ihm sitzt das Apolloschwein, der Filmdirektor!
Rufe: „Ruhe! Ruhe!"
PAULE: Det is die Schule von Hans, *sachverständig* aber er kämpft.
LEVY *begeistert zu seiner Frau, die immer wegschaut:* Du, sowas siehste nich wieder. Jetzt jeht Gröner ran! ... Au! au! Det hat jesessen, Spalla!
FRANZ *zu Käte:* Sixtes, der Gröner macht's net nur mit die Muskeln, der macht's mit dem Hirn ... 's is alles Plan, System, Strateschie! *zu Egon* Ja, mein Lieber, mit 'n Kopf muß man boxen!
LENCHEN *über die Brüstung, tief gebeugt, gellend:* Laß dir nicht irritieren, Willi!
Endloser Applaus. Gong.

KELLNER *dröhnend:* Bier jefällig?
KELLNERIN *gellend:* Jrönlandeis ...
Die Zuschauerspannung löst sich, die Leute nehmen wieder ihre Sitzplätze ein.
SKATSPIELER *hinunterschauend, zu seinem Nachbarn, während er wieder spielt, in der ersten Reihe:* Siehste, die feinen Leute rihrn sich nich. Die is alles ejal.
FRAU LEVY: Nathan, ich geh, mir tut der Mensch so leid.
LEVY *ganz erregt:* Ich bin begeistert. Wenn die Pause nur schon wieder vorbei wär. Gott, ist das aufregend, wunderbar! So, stell ich mir vor, war das seinerzeit unter Nero, wie die ersten Christen mit die Tiger in Zirkus hereingelassen worden sind.
FRAU LEVY *gekränkt:* Scheen, aber gib mir den Hausschlüssel. *Sie drängt sich fort.*
FRANZ *erklärt Käte den Sportpalast:* Sehn S', und wann ma in der Direktionslosch auf zwei elektrische Knöpf druckt, so dreht sich das ganze Parkett total um, die Sessel stehen am Kopf im Keller, und das Ganze wird eine Eisbahn zum Schlittschuhlaufen, natürlich, wenn der Saal leer is ...
LENCHEN *immer mit dem Fernglas:* Jar nich miede sieht er aus, janz frisch.
Gong. Lautsprecher: „Zweite Runde!" Stille.
EGON *hell:* Nu, Spalla, pflastre ihm!
Großes Gelächter unten, Rufe: „Willi, trau dir mal!"
LENCHEN *hinunterschreiend:* Pachnicke, wer zahlt Ihnen?
Wilde Pfiffe unten, Applaus, allmählich Ruhe.
KÄTE *unwillkürlich lachend:* Au, Spalla, Du schlidderst.
FRANZ: Er klebt an die Stelle.
Gelächter oben.
LENCHEN *zu Käte:* Ach, das hab ich jetzt nich jesehen, ich hab det Glas jeputzt!
KÄTE *bebend:* Gröner liegt!
Man hört unten den Schiedsrichter: „eins ... zwei ... drei ..."
glücklich: Gott sei Dank, steht wieder.
PAULE: Det is die Schule von Hans, *sachverständig* aber er kämpft mir zu offen.
LENCHEN *zitternd:* Glooben Sie, is er nich jenug jedeckt?
LEVY *ausbrechend:* Bravo, Spalla, das war deine Schwinge.

Wildes Klatschen vom Parkett her, höhnische Rufe, besonders Pachnickes Stimme: „Willi, jeh in Kindergarten!" ... Pfiffe.
LENCHEN *steckt die Finger in den Mund, wilder Gegenpfiff.*
KÄTE *zum Parkett hinunter schreiend:* Pfui, pfui!
FRANZ *lächelnd, die Hand auf ihren Arm legend:* Aber Fräulein Techow, ich erkenne Sie gar net wieder!
KÄTE *hochrot:* Weil's wahr is, die wollen ja Gröner nur aus der Ruhe bringen.
SKATSPIELER *sich umdrehend:* Lassen Sie man, Frolleinchen, er hält ja nur hin, damit Spalla schlapp wird.
EGON *triumphierend:* Uff, det war keen Backenstreich, Willi. *Wilder Applaus für Spalla. Hochrufe auf Spalla.* Noch mehr von, Spalla!
PAULE *zu Lenchen:* Laß nur, det streichelt ihm, der is ja von Eisen.
EGON: Aber immer die Schwinge von Spalla, det jibt aus ... bums, det hat jetroffen ...
LENCHEN *außer sich:* Jott ... Jott ... Jott!
Wüster Lärm von unten, Rufe für Spalla.
PAULE *ruhig:* Det Glas, Frollein Käte ... Jröners rechtes Auge is jeschlossen ...
LENCHEN *verbeißt Tränen, hält sich krampfhaft an dem Skatspieler:* O Jott, er is unsicher ... det Auge!
SKATSPIELER: Frolleinchen, nu setzen Se sich 'n bißchen ... Spalla is ja schon schlapp ... 's jeht auch mit jeschlossenem Auge ...
LEVY *hocherregt:* Woher is das Blut? Aus der Nase?
PAULE: Anfänger sollen die Klappe halten ... Wejen det bißchen Blut!
LENCHEN *ohnmächtig werdend:* Blut ... aus det Auge ... Willi ...
SKATSPIELER *zur Umgebung:* Sie is ohnmächtig ...
Die Besucher wenden die Köpfe von dem Kampf.
KÄTE: Wir tragen sie fort *faßt an.*
PAULE *faßt gleichfalls zu:* Dat jeht vorüber.
LEVY: Hier is Kölnisches Wasser.
FRANZ *horcht ab:* Der Puls is ganz gut.
Lenchen wird fortgetragen unter verhältnismäßiger Ordnung und Ruhe, der Schupo hat Käte die Last abgenommen.
EGON: Immer die Störungen ... Damen jehören nich zum Boxen. *Sofort wieder hinuntersehend.*
Unten wüstes Geschrei, Applaus, Pfiffe.

LEVY *ganz aus dem Häuschen:* Spalla liegt!
Man hört die Stimme des Kampfrichters: „eins ... zwei ... drei ... vier ... fünf ..."
EGON: Jemein, dat war 'n Nierenschlag. *Pfeift.*
ZIMMERER *stehen auf und singen den Refrain des Zimmererliedes:* „Felsenfest und felsentreu ..."
STIMME DES KAMPFRICHTERS: ... acht ... neun ...
  Tollster Trubel. Stille.
LEVY *zu Egon:* Mein Lieber, ich bin janz unparteiisch, Gröner hat janz fair gekämpft.
PAULE *kommt zurück:* Det arme Lenchen ... jerade jetzt diese dumme Ohnmacht ... *Er beugt sich über die Galerie und schreit mit Stentorstimme* Hoch Gröner! ... Willi, die janze Brunnenstraße is da.
Wilde Gegenrufe, schrille Pfiffe.
PACHNICKE *von unten:* Könnt euch ja gleich da oben einquartieren. Brunnenstraße 124 wird abgetragen!
PAULE *über die Brüstung:* Paß mal uff, Pachnicke, daß wa dich nich demolieren!
Abklingender Lärm.
LEVY *nachdem es stiller geworden und die Galerie sich etwas geleert hat:* Jetzt weiß ich nich genau ... bin ich meschugge oder sind die meschugge?
EGON *zurückkehrend, zu Levy:* Natierlich hat sie ihre Tasche vergessen *er sucht, kehrt mit einer Tasche zurück und sagt giftig im Vorbeigehen zu Levy:* Spalla is Jude!
LEVY *konsterniert:* Wieso?

Vorhang.

4. Bild

Grit und Egon

Zwei Zimmer nebeneinander. Egon und Grit Mills Zimmer. Die Verbindungstür steht offen.
  Grits Zimmer schlampig, ungeordnet, falsche Eleganz, großer Spiegeltisch in der Ecke, pompös-power aufgebaut, ihr Bett, Riesenbett, rosa-duftig schmuddelig.

Egons Zimmer dagegen kahl, Bett, Schrank, Tisch.
EGON *beim Rasieren, eingeseift, steht mit dem Gillette vor dem Rasierspiegel in Morgentoilette, ungepflegt sieht er noch kläglicher aus, er redet, während er sich rasiert, zu Grit hinüber:* Haste die Kündigung jesehen?
GRIT *im Bett:* Wir auch?
EGON: Na, haste jedacht, sie werden die Kiste hier abreißen und dein Himmelbett bleibt stehen? Doofe Nudel!
GRIT *sich räkelnd:* Kaum is man wach, spuckste schon los.
EGON: Heut in drei Wochen is det Haus Brunnenstraße 124 von alle Bewohner jeleert.
GRIT: Wo sollen die denn alle hin? Eigentlich rücksichtslos von Sali.
EGON: Sag nich Sali, du jewehnst dir dat an. Sag Generaldirektor, det schickt sich und det hört er auch lieber.
GRIT *kokett:* Kommt drauf an! Von mir hört er lieber Sali.
EGON *im Rasieren:* Du, det paßt mir nich. Wenn ich noch einmal „Sali" hör, schmetter' ich dir eene.
GRIT *springt aus dem Bett:* Wer schmettert hier? Du?? Du Lulatsch, du hergeloofener Lausejunge, liegst mir auf der Tasche und riskierst noch Töne. Wer biste denn? Een janz jewöhnlicher Fünfjroschenjunge. Du verdienst mir jarnich. *Sie saust durch die Tür zu ihm.* Jott, wenn ick dir so in der Frih ansehe! Scheen biste wirklich nicht. Jeist haste ooch nich. Jeld haste keens. Wat hab ick eijentlich von dir?
EGON *rasierend:* Ohne mir hättste nie in der Filmwelt Fuß gefaßt.
GRIT *stolziert im zerschlissenen Morgenrock, tänzelnd vor dem Spiegel:* Lächerlich! ... 'n Mächen mit die Beene! *Für sich Theater spielend.* Mit diese Glutaugen wie Pola Negri, mit diese damenhafte Schultern *sie legt den Mantel um,* bald die Sünde selbst *Ausdruck,* bald die unbefleckte Reinheit *Ausdruck ...*
EGON: Quatsch nich auf nüchternen Magen. Koch lieber Kaffee.
GRIT: Icke? *Sie legt sich wieder ins Bett, geziert:* Diener, bringen Sie mir doch die Morgenschokolade ans Bett. Wat is? Ich warte.
Es klopft.
Gerichtsvollzieher tritt in Grits Zimmer ein.
GERICHTSVOLLZIEHER: Ich hab 'ne Zwangsvollstreckung für Grete Müller, sind Sie das?
GRIT: Wieviel is denn zu zahlen?
GERICHTSVOLLZIEHER: 43 Mark.

GRIT *hinüberrufend:* Egon, haste 43 Mark?
EGON: Bin ick Jeneraldirektor? In sechs Wochen kommen Se vorbei.
GERICHTSVOLLZIEHER: Dann muß ich pfänden.
GRIT *im Bett:* Bitte sehr, Herr Vollziehungsbeamter, wir können Sie nicht hindern.
GERICHTSVOLLZIEHER *sieht sich um, will die Pfändungsmarke auf den Spiegel heften.*
GRIT: Da sitzt schon ein Vogel.
GERICHTSVOLLZIEHER *öffnet den Schrank:* Da hängt ein Pelz.
GRIT: Sehn Sie sich 'n jenauer an! Da is ooch schon eener vorjemerkt.
GERICHTSVOLLZIEHER: Bleibt nur noch das Bett.
EGON *kommt herüber:* Die Dame liegt in *meinem* Bett.
GERICHTSVOLLZIEHER *klebt die Marke an:* Da müssen Sie ne schriftliche Eingabe machen. Tag! ... *ab.*
EGON *wieder in seinem Zimmer, noch rasierend.*
GRIT *wütend:* Wie kommst du dazu, mir so zu kompromittieren? *Nachahmend:* Die Dame liegt in meinem Bett ... Wer is denn deine Dame? Wat muß sich der Mann von mir denken? Wie kannste meinen juten Ruf ruinieren? Sehr ritterlich!
EGON: So ritterlich wie dein Boxer kann nich jeder sein.
GRIT *im Bett:* Nu hör' aber auf! Benommen hat Gröner sich eins a. Wie er den besiechten Spalla immer mitjeschleppt hat vor die Leute ... und 'n schöner Mann is er, det kannste nich leugnen. Der Brustkorb, die eisernen Schenkel!
EGON: Kusch!
GRIT *wirft wütend ein Kissen, noch ein zweites:* Nu jerade, nu erst recht, die eisernen Schenkel!
EGON *rasierend:* Ich leg dir über, Biest!
Es klopft, die Streitenden überhören es.
LENCHEN *tritt in Grits Zimmer ein:* Ne Einladung für die Mieterversammlung. Wejen der Massenkündigung. *Zu Egon:* Wir werden schon sehen, wer stärker ist, der Herr Jeneraldirektor mitsamt sein Apollofilm, oder wir!
EGON: Wat heeßt wir?
LENCHEN: Na, wir alle, unsa Mieterverein mit die Siedelung, die Parteien, Herr Gröner und Paule Piek und die Zimmerer. Der Oberbürgermeister ist auch schon verständigt und dann ham wa ja die

Siedlung, wo vielleicht fertigjestellt wird. Der Herr Jeneraldirektor wird sich wundern, wat der Verein „Felsentreu" bedeutet, und wo Gröner jetzt als Weltmeister berühmter wird als Hindenburch.

GRIT *herablassend:* Fräuleinchen, legen Sie die Einladung auf meinen Toilettentisch und lassen Sie mich unjestört, ick will mir erheben.

LENCHEN *an der Tür:* Wat wollen Se sich? Erheben? Sind Sie denn jesunken? Und überhaupt ... *sie steckt, wie ein kleines Kind, die Zunge heraus* Bäh ... bäh! *schnell ab.*

EGON *kommt angekleidet heraus zum Fortgehen, Stock, Hut, falsche Eleganz.*

GRIT: Willste denn nich friehstücken?

EGON: Wo is die Einladung? *Besieht sie sich.* Ne, det muß ich sofort in die Hand nehmen, det muß Sali erfahren, det kann mir um den janzen Apollo-Palast bringen.

GRIT *steht auf, kocht das Frühstück, guckt in den Spiegel.*

Es klopft an Egons Tür.

EGON *geht in sein Zimmer hinüber:* Rein!

In Egons Zimmer tritt eine Frau vom Lande, ein fünfjähriges Kind an der Hand.

FRAU VOM LANDE: Bin ich hier recht bei Frau Grete Müller?

EGON: Fräulein!

FRAU VOM LANDE: Ich sage Frau, denn ich bringe ihr das Kind.

EGON: Wat für'n Kind?

FRAU VOM LANDE: Wenn Sie der Vater sind, dann muß ich Ihnen sagen, wir haben selber niscbt, seit sieben Monaten ist kein Kostgeld gekommen, Briefe haben Sie nich beantwortet, da hat er jesagt: Bring ihr das Mächen, obwohl wir's gern behalten hätten, aber wir sind selber arm und 'n Kind kost Geld. *Zu dem Kind:* Sag' schön guten Morgen, Minchen.

GRIT *aus ihrem Zimmer:* Der Kaffee is fertig, Egon!

EGON: Und da haste den Kuchen!

GRIT: Der Kaffee wird kalt.

EGON: Hier wird dir heiß werden.

Grit tritt in Egons Zimmer, versteht nicht gleich.

EGON: Gratuliere, Tochter anjekommen!

GRIT *auf die Frau zu:* Das is jemein von Ihnen, wat jeht denn dat den Herrn an? Und überhaupt *flennend* hätten Sie denn nicht noch drei

Wochen warten können? Jetzt, wo ich Star am Apollofilm werde. Dann jeh ick nach Hollywood, dann regnet es Dollars.
FRAU VOM LANDE: Mein Mann hat jesagt, er hält dat Kind nich mehr. Adjeh, Minchen, hier haste noch deine Bonbons. Adjeh ... *ab.*
EGON *drüben, trinkend:* Warum haste denn nie wat jesagt von det Kind?
GRIT: Hättst du mir vielleicht jeholfen?
EGON *stippt Kuchen ein:* Wer is denn der Vater?
GRIT: Det verbitt' ick mir! Jeht dir jarnischt an, det is meine Sache. Wat fang ich nu an, wat fang ich nu an?
EGON: Könnt ma dem Vater nich auf die Pelle rücken? Is et wenigstens ein besserer Herr?
GRIT *weinerlich:* Haste schon mal jehört, daß die besseren Herren Kinder kriegen? *Heulend* Wat fang ick nu an? *Das Kind heult mit.*
EGON *setzt sich energisch den Hut auf:* Nee, Kindergeschrei, nee, da zieh ick ab. *Ab.*
GRIT *zu dem Kind, selber heulend:* So heul doch nich!
KIND: Wo is die Mutta?
GRIT *sieht das gepflegte, hübsche Kind zum erstenmal an:* Na hier, ich bin deine Mutta.
KIND *verzweifelt:* Nee, nee, Mutta is wech.
Grit bricht in hysterisches Schluchzen aus.
FRAU LEOPOLDSGRUBER *ist ohne zu klopfen eingetreten:* Was is denn los? Was ham's denn? *Setzt sich, zieht das Kind an sich* So, erst das Naserl trocknen, dann die Äugerln trocknen! Hast du schönes Haar! Und wieviel Zähne hast denn schon? Möcht'st an Bruder haben? Du, ich hab an klan Bruder für dich!
KIND: Wo is er denn?
GRIT *erstaunt, noch unter Stocken:* Wie machen Sie denn das, Muttchen, daß die Kinder bei Ihnen gleich still werden?
FRAU LEOPOLDSGRUBER: I waß net, g'lernt hab i's net, die Kinder sitzen weich bei mir. *Sie läßt die Kleine auf ihrem Schoß schaukeln* A Mutter darf net dürr sein!
GRIT *flennend:* Nu sagen Sie, jute Frau, was fang ich denn an? Det Kind is doch 'ne Jugendsünde!
FRAU LEOPOLDSGRUBER: A Kind is ka Sünd!
GRIT: Aber ich kann's doch nicht bei mir behalten. Ich bin doch nu mal ledig und jerade jetzt, wo ich Rollen kriege und wo die Karriere be-

ginnt. Ich kann mir doch nicht photographieren lassen: Grit Mill mit ihrem Kind!

FRAU LEOPOLDSGRUBER: Warum net? Die Käte is dreimal photographiert mit ihrem Buben.

GRIT: Aber ich kann mir doch nich zeigen mit'n Kind ohne Vater!

FRAU LEOPOLDSGRUBER: Warum denn nicht? Die Käte versteckt ihren Buben nicht. Die ist stolz auf ihn.

GRIT *ungläubig:* Ohne Vater?

FRAU LEOPOLDSGRUBER: Ein Vater, der sich aus dem Staub macht, gehört in die Zeitung! Wann's nach mir ging, müßte jede Woche in der Illustrierten eine ganze Seite mit Bildern stehen: Väter, die ihre Kinder verlassen haben.

GRIT *windet sich:* Sie verstehen das nicht, Muttchen. Ich war doch noch so jung ... ich sag Ihnen doch, det Kind is'n zufälliger Fehltritt ... ich weeß gar nicht wer ... ich war doch noch ganz jung.

FRAU LEOPOLDSGRUBER *begreift allmählich:* Ja, das kommt auch vor ... ja, wenn *Sie* 's nicht wissen, dann kann *er* 's nicht wissen. *Zu dem Kind:* Komm, Klane!

GRIT *auf und ab:* Nur für drei Wochen ein Ausweg! Wenn ich das Kind für drei Wochen unterbringen könnte! Dann kann ich's ja wieder auf's Land schicken.

FRAU LEOPOLDSGRUBER: Auf's Land? Zu wem?

GRIT: Eja! Wech! In drei Wochen kann ich wieder zahlen!

FRAU LEOPOLDSGRUBER *wendet sich zum Kind:* Komm!

GRIT *ihr nach:* Ich jeb Ihnen das Halsband zum Pfand.

FRAU LEOPOLDSGRUBER: Was fang ich mit an Halsband an? Ich bin doch net beim Ballett ... Ich tu's ja auch net wegen Ihnen. Sie, Fräulein Müller, Sie san ja no net auf der Welt, Sie wissen ja das Wichtigste noch nicht, Sie san ja no wie die jungen Katzen, blind ... Komm, Kleine, komm!

GRIT *ist von der Tür in Gedanken zurückgekommen, sie schneuzt sich und beginnt vor sich hinzusingen:*

> Ich soll wohl stricken, Kindswäsche flicken,
> mich über die Nähmaschine bücken?
> Nee, Seide brauch ich und Spiegel und Lichter
> und aufgeregte Männergesichter.

Den Schmodder hier mach ich nich länger mit.
Ich bin kein Gretchen, ich bin die Grit.

Es soll was los sein, solang ich noch jung bin,
es soll Betrieb sein, solang ich in Schwung bin,
ich will mich nicht mehr in die Jungen verknallen,
den Feinen, den Reichen will ich jefallen,
sie sollen mir Sekt aus den Schuhen saufen
und mir ne Villa im Süden kaufen.
Nur keen Jemüt, aber feste Kitt,
ich bin kein Gretchen, ich bin die Grit.

Bei Muttern war's sauber und bescheiden,
das hielt ich nicht aus, das konnt ich nich leiden:
Sofa mit Umbau und Häkeldecken
Und immer die ausjefegten Ecken.
Ich bin nich jeschaffen für die Idylle.
Ich will nach Monte und nach Deauville
und nach St. Moritz zum Winterschwoofe,
Diener mit Handschuh und schicke Zofe,
Masseuse und Maniküre mit.
Ich bin kein Gretchen, ich bin die Grit.

Berühmt muß ich werden, ich kann nicht warten,
mein Bild muß ich haben auf Zeitung und Karten.
Und jibt es mich im Kino zu sehn,
dann soll'n se am Einjang Schlange stehn.
Na, wenn ich erst weiß, wo ich hinjehöre,
dann laß ich se kommen, die kleene Jöhre,
dann brauch ich mich weiters nicht zu genieren,
mein Jraf, mein Baron kann se adoptieren,
dann nehm ich mein Minchen, mein Mädelchen mit,
ich bin kein ...

ach Jott, ich bin 'n armet Luder ... ich hatte auch so 'ne Locke, die mir immer auf die Nase fiel ... ob der Gröner, der Willi, wohl jern mit kleine Kinder spielt?

5. Bild

Mieterversammlung

Extrazimmer eines Berliner Patzenhoferbräu – langer Tisch mit Sesseln – leer, an den Wänden Bilder von Hindenburg.

Paule Piek mit dem Gastwirt eintretend.
PAULE *im Gespräch:* Wir werden so an die dreißig Personen sein.
WIRT: Is das 'ne Versammlung?
PAULE: Ne, das is mehr 'ne Besprechung.
WIRT *mißtrauisch:* Politisch? Da war nämlich schon 'n Herr da, der sich erkundigt hat nach der Versammlung.
PAULE: 'n Herr? 'n richt'jer Herr? Oder 'n Mann?
WIRT: Dat kann man heutzutage schwer unterscheiden, jedenfalls hab ich'n schon öfter auf'n Revier jesehn.
PAULE: Ach so, 'n Jeheimer? Na, da kann ich mir schon denken. So 'n langer, der aussieht, wie 'n jewesener Jraf. So 'ne Ruine, wo nich mehr recht bewohnt is? Na, Egon, dir werd ich mal mit Triumphpforten empfangen! So – den halten Se für 'n Jeheimen? Ich halte den für 'n janz gewöhnliches öffentliches Bedirfnis.
WIRT: Wird das 'ne rote Besprechung?
PAULE *geärgert:* Nee, blau!
WIRT: Kommunisten kann ich nämlich det Zimmer nich jeben, dat hat sonst, wie Sie sehen, der Kriegerverein. Die Herren haben mir schon einmal den Herrn Feldmarschall zerdeppert *deutet auf ein Hindenburgbild an der Wand.*
Leopoldsgruber tritt ein.
FRANZ: Servus, Paul!
PAULE *hat Leopoldsgruber unter den Arm genommen:* Sag mal, sind wir eigentlich für den da politisch? Wir sind doch höchstens gejen! Sollen wir Hindenburg da lassen? Glaubste, er wird beschädigt?
FRANZ *sieht sich das Bild lange an:* Das is ja noch aus'n Krieg.
PAULE *auch in das Bild vertieft:* Der hat ja schon 'nen Sprung.
FRANZ *räumt die Bilder von der Wand herunter:* Wissen S' was, nehmen S' ihn für heut nacht ins Schlafzimmer. Bei Ihnen is ruhiger.
Wirt ab.

PAULE *geht nachdenklich auf und ab. Im Gehen spricht er mit Leopoldsgruber, der aus seinem Koffer Glocke des Vorsitzenden, Protokollpapier usw., dann die Baupläne, die er an Stelle der Hindenburgbilder mit Reißnägeln an die Wand heftet, usw. auspackt:* Weeßte, so 'ne Mietervereinijung is eijentlich nischt for mir! Det is mir nich radikal jenug. Von mir aus müßten wa 'ne Yacht oder 'n Dampfer tschartern und wa mißten irjend sone natierliche Jejend suchen, so zwischen Australien und Südamerika, irjend 'ne fabelhaft fruchtbare Prärie, die noch frei is. Die lejen wa mit Beschlag. Da mißte Mutter mit und ich trach Lenchen, während se schläft, ans Ufer, und wenn se aufwacht mang de Vegetation zwischen Palmen und Affen, da jibt's keene Nachtpost mehr und keene letzte Ausjabe und keen Potsdamer Platz. Da schaffen wa radikal die janze beschissene Kultur ab, schießen uns jeden Tach unsern Jazellenbraten, Mutter kocht uns de Kokosmilch ab und du baust uns 'ne Antenne, und von Zeit zu Zeit hören wa auf Welle Königswusterhausen die letzten Meldungen vom Sechstagerennen und die Wahlresultate, und dann klappen wa schnell die Kiste wieder zu und zwitschern mit die Kolibris und krawlen in der Südsee. Willste noch wen mitnehmen, Franz, mußte dir beeilen, heute abend werden die Anmeldungen jeschlossen.

FRANZ: Wenn wir den Buben mitnehmen, den kleenen Kurt, können wir seine Mutter nicht in dem Berliner Palawatsch zurücklassen.

PAULE: Die Techow? Da brauchen wa bloß die Nähmaschine an Bord schaffen und denn kann se unjestraft unter Palmen klappern. Legste denn Wert auf das Mädchen?

FRANZ *Phlegma heuchelnd:* Mmmmmmmm – – – Weil se grad da ist. Und jemand muß uns doch die Badehosen nähen.

PAULE: Weeßte, mir is sie 'n bißchen zu dauerhaft, *händereibend* was die Jrete Müller is, die fesseln wa und stopfen ihr 'n Knebel ins rot bemalte Mäulchen und schleifen se als Sklavin der Kolonie ans Land.

FRANZ: Nein, da protestier ich. Die legen wir auf ein Floß, das stoßen wir auf's offene Meer bei Windstärke elf.

Duett Paule und Franz:

I.

PAULE: Es muß doch wo ne Jegend geben,
noch nich von de Kultur beleckt.
Kein Wirt vermiest dir da das Leben,
Du bist dein eigner Architekt.
Da haste mächtig Platz zum Bauen
und alles is bezuchscheinfrei,
kannst dir aus Urwald schöne Möbel hauen.
Bist du dabei?
FRANZ *am Klavier fantasierend:* Ich bin dabei.
PAULE: Per Ozean und Karawane
jelangen wir in das Revier.
Das is die Jegend, die ich ahne,
und in die Jegend machen wir.
BEIDE *am Klavier fantasierend:* M W Machen wir.

II.

FRANZ: Es muß doch eine Gegend geben,
wo es noch nicht so dreckig ist,
wo man Gazellen und Zibeben
Und Kokosmilch und Feigen frißt.
Ein Unschuldsland in der Oase,
noch hinter, hinter Paraguay.
PAULE: Dahin verschieben wir die janze Blase.
Bist du dabei?
FRANZ: Ich bin dabei.
Da bastl ich zwischen den Lianen.
Da wird die Arbeit zum Pläsir.
BEIDE: Das ist die Gegend, die wir ahnen,
und in die Gegend machen wir,
M W machen wir.

III.

PAULE: Man muß ein Ländchen ausbaldowern,
noch nich von's Kapital benagt,
kein Trust, die Leute auszupowern,
kein Prinzipal und kein Kontrakt.
FRANZ: Da brauchst kan Schuster und kan Schneider,
da braucht es keinen Ullsteinschnitt.
Wir tragen selbstgewebte Pflanzenkleider.
Paul, machst du mit?
PAULE: Ick mache mit.
Die Mädchen ahlen sich und krauchen
von dir zu mir, von mir zu dir.
BEIDE: Das ist die Gegend, die wir brauchen,
und in die Gegend machen wir.
M W machen wir.

IV.

BEIDE *zusammen oder abwechselnd:*
Wir möchten in die Ferne schweifen,
in eine Landschaft, die noch neu,
und sitzen – ist das zu begreifen? –
im ollen Patzenhoferbräu.
Lustwandeln wolln wir unter Palmen
Und wo die Appelsinen blühn
und werden weiter unsern Knaster qualmen
in Großberlin, in Jroßberlin.
Drum Schluß mit Blüten, Wunderbäumen,
die Utopie is nich für mir,
Die schöne Ferne kann man träumen.
Doch wir sind hier und bleiben hier.

PAULE: Und Egon? Wat fängste mit *dem* an?
FRANZ: Den tauschen wir in Borneo gegen an soliden Orang-Utan aus. *Waltershausen tritt ein.*
PAULE *geänderter Ton:* Du, der Wirt hat mir gesagt, der Kerl is ein Geheimer. *Auf Waltershausen zugehend.* Wat verschafft uns das Vergnügen?

WALTERSHAUSEN: Erlauben Sie, ich bin doch auch Mieter.
PAULE: Sie? Sie sind 'n Schlafbursche! *Will losgehen.*
FRANZ *wirft sich dazwischen:* Egon.
WALTERSHAUSEN *will losgehen, besinnt sich:* Man is nich zum Privatvergnügen da, *groß* ich bin hier anwesend als Jeneralbevollmächtigter der Apollo G.m.b.H.
PAULE: Na, da setzen Sie sich mal vorläufig an det Tischchen in der Ekke *deutet auf den entlegensten Tisch.*
WALTERSHAUSEN *herablassend:* Danke, ick stehe lieber.
Der Saal füllt sich allmählich mit Mietern.
LENCHEN *hell:* Is Herr Jröner schon da?
Allgemeine freudige Bewegung: „Kommt denn Gröner? Gröner, der ist doch jetzt 'ne große Nummer!"
Käte tritt ein, mit ihr Grete Müller.
GRETE *zu Käte:* Ick will Ihnen wat sagen, Frollein, Ihr janzer Verein is'n Hirnjespinst. Der Herr Generaldirektor hat mir gesagt, aus unserm Haus, jawoll, aus Brunnenstraße 124, könnte er 'ne janze Menge Filmstars machen, Sie mit Ihrer Figur, wo er jetzt den Lorttellyfilm dreht, da könnten Se sehr gut 'ne Rheinnixe abjeben mit Ihrem altväter'schen Haar, Sie müßten es nur ein bißchen rötlich färben. Und Herr Piek wär doch der jeborene Rheinschiffer, und Egon kommt sowieso in die Geschäftsleitung, hat der Herr Generaldirektor gesagt. – Kellner, 'n Tschin fis.
KELLNER: Ham wa nich.
GRETE: Na, dann 'ne Weiße mit Strippe.
Zwei Herren im schwarzen Gehrock erscheinen. Gemurmel: „Det sind die vom Wohnungsamt."
Der Saal ist voll.
PAULE *läutet, eröffnet die Versammlung:* Hochjeehrte Nachbarn, Hausgenossen und Mitglieder des Vereins: Haus im Grünen! Ick sehe, daß Sie hier sehr zahlreich versammelt sind und begrüße Sie im Namen des Vorstandes des Vereins „Haus im Grünen", wie auch im Namen des uns nahestehenden Vereins „Felsentreu", der vorläufig durch seine eigene Sitzung im Erscheinen verhindert ist, aber mir soeben Mitteilung durch den Vorsitzenden, Herrn Gröner, den ich zu seinem Siege, der wo aus unserer Mitte hervorjegangen is, im Namen des Vorstandes feierlich begrüße *donnernder Applaus,* indem ja die

Ziele des Vereins „Felsentreu" und die Ziele des Vereins „Haus im Grünen" letzten Endes, soweit sie der Bekämpfung der heutigen Mißstände ins Auge treten, stets in einer Richtung, nämlich die Befreiung von de Aasgeier des heutigen Hausbesitzerwesens Hand in Hand gehen, unbeschadet um die Fragen der Taktik, wo dem einen die janze Richtung nicht radikal jenug erscheinen mag, während auf der andern Seite 'n flotteres Tempo in der Beseitigung der eingerissenen Mißstände zu betonen ist. In diesem Sinne eröffne ick die heutje Generalversammlung und begrüße die Herren Vertreter des Magistrates, insbesondere die Herren von's Wohnungsamt, die ihr pflichtjemäßes Erscheinen von ihrem Jewissen herjerufen hat.

FRANZ *hat sich schon erhoben, räuspert sich und will das Wort ergreifen, Lenchen applaudiert schon.*

PAULE *setzt aber fort:* Ick möchte nur eine Bemerkung vorausschicken. Wenn in diesem Saale nämlich ein Indifiduum anwesend ist, das zum Alexanderplatz in jeheime Beziehungen steht, so möchte ich den betreffenden Herrn vorläufig in aller Jüte den gutjemeinten Rat geben, soffort, aber möglichst postwendend, etwas frische Luft in dem eben renovierten Naturgarten zu schöpfen. *Pause.* Es ist dies zu meinem Bedauern nicht der Fall, der betreffende Herr wird sich die Folgen selber als eijene Konsequenz zuzuschreiben haben, ick übernehme für den betreffenden Herrn, was seinen künftigen Jesundheitszustand anbetrifft, nicht die jeringste Verantwortung ... Und nun erteile ich dem Referenten, unserem Hausgenossen Leopoldsgruber, zu seine sachlichen Ausführungen das Wort.

FRANZ *erhebt sich:* Hochgeschätzte Hausgenossen, geehrte Versammlung!

WALTERSHAUSEN *unterbricht:* Zur Geschäftsordnung!

PAULE *schwingt die Glocke mörderlich:* Es hat sich eine Persönlichkeit, über die ick mir nich äußern will, zur Jeschäftsordnung jemeldet. Sollen wir die betreffende Persönlichkeit, gegen die, offen gesagt, ein Odium vorliegt, det Wort erteilen?

GRETE: Wat heißt Odium? Wo er vom Generaldirektor beauftragt is!

PAULE *mit der Glocke:* Indem kein Widerspruch erfolgt, beschließt die Versammlung, der betreffenden Persönlichkeit mit beschränkter Redezeit das Wort zu erteilen. *Lärm.*

WALTERSHAUSEN *hastig:* Infolge unaufschiebbarer Geschäfte muß ich die hochverehrte Versammlung in fünf Minuten verlassen, aber unser Hausbesitzer, Herr Generaldirektor Landsberger vom Apollofilm, hat sich heute in einer Konferenz beim Herrn Oberbürgermeister in großzügigster Weise bereit erklärt, auf unsere Siedlung eine zweite Hypothek mit 26 000 Mark zu sieben Prozent zu geben, wodurch die Fertigstellung im großen ganzen garantiert ist.
Heftige Unterbrechungen: „Was steckt da für ein Schwindel hinter!? Nieder mit Landsberger! Nieder mit Apollo! 'Raus mit Egon, 'raus, 'raus, 'raus!"
LENCHEN *erregt:* Wenn der Generaldirektor die Hand im „Haus im Grünen" hat, der Mann, der unseren Weltmeister Gröner von seine käuflichen Auspfeifer verfoljen ließ, der Mann, wo uns sofort auf die Straße setzen will, wenn der Apollo ... *stockt vor Aufregung*
PAULE: Jenossin Lene, Sie haben jarnich das Wort ... *es wird still.* Betreffend der Persönlichkeit, die den Vorschlag des Herrn Generaldirektors vom Apollofilm unterbreitet hat, möchte ich jezwungenermaßen den Wunsch Ausdruck verleihen, daß der betreffende Herr uns einmal *mit einem energischen Griff in Waltershausens Brusttasche eine Brieftasche hervorziehend* in seine Lejitimation Einblick jestattet. *Er schüttet die Papiere aus der Brieftasche, hebt eine Karte hoch.* Unterschrift: Polizeipräsidium, Abteilung I A!
Große Bewegung
Sehr energisch. Ich fordere das Orjan des Polizeipräsidiums auf, die Sitzung in seinem eijenen Interesse, aber blitzschnell, zu verlassen.
Furchtbarer Tumult.
Es bildet sich eine Gasse, durch die Waltershausen unter Ausrufen: „Ich protestiere! Das ist 'ne glatte Freiheitsberaubung ... Sie werden mich kennenlernen ... Jott sei Dank, es gibt noch Behörden *immer heftigere Rausrufe* und *schreiend* 'n Strafgesetz ... Grete, du bleibst?" *sich hinauswindet. An der Tür:* „Grete, und du bleibst?"
GRETE *verlegen-frech:* Nee, ich halte mir passiv!
PAULE: Nachdem nun die Atmosphäre jereinigt ist, fordere ich den Referenten auf, zu seine sachliche Ausführungen das Wort zu ergreifen.
FRANZ *hüstelt, stockt, kommt allmählich in Schwung:* Hochgeschätzte Hausgenossen, geehrte Versammlung! Vor allem bitte ich Pardon,

wenn meine Ausdrucksweise, indem ich am Donaustrande das Licht der Welt erblickt habe, nicht ganz tadellos hochdeutsch sein sollte, ich werde mich bemühen, die deutsche Sprache, trotzdem daß ich ein Wiener bin, genügend zu beherrschen. Meine Herrschaften, der Tag, an dem dieser Haderlump, der Scheneraldirektor vom Apollo, uns alle auf die Straße setzen wollte, ist insofern ein Glückstag für uns geworden, indem uns die Gemeinde, reschpektive das Wohnungsamt, reschpektive die Siedlungsgenossenschaft, sofort unter die Arme gegriffen hat. Die Lage des „Hauses im Grünen" an der schönen grauen Panke ist ideal, es bestehen sozusagen Kommunikationen reschpektive Untergrund und Stadtbahn, aber heutigentags muß eine Siedlung technisch eins a sein. So zum Beispiel sind die Zeiten vorbei, wo die Weiber in 28 Küchen für 28 Familien das Essen zubereitet haben, infolgedessen ham wir *eine* Küche für alle ausgebaut, die meine Frau Mutter trotz ihres Alters
Hochrufe auf Frau Leopoldsgruber; sie verbeugt sich dankend
führen wird. Es wird in jeder Etasche ein Aufzug, reschpektive Lift für die Mahlzeiten eingebaut, womit auch das Geschirr behufs Abwaschung hinuntertransportiert wird. *Applaus.* Ferner kann man sagen, die Zeiten, wo die Parteien um die Waschkuchel, Verzeihung, die Waschküche, gestritten haben, sind endgültig beseitigt. Die Maschine muß die zarte Frauenhand ersetzen und ebenso ein gemeinsamer Spielraum für die Kinder der arbeitenden Frauen. Indem wir auf der Höhe der Technik stehen, wird auch auf die Staubsauge und – bitte um Entschuldigung, daß ich diesen Punkt berühre – auch auf die Retirade, zu deutsch: die Klosettanlage reschpektive Verwertung der Abfallprodukte gesorgt werden. In der, mit Respekt zu sagen, Stinkbude, wo uns der Apollo zusammengepfercht hat, war in jeder Etasche ein gemeinsamer Retirad, respektive Abort, und die Gerüche sind uns besonders im Sommer wohlbekannt. Meine Herrschaften, in den menschlichen Abfallprodukten, genannt Fäkalien, steckt ein enormes Kapital, bestehend aus chemischen Substanzen, die wir nicht verschleudern dürfen. *Zwischenruf: „Sehr richtig!"* Aber der Mensch strebt nach Höherem! Deshalb wird jede Wohnung einen Radioapparat erhalten und durch einen zweckmäßigen Einbau wird es uns, hoffe ich, möglich sein, Kamtschatka ebenso schnell zu erreichen, wie Kapstadt oder San Franzisko, wodurch, kann man sa-

gen, die Verständigung unter dem arbeitenden Volk auf den verschiedenen Wellen des Äthers anstandslos erfolgen kann. *Anhaltendes Händeklatschen.* Allerdings *Leopold kratzt sich auf dem Schädel* habe ich namens der Finanzkommission einige Schatten in das sonnige Bild zu setzen. Es besteht noch ein Manko von 29 000 Mark, das heißt Manko ist vielleicht zuviel gesagt, indem wir ja – wenn es sein muß – auf die gemeinsame Küche respektive den Kinderspielraum verzichten können, was ich aber im Interesse der kommenden Generation, wo Fräulein Techow vertreten wird, bedauern müßte. Der Finanzpunkt ist halt noch immer die Achillesferse unseres Befreiungskampfes.

GRETE: Na siehste, da brauchste ja doch den Apollo!

„*Ruhe! Ruhe! Nicht unterbrechen!*"

FRANZ: Wenn Sie meine bescheidene Ansicht schweren Herzens hören wollen, müssen die Mitglieder die Beiträge erhöhen.

Bewegung. Stille. Protestrufe: „Abstimmen!"

PAULE *Glocke schwingend:* Hausgenossen, bevor wir uns in unnötige Aufregung verlieren, müssen wir unsere Lage von alle objektiven Seiten betrachten, und so erteil ich denn dem uns nicht janz fernstehenden Vertreter des Wohnungsamtes *der Beamte steht neben ihm* das Wort.

DER 1. GEHROCK *spricht ohne jede Betonung:* Verehrte Mitbürger. Als dem Amte von dem gegenwärtigen Zustande des Grundstückes und Wohnhauses Brunnenstraße 124 Anzeige erstattet wurde, hat der zuständige Referent im Sinne der Verordnung vom 6. Mai 1921 die sofortige Beseitigung der für das Leben der Bewohner drohenden Gefahrenquellen veranlaßt. Die kommissarische Besichtigung, die auf Grund des Paragraphen 21, Absatz 12, der städtischen Bauordnung vorgenommen wurde, hat jedoch die Notwendigkeit einer Evakuierung beziehungsweise Räumung innerhalb der im Paragraph 17 vorgeschriebenen gesetzlichen Fristen ergeben.

Zwischenrufe: „Wa solln woll morjen auf der Straße liegen?"

DER 1. GEHROCK *etwas irritiert:* Mit Rücksicht auf die sich ergebenden Härten hat die Behörde von einer sofortigen Evakuierung Abstand genommen. Dem Hausbesitzer wurde im Sinne der preußischen Städteordnung vom 16. Oktober 1831 die sofortige Durchführung der notwendigen Sicherheitsvorkehrungen auferlegt.

Zwischenruf: „Wat kost' die Kiste?"
LEVY: Kann er nicht rekurrieren?
DER 1. GEHROCK: Hierfür gelten die Bestimmungen des BGB ...
LENCHEN: Inzwischen krepieren wa auf der Straße.
PAULE *mit Glocke:* Ick muß doch bitten, die für uns sehr lehrreichen Ausführungen nich durch störende Jefühlsausbrüche hintanzuhalten.
DER 1. GEHROCK: Behufs rascherer Fertigstellung des in Frage kommenden Siedlungshauses sind städtische Mittel, soweit dies im Rahmen der bestehenden Kreditvorschriften zulässig war, bis zur äußersten Grenze in Anspruch genommen worden. Es wird Sache Ihrer Vereinigung sein, für das noch bestehende Vakuum die nötigen Mittel aufzubringen. *Setzt sich.*
Zwischenruf einer Frau: „Wir brauchen kein Vakuum, wir machen alles selber rein."
Rufe: „Psst! ... Mundhalten! ... Was is Vakuum? ... Is Vakuum höherer Beitrag?"
PAULE *übertönt den Lärm:* Hausjenossen! Bevor wa in den sauren Apfel der Beitragserhöhung beißen oder nich, wollen wa mal erst unsere oberste Küchenleitung in Jestalt unserer hochverehrten Mutta Leopoldsgruber anhören.
FRAU LEOPOLDSGRUBER: Lieber Paul und sämtliche anderen Herrschaften! Ich danke Ihnen für das Vertrauen, das Sie in meine Kochkunst setzen und kann Ihnen nur reinen Wein einschenken. Nämlich Sie irren sich sehr, *berlinert* wenn Sie jlooben, ick beherrsche im Laufe der 17 Jahre, die ich hierher verschlagen wurde, den Berliner Jeschmack noch nich. *Wieder ins Wienerische fallend.* Ich hab die Kriegsjahre in Neukölln mitgemacht, wo wir aus Wruken und Baumrinden panierte Schnitzeln gebacken haben.
GRETE: Wat ham Se jebacken?
FRAU LEOPOLDSGRUBER: Pardon: Wiener Schnitzel. Aber ick beherrsche den norddeutschen Küchenzettel. Bei mir können Sie Königsberger Klopse, Eisbein, falschen Hasen und Buletten kriegen, wie bei Muttern, das habe ich gelernt, weil mein zweiter Mann, der selige, der vor Verdun gefallen ist, leider lieber das G'frast gegessen hat, wie Backhendl mit Salat, und das kann ich sagen, meene Kartoffelpuffer sind berühmt! Aber ich will Ihnen keine übertriebenen Hoffnungen machen, bei mir gibts keine Extrawurscht, der Herr in der Küchel

bin ich! Sie können Wünsche äußern, oder mir Ihre Leibspeis aufschreiben, aber in der Küche, da herrscht der Tscharismus. Ick kann net jeden Tag a Volksversammlung abhalten. Eins kann ich noch sagen: Körberlgeld gibts bei mir net. *Geflüster.* Sie werden do wissen, was Körberlgeld is? Körberlgeld is das, was jede Köchin beim Einkaufen einsteckt. I werd' Ihnen natürlich auch unsere Wiener Kost vorsetzen, aber nur am Sonntag: Powidldatschkerln, Millrahmstrudel, Gselchtes mit Kraut, *die Rührung überkommt sie* Zwetschenknödel und g'füllte Paradeiser *sie kann nicht weiter*

PAULE *Glocke schwingend:* Fräulein Techow!

KÄTE *sehr leise und schüchtern:* Ich bin keine Rednerin!

GRETE: Lauter! Lauter!

LENCHEN *wütend zu Grete:* Wo sie doch das erste Mal in einer Versammlung is!

FRANZ: Nur Courasch, nur net einschüchtern lassen!

KÄTE *immer fester:* Die Beitragserhöhung ...

Unterbrechung: „Nein, nein! ... Was denn? Ruhe!"

Ich wollte ja gerade sagen: die Beitragserhöhung ist unmöglich. Wir müssen eben das Phantastische, das Herrn Leopoldsgruber so oft vorschwebt ...

FRANZ *tief gekränkt:* Wer ist phantastisch? Ich? Phantastisch?

KÄTE: Franz, das ist das Schöne an Ihnen! Daß Sie immer gleich im Himmel sind ...

FRANZ *erregt:* Ich – im Himmel? Das verbitt' ich mir!

Lärm, Gelächter, die Versammlung wird immer unruhiger, auch Paules Glocke wirkt nicht mehr.

Da tritt Gröner mit den Zimmererleuten ein. Jubelnder Empfang, Paule läutet wie toll. Lenchen schreit: „Hoch, hoch, hoch!" Alles umringt Gröner. Das Lied des Vereins „Felsenfest" wird stehend gesungen. Nachdem einigermaßen Stille eingetreten:

PAULE: Ich begrüße den uns nahestehenden Verein „Felsenfest" und ganz besonders dir, Willi. Du hast das Haus Brunnenstraße 124 mit einem Schlage deiner wohljebauten Rechten berühmt gemacht, und wenn auch ein Wermutstropfen in unseren alljemeinen Glücksbecher fällt, indem du ja bald als Weltmeister dem ollen Europa die längstverdiente Rückseite zudrehen wirst, so hat es uns doch jefreut, daß du jewissermaßen aus unserem Schoße entsprungen bist, deshalb stimmen Se mit mir ein: Der Führer des Vereins „Felsentreu", der Sieger und kommende Weltmeister, unser oller Jröner, hoch, hoch, hoch! *Toller Jubel.* Und nun zu dem mißlichen Punkt zurück, betreffs unserer Achillesferse, wie Franze janz richtig betont hat und wie uns eben von seiten der Behörde nahejelegt wird. Vielleicht hätten wa die anjebotene Hypothek des Jeneraldirektor vom Apollofilm doch nich so kurz ausschlagen sollen?

GRÖNER *steht auf:* Was, Apollofilm? Hör ich recht? Wenn der Apollo mittut, ist für mich kein Platz da! Paule, weißt du, was der Generaldirektor an mir verübt hat? Weil ich ihn als Manager abgelehnt habe, hat er rings um die Seile seine Leute hingesetzt, die mich durch Beleidigungen und Schimpfworte aus meiner Ruhe bringen sollten, jawohl, der Schubjak!

LENCHEN: Pfui!

GRÖNER: 36 Leute hat er reingesetzt, bloß um auf meine Nerven herumzuklimpern. Aber ich kann euch sagen, so wahr wir „Felsentreu" sind, wir werden dem Apollo einen Besuch machen, daß sein janzes Belvedere erzittern wird.

Die Zimmerer applaudieren im Takt.

PAULE: Wille! Det is eine sehr jesunde Anrejung! Aber es jehört nich zur Sache. Wir sind bei unserer Achillesferse stehenjeblieben …

GRÖNER: Ich komme ja schon auf den Hauptpunkt. *Feierlich werdend.* In der soeben stattgefundenen Vorstandssitzung hat der Verein „Felsentreu" beschlossen, daß unsere Leute den Bau des „Hauses im Grünen" in eigene Hand übernehmen sollen.

LENCHEN: Gröner hoch!

Rufe: „Still!" … Es wird lautlos ruhig.

GRÖNER: Und zweitens hat der Verein „Felsentreu", welcher durch die Spende eines Mitglieds, das nicht genannt sein will, –

Lenchen: Aha!

GRÖNER: zu größeren Einnahmen gelangt ist, die zweite Hypothek für das „Haus im Grünen" aufgebracht, so daß wir hoffen dürfen, daß wir in spätestens drei Monaten unter Dach sind.

Jubelnde Zustimmung, Händeklatschen, Bewegung.

PAULE: Willi, kann ich det ins Protokoll setzen?

GRÖNER *großartig:* Felsentreu und felsenfest!

Erneuter Jubel.

ZIMMERER *singen:* Arbeitsmann, was ist das Beste?
Felsentreu und felsenfeste
zimmern wir das Leben neu,
felsenfest und felsentreu!
LENCHEN *ganz begeistert:* Singt doch mit ... Felsenfest und felsentreu.
Frau Leopoldsgruber, Käte, Franz, sogar Grete singen im Chorus: „Felsenfest und felsentreu ..."
Die beiden Gehröcke heben die Hände, sie melden sich zum Wort, es tritt Stille ein.
PAULE *Glocke schwingend:* Ick sehe, die Herren Vertreter des Wohnungsamtes melden sich zum Wort, ick ahne, daß sie in unseren Begeisterungstaumel 'n Haken jefunden haben. Da muß ick vor allem die Hausjenossen ersuchen, die drohend bevorstehenden behördlichen Äußerungen mit Anstand und jebührender Fassung entgegenzunehmen.
DER 1. GEHROCK: Im vorliegenden Falle erheben sich noch immer Schwierigkeiten, die sich aus der ersten Verordnung betreffend die notwendig gewordene Räumung im Sinne der städtischen Bauordnung, Paragraph 21, Absatz 12, ergeben.
Aufgeregter Zwischenruf: „Was meint denn der Paragraphenfritze?"
DER 1. GEHROCK *fortfahrend:* Dem Wohnungsamt steht im Falle der Weigerung oder Rekursergreifung von seiten des Hauseigentümers beziehungsweise seines Vertreters eine exekutive Gewalt nicht zu.
Zwischenrufe: „Schluß! Schluß! Wer versteht denn so'n Quatsch? Soll'n wa unsere Klamotten in Friedrichshain stellen?"
PAULE *Glocke:* Vielleicht ist der andere Herr Vertreter so freundlich, uns die Mitteilungen seines Herrn Kollegen in einer menschlich verständlichen Weise zu Jemüte zu führen.
DER 2. GEHROCK *leise sächselnd:* Meine sehr geehrten Damen und Herren. Dank dem hochherzigen Beschluß des Vereins „Felsentreu" können Sie am 1. September Ihre Siedlung beziehen. Das Haus Brunnenstraße 124 jedoch muß am 1. Juni geräumt werden, wenn der Hauseigentümer die ihm vorgeschriebenen Sicherungsmaßnahmen nicht vornimmt. Da müssen Sie nun zusehen, wie Sie über die Zwischenzeit hinwegkommen.
Erregung – gedrückte Stille.
LENCHEN *schrill:* Soll'n wa alle bei Mutter Grün übernachten?

Zwischenrufe: „Da rücken wir eben dem Apollo auf die Bude ..."
GRÖNER: Ich bin Quartiermacher, wenn's sein muß.
Zwischenruf: „Das Aas hat 'ne Zehnzimmerwohnung."
KÄTE: Ist denn der Herr Landsberger heute nicht eingeladen?
PAULE: Ick stelle laut vorliegendem Empfangsschein *holt Zettel hervor* fest, daß Herr Generaldirektor Salomon Landsberger, Kurfürstendamm 67, janze erste Etage, per eingeschriebenem Brief zu heute einjeladen is. Der Herr Jeneraldirektor hat es aber vorjezogen, uns nich zu besuchen.
LENCHEN: Na, dann besuchen wir ihm! Herr Jröner, Sie kommen doch mit?
GRÖNER: Hab mich noch selten so auf 'ne Visite gefreut.
Zwischenruf: „Heut abend is es wohl schon zu spät?"
PAULE *mit glättender Geste:* Dat muß alles organisiert werden ... ich schlage ein engeres Komitee vor, bestehend aus Gröner *Hochrufe,* Leopoldsgruber *Hochrufe* und meine Wenigkeit *Hochrufe.* Wir wer'n det Kind schon schaukeln! *Großer Jubel.*
DIE GEHRÖCKE *erheben sich:* Unsere weitere Anwesenheit erübrigt sich wohl?
PAULE: Wir danken die Herren vom Wohungsamt *die Gehröcke ab* und schreiten nunmehr zum intimeren Teil des Abends. Vor allem obliegt mir die Pflicht, dem janzen Verein „Felsentreu" den Dank der Hausgenossenschaft in einer würdigen und jemütlichen Form auszudrücken, besonders wejen Unjenannt und doch bekannt; Willi, reich mir feierlich die siechjekrönte Tatze, und außerdem kannst du ... det verfüje ich als Obmann ... einem weiblichen Mitglied von's „Jrüne Haus" einen Gründungskuß überreichen!
Die Damen stehen um ihn herum.
GRÖNER: Da wird mir die Wahl schwer ... Also erstens, Mutter Leopoldsgruber *umarmt sie* – aber das gilt noch nicht und dann – *sieht sich um*
GRETE *sich an ihn drängend:* Sie sind ja der reene Paris!
GRÖNER: Hat der Generaldirektor Sie schon geprüft?
GRETE: Glooben Sie, aus purem Jenußvergnügen geh ich zu dem Dikken? Aber der Mensch muß doch Karriere machen.
GRÖNER: Muß er? Und wenn der Preis zu hoch ist?

GRETE: Det lassen Sie mal mir üba. Wenn's zum Zahlen kommt, drick ick mir immer.
GRÖNER: Da seh ich mich lieber woanders um *sein Blick fällt auf Lenchen.*
Die Zuschauer klatschen.
Lenchen steht ganz abseits in einer Ecke.
PAULE: Trau dir nur ran, Lenchen.
Lenchen fällt Paule um den Hals – vor Glück weinend.
GRETE *in der Tür:* Jott, o Jott, fehlt nur noch der Operateur.
Alle entfernen sich.
PAULE: Jröner, Franz, wir bleiben ... *bedeutungsvoll.* Ich eröffne die Sitzung des engeren Aktionskomitees!
Draußen hört man das Zimmererlied.

Vorhang.

6. Bild

Sturm auf Apollo

Unten: Wartezimmer der Apollo-Filmgesellschaft.
Oben: Direktionszimmer des Generaldirektors Landsberger.
Die untere und die obere Bühne sind rechts durch eine Wendeltreppe miteinander verbunden.
Das Wartezimmer – nichts als Bänke an den kahlen Wänden – liegt im Halbdunkel. Auf den Bänken merkwürdige Gestalten, Filmstatisterie, Dicke und Zwerge, eine Riesendame in großer Robe, einige Nutten mit überkreuzten Beinen, billige Eleganz, malerische Greise. Sie flüstern ...
Das Direktionszimmer sieht man durch eine große, milchweiße Glaswand. Die Silhouetten zeichnen sich auf der Glaswand ab.

PACHNICKE *Hilfsregisseur unten im Wartezimmer:* Dann brauchen wir noch 'n paar Zwerge für den Loreleifilm. Sind Zwerge da?
Drei kleine Männchen schwingen sich von den Bänken.
PACHNICKE *zum kleinsten, bärtigen:* Du wärst ja ganz brauchbar als Flußzwerg. Kannst du auch singen? Vielleicht wird's ein Tonfilm.

DER KLEINSTE ZWERG *ganz dünnes Stimmchen:* Solo kann ich nicht singen, aber im Chor.
ZWEI ANDERE ZWERGE *eifrig:* Bitte, wir singen auch solo. Wieviel Aufnahmetage?
PACHNICKE: Fragt doch nicht so dämlich! Glaubste, so 'nen Rheinzwerg kann man wochenlang genießen? Zwei Tage, höchstens drei! Mit Gesang 5,50 – ohne Gesang 2,80.
ZWERGE *murmelnd, erschrocken:* Zwo Mark achtzig!
Das Gemurmel setzt sich fort. Die Statisten auf den Wartebänken flüstern einander zu: „Gott ... zwei Mark achtzig. – Zwei Mark achtzig, hat er gesagt. Nicht möglich! ... Drei Mark ist doch Tarif!"
DER KLEINSTE ZWERG: Und das Fahrgeld?
PACHNICKE *grob:* Dir werd ich wohl noch im Auto abholen?
RIESENDAME *in großer Robe, tritt vor, sehr energisch:* Das Fahrgeld wird immer ersetzt!
PACHNICKE: Wer verhandelt denn mit dir? Du bist wohl ooch 'n Rheinzwerg?
RIESENDAME: Bitte mich nicht zu duzen! Ich bin herzoglich-anhaltische Kammersängerin!
PACHNICKE *starr:* Haste so wat erlebt!? Ihnen muß ick woll Exzellenz titulieren? *öffnet die Tür* Rrrrrraus!
RIESENDAME: Oh bitte, *empört* das muß in die Zeitung!
PACHNICKE *ihr nachrufend in der Tür:* Natürlich! Loof zum Morgenblatt, inserier 'ne Seite! *hereinkommend* Blöde Kuh!
EIN NUTTCHEN *wagt es, näherzukommen:* Herr Regisseur, wir warten schon seit zwei Uhr.
Gemurmel: „Seit ein Uhr ... seit zwölf Uhr ..."
PACHNICKE *auf die Uhr sehend:* Ist doch erst dreiviertel sechs. *Verdrossen, diktatorisch* Die Herrschaften können gehen. Schluß!
DIE NUTTEN *murmeln im Flüsterchor:*
Wir haben Zeit ... wir warten gern,
Immer freundlich mit dem Herrn ...
Wir warten gern, wir haben Zeit ...
Nur keine Unfreundlichkeit.
PACHNICKE: Alles jeht, bis uf die Zwerge und die Rheintöchter ... und ... *sich erinnernd, daß er die Riesendame hinausgeworfen hat* äh – die

Mutter der Lorelei – die doofe Exzellenz – wo is se denn hin? Hol sie der Deubel!
Grit tritt ein mit Waltershausen.
GRIT: Tag, Aujust!
Oben an der Glaswand taucht die mächtige Silhouette Landsbergers an seinem Schreibtisch auf. Man hört seine elektrische Klingel und ihn rufen: „Pachnicke ... Pachnicke!"
PACHNICKE *schwingt sich gehorsam die Wendeltreppe hinauf, seine magere Silhouette stehend neben Landsbergers fettem Oberleib:* Herr Generaldirektor, ich bin schon da! Was steht zu Diensten, Herr Generaldirektor?
LANDSBERGER: Der Kerl von der Brunnenstraße!
PACHNICKE *ruft hinunter:* Egon ... Egon ... der Herr Generaldirektor wartet schon!
Geflüster der Wartenden: „Der Generaldirektor ist da – Der Generaldirektor!" Melodie des Flüsterchors.
Egon oben bei Landsberger. Pachnicke nach unten.
LANDSBERGER: Zigarre gefällig, Waltershausen? *Man sieht die Silhouetten der beiden Raucher.* Also, wie war's gestern? Die Sache geht ma nich genügend geräuschlos. Was nutzt mir die Räumung, wenn ich die ganzen Parteien am Buckel habe. Das kann mich schweres Geld kosten! Könnten wa nich noch zwei, drei Mieter auf unsere Seite bringen?
WALTERSHAUSEN: Die janze Blase hält zusammen wie Kletten. Nu sind sie noch übergeschnappt durch den Zufallssieg von dem Gröner. Die Leute sind ja bis zu Handgreiflichkeiten imstande. Sie sollten man hier auch ein paar Schupos aufbauen, man is ja seines Lebens nich mehr sicher.
LANDSBERGER *ihm auf den Bauch klopfend:* Na, wat haben sie denn jestern mit dir vorjehabt, Kleener, du bist ja so bange.
WALTERSHAUSEN: Ich sage Ihnen nochmals, rufen Sie's Revier an!
LANDSBERGER *paffend:* Immer gleich die Polizei ... Polizei is unangenehm, da haben wir sofort die Zeitungen am Hals ... 'N Filmunternehmen muß populär sein. Merken Sie sich das, Waltershausen, und dann jehen Sie ... Sagen Sie Pachnicke, wenn ich läute, soll er die Mädchen der Reihe nach raufschicken, ich will nicht gestört sein.
Waltershausen nach unten.

WALTERSHAUSEN: Pachnicke, wenn der Apollo läutet, solln Se die Mädchen raufschicken, aber jede solo. *Zu Grit:* Ich muß jehn. Hast dir alles gemerkt? Jetzt fasse die Atouts in der Hand, verstanden? Heut mußte den Vertrag rausschinden. Er muß zappeln, nich du!
GRIT: Was du sagst ... Willst du mir unterrichten, wie man Männer fesselt? Ihr seid ja alle zum Kotzen! Schieb ab, oder!
WALTERSHAUSEN *ganz erstaunt:* Was haste denn? 'S is ja alles janz jut, 's klappt doch ... Ich bin unten im Café *ab.*
PACHNICKE *unten, zu der wiedererschienenen Riesendame:* Wat loofste denn weg? Für dich hab' ich doch 'ne Prachtrolle! Vier Tage. Mutter der Lorelei. Kannste singen?
RIESENDAME *stolz:* Ich bin Wagnersängerin!
PACHNICKE: So siehste aus ... Also vier Tage. Wahrscheinlich stumm. Sechs Mark dreißig pro Tag und Fahrtspesen.
RIESENDAME *indigniert:* Sechs Mark dreißig. Ich bin herzoglichanhaltische Kammersängerin!
PACHNICKE: Jewesen!
Die Statisten kichern devot: „Jewesen! ... Sie is jewesen! ... Jewesen ... jewesen!" Flüstermusik.
PACHNICKE: Also acht Mark fuffzich und Fahrtspesen.
RIESENDAME: Unter elf Mark tritt Rita Materna nicht auf.
PACHNICKE: Abjemacht! Elf Mark. Montag früh sechs Uhr dreißig, Neubabelsberg *schreibt ihr einen Zettel.*
LANDSBERGER *oben, läutet:* Pachnicke! Pachnicke!
Pachnicke will gerade hinaufgehen, da treten Leopoldsgruber und Piek ein. Sie erwischen Pachnicke gerade am Rockzipfel und halten ihn fest.
PAULE *dumpf:* Wir müssen Herrn Landsberger sprechen!
PACHNICKE: Wer sind Sie?
PAULE: Wir sind Brunnenstraße 124 ... Dringende Sache!
LANDSBERGER *läutet oben wie wild:* Wo steckt denn der Schweinehund? ... Pachnicke! ...
PACHNICKE: Die Herren müssen warten! *hinaufrufend* Sofort, Herr Generaldirektor! Sofort. Einen Moment, meine Herren. Ich werde Sie anmelden, bitte, nehmen Sie Platz. *Fliegt die Treppe hinauf.* Bin schon da, Herr Generaldirektor!
PAULE *zu Franz:* Ick setze mir erst jar nich nieder!
FRANZ: Laß mich reden, Paul, du machst gleich Krach!

PAULE *dröhnend auf und ab:* Ich werde Krach machen!
Gezischel der Wartenden, versteckte Freude der Statisten: „Ach – der macht Krach! Gib nur nicht nach ... Vielleicht ein Krach." Flüstermusik.
PACHNICKE *oben:* Da sind Leute von der Brunnenstraße.
LANDSBERGER: Soll'n warten ... Is die kleene Müller da? Und wer is vor ihr?
PACHNICKE: Die Leute sind sehr uffjeregt.
LANDSBERGER: Ich ooch ... Ham Sie ooch Angst, Pachnicke? Lassen Se de Leute erst auskühlen ... wenn einer nur lang jenug schmort, macht er keen Krach.
Die Statisten flüstern: „Ach, keen Krach? ... Gebt ihm nicht nach. 'N kleenen Krach." Flüstermusik
GRIT *unten:* Krach is doch gar nich nötig! Herr Piek! Egon sagt, der Herr Generaldirektor is 'n janz umjänglicher Herr. *Geschwätzig* Egon sagt, 'n Mann wie Sie oder wie der Herr Gröner könnte durch den Apollofilm sein Glück machen.
PAULE: Wir werden deinem Apollo zeigen, was 'ne Harfe is. Vastehste? Schande jenuch, daß du dich hier herumschmierst. Wenn ich das Jröner erzähle, wo der Mann Ihnen immer noch die Stange hält.
PACHNICKE *ist die Treppe heruntergestürzt:* Fräulein Schulz ... nach oben!
Die Wartenden zischeln: „Fräulein Schulz ... nach oben."
Fräulein Schulz die Treppe hinauf, ein bleiches, 17jähriges Proletariermädchen.
PACHNICKE *im selben Moment zu Paule:* Leider, leider ... der Herr Generaldirektor is in 'ner wichtigen Konferenz. Wenn die Herren warten wollen ...
Die Statisten kichern: „Wichtige Konferenz ..."
Flüstermusik: „Landsberjers Lenz ..."
Einige: „Man kennt's ... Man kennt's."
Andere: „'Ne Konferenz!"
PAULE: Wat heeßt hier Konferenz? Konferenz is, wenn eener nich zu sprechen is. *Breit.* Sagen Sie Ihrem Apollo, hier is die janze Brunnenstraße!
PACHNICKE: Ich darf jetzt nicht stören.
FRANZ *begütigend:* Geh' du, Paule, ich werd' warten.
PAULE *hängt sich aus seinem Arm:* Warten? ... Wir? Na, dazu sind wir nich jemäßigt jenug ... Wir jehen! Aber sagen Se Ihrem Apollogene-

ral, wir kommen heut noch wieder, in jrößerer Gesellschaft! Det schwör ich Ihnen *bedeutungsvoll* felsenfeste!
Beide ab.
Im Wartezimmer ist es inzwischen dunkel geworden. Man sieht auf der Glaswand, wie Landsberger die Jacke auszieht. Der fette Mann, Zigarre immer im Mund, schmatzt, macht sich schön, setzt sich in den Fauteuil, Beine von sich gestreckt. Er nähert sich dem verschüchterten Mädchen:
„Na, Fräulein, was is mit uns?"
GRIT *unten:* Ich sollte die erste sein!
PACHNICKE *sie betastend:* Biste bei mir die erste!
LANDSBERGER *oben zu Fräulein Schulz:* Na, Sie sollen 'ne Rheinnixe sein? *klopft ihr auf den Popo.* Bei Ihnen is ja rein nix! Hehehe!
„Der Herr Direktor hat gelacht! ...
Rein nix ... hat er gesacht ..."
Flüstermusik
LANDSBERGER: Zieh'n Sie sich aus.
Das Gezischel im Dunkel wächst zu einem unheimlichen, rhythmischen Flüsterlied:
„Ziehn Se sich aus – hat er gesagt,
Raus aus de Kleider – hat er gesagt.
Rauf mit dem Rock, und runter mit dem Hemd.
Wer zum Film geht, der geht fremd."
Man sieht hinter der Glaswand, wie Fräulein Schulz sich das Kleid über den Kopf zieht, ein siebzehnjähriges Kind.
LANDSBERGER: Sie sind mir zu mager.
Flüsterchor:
„Die is zu mager, da is nichts dran,
was dem Herrn jefallen kann.
Schlank ist Mode, schlank ist Stil,
aber der Herr Direktor braucht viel.
Ziehn Se sich aus – hat er gesagt,
raus aus de Kleider" usw. usw.
LANDSBERGER *läutet schrill:* Grit Mill!
PACHNICKE *der mit Grete in einer Ecke stand, wird unterbrochen:* Schade!
GRIT *entwindet sich ihm:* So lassen Sie mich doch!
Sie trippelt die Treppen hinauf, stößt auf das weinende Fräulein Schulz:
„Ich bin zu mager!"

LANDSBERGER *steht auf:* Na, endlich Fräulein Grete!
GRIT: Grit, bitte! –
LANDSBERGER: Sind Sie auch so mager? *fühlt sie an* Das wollen Rheintöchter sein!
GRIT *fröhlich, sich ihm entwindend:* Ist das die Priefung?
LANDSBERGER: Dalli, dalli. Ziehen Se sich aus.
Chorus der zischelnden Mädchen, die sich horchend auf die Bänke gestellt haben: „... Das ist die Prüfung!"
Flüsterchor:
„Ziehn Se sich aus – hat er gesagt.
Jetzt hat er eine, die ihm behagt.
Die is die Rechte, die versteht's,
die hat Talent, bei der da geht's.
Die zieht sich aus, uns schmeißt er raus,
verfluchte Bude, verdammtes Haus."
Grit hat ihr Kleid abgestreift. Spiel an der Glaswand. Landsberger will das Mädchen, das in Kombination dasteht, fassen, sie entwindet sich ihm. Landsberger pustet, läuft ihr nach. Ein Sessel fällt um, Landsberger hält ihren Arm, er dreht das Licht ab.
GRIT *stößt einen Schrei aus:* Oh, ... nein ... oh!
Da wird unten die Tür aufgerissen. Gröner an der Spitze der Zimmerer und der Mieter stürmt herein, die wartenden Mädchen schreien, Bänke fallen, die Glaswand zersplittert, Demolierung im Dunkeln.
PACHNICKE *noch im Dunkel:* Ich hole die Polizei. *Ab.*
Man hört plötzlich ein vielstimmiges, rebellisches, ansteigendes Lachen der Mädchen, Durcheinander der Stimmen:
Die Einen: *„Jetzt gibt es Krach,*
             Gebt nur nicht nach!"
Die Anderen: *„Ziehn Sie sich aus ... sagt er nicht mehr.*
             Der Herr Direktor ... jetzt lacht er nicht mehr."
             Flüstermusik
Die Dritten: *„Ziehn Se sich aus ... jetzt schmeißt ihn raus.*
             Verfluchte Bude, verdammtes Haus."
PAULE *oben im Dunkeln:* Wo biste, Franz?
FRANZ: Wart mal, ich such den Lichtknopf.
Es wird oben hell, die Massen unten im Dunkel.

GRÖNER *oben, er holt Grit, die in einer Ecke halbnackt versteckt war:* Ich glaube, Sie werden sich erkälten, Fräulein Müller. *Reicht ihr das Kleid.*
GRIT: Bitte sehr ... es ist nichts geschehen ... bitte sehr, gar nichts!
PAULE *holt Landsberger, der unter den Schreibtisch gekrochen ist. Zu Gröner:* Da hast du den Apollo selber!
LANDSBERGER *hat die Fassung gefunden, wieder mit Zigarre, sieht auf die zerstörte Umgebung:* Pachnicke ... Pachnicke ... sind wir gegen Überfall versichert? ... Wo stecken Sie denn, Pachnicke?
PAULE: Haben Se vielleicht jetzt Zeit zu 'ner Konferenz?
LANDSBERGER *deutet auf die zerbrochenen Stühle:* Nehmen Se Platz, meine Herren ... bißchen unbequem ... Zigarren jefällig ... wem verdanke ich den werten Besuch?
GRÖNER *nahe an ihn heran:* Zeigen Sie mir ruhig an, Willi Gröner, Brunnenstraße 124.
PAULE *neben Gröner tretend:* Paule Piek, Brunnenstraße 124.
FRANZ *als Dritter dazutretend:* Franz Leopoldsgruber, Brunnenstraße 124.
LANDSBERGER: Aber meine Herren, mit Landsberger läßt sich reden ...
PAULE: Ja, bis die Polizei kommt ... wir sprechen uns 'n andermal.
Die drei ab. Die Bühne ist oben und unten leer. Landsberger setzt sich in seinen Fauteuil, der zusammenbricht. Während er melancholisch auf den Trümmern sitzt, tritt unten die Polizei ein, drei Mann. Die Polizisten trampeln über die Wendeltreppe hinauf, stehen oben in einer Reihe.
LANDSBERGER *philosophisch:* Sie kommen mal wieder 'n bißchen zu spät – Zigarren jefällig?

Vorhang.

7. Bild

Das Atelier der Apollo-Filmgesellschaft

In der weiten Halle ist eine Felsendekoration aufgebaut für den Loreleifilm. – Der Felsen steht inmitten eines Wasserbassins. – Aus dem Wasser ragen einzelne Felsen, der höchste wird später für die Lorelei benutzt. – Vor der Dekoration ist ein mit Leitern zu erklimmender Hochsitz aufgebaut – für den Regisseur. Daneben Bänke – Tisch mit Bierflaschen. – Jupiterlampen, Reflekto-

ren, Versatzstücke. – Arbeiter, Beleuchter, Hilfsregisseure laufen geschäftignichtstuend über die Bühne. – Die Personen stolpern über den Boden. Landsberger, Pachnicke, Hilfsregisseure etc. in weißen Arbeitskitteln. Landsberger sitzt mit seinen Helfern an dem kleinen Tisch.
Ein Trupp Schupoleute tritt, militärisch, ein, zehn Mann.

FÜHRER DER SCHUPOS: Wo sind die Ausgänge?
LANDSBERGER: Pachnicke, sagen Sie den Herren Bescheid. *Zu den andern:* Auch ein Vergnügen, Lorelei mit Polizei. *Zu Pachnicke, während sich die Mannschaft verteilt:* Daß ma die bewaffnete Macht nich ins Bild kommt!
Telephon klingelt.
PACHNICKE *am Telephon:* Krank? *Zu Landsberger:* Sie sagt, ihr Mann hat hohes Fieber, er kann nicht kommen.
LANDSBERGER *stürzt ans Telephon:* Hören Sie mal, meine Liebe, 'n Regisseur kann mich doch nich mitten im Film im Stich lassen! Wissen Sie, was ein Aufnahmetag kostet? Soll Pyramidon schlucken! Ein tüchtiger Regisseur wird nur in den Ferien krank. Jawohl, das behaupte ich. Ham Sie schon mal jehört, daß Lubitsch krank war? Krankheit ist rücksichtslos. *Er hängt ab.* Pachnicke! – nu sitzen wir da mit Rheintöchter und Polizei. Der Spaß kann mich zehntausend Mark kosten. *Dreht sich um.* Warum jeht der Wasserfall nich?
PACHNICKE: Ich hab' abjestellt, Herr Generaldirektor, auch Wasser kostet!
LANDSBERGER: Richtig, Pachnicke! Aber ich will mal sehen, lassen Se fließen!
Pachnicke verschwindet hinter dem Felsen, über den sogleich Wasserfluten herunterstürzen.
LANDSBERGER *trompetend:* Mehr Wasser! Noch Wasser! Es muß Gischt sein, schäumender Gischt! Mit so'n bißchen Flüssigkeit ist mir nich jedient! Die Lorelei mitsamt de Rheintöchter muß klitschnaß werden. Die Schleier müssen an die Formen janz anjeklatscht werden. Wa müssen dem Publikum was bieten!
Jetzt stürzen schäumende Wassermassen über die Felsen.
LANDSBERGER: So is richtig, Pachnicke, stellen Se wieder ab! *Er setzt sich an den Tisch, schenkt Bier ein.* Pachnicke! Pachnicke! Trinken Sie auch 'n Glas. Die Hitze im Atelier is doch scheußlich.

DIE ZWERGE *als Flußgeister, grün kostümiert, demütig:* Herr Direktor, is es recht so?
LANDSBERGER *fachmännisch:* Schön – schön. Bißchen mehr Schilf in die Haare.
ALTER ZWERG: Herr Direktor, im Rhein is kein Schilf ...
LANDSBERGER *kurz:* Nehmen Se Schilf. In meinem Rhein *is* Schilf! Sind die Damen fertig? Sollen antreten, Pachnicke.
Es erscheinen die Riesendame als Mutter Lorelei und fünf Rheintöchter mit offenen Haaren, hochbusig im grauen Schleiergewand. Sie stehen bereit zur Manöverkritik.
LANDSBERGER *zu den Rheintöchtern:* Det Haar über die Schultern. Busen muß frei sein. Ham Se Busen? Busen wird wieder schick! *Zur Riesendame:* Und Sie? Weiße Perücke hab' ick gesacht! Wie alt glooben Se is die Mutter der Lorelei? Silberhaar! Sie sin über sechzig!
RIESENDAME *pikiert:* Verzeihen Sie, Herr Generaldirektor, ich dachte zwei-dreiundvierzig.
LANDSBERGER *überhört ihr Gerede:* Für Sie will ich wallende Schleier. Ham Se jehört? Wallend – bis zu de Füße! Wenn die Schiffer Sie so ohne sehen, rudern sie zurück.
Riesendame verletzt ab.
Telephon schnarrt.
PACHNICKE *am Telephon:* Der Arzt ... Herr Generaldirektor!
LANDSBERGER *am Hörer:* Soo? ... Blinddarmoperation? *flehend* Kann das nicht morgen geschehen? Das janze Ensemble wartet. Er muß sofort in die Klinik? ... Na scheen. *Hängt ab.* Pachnicke! *verzweifelt* Pachnikke! *in den Sessel gesunken* Der Blinddarm kostet uns zehntausend Emm!
PACHNICKE: Herr Generaldirektor, soll ich die Leute fortschicken?
LANDSBERGER *brütend:* Fortschicken? Sie sollen was sehen! Wa werden die Aufnahmen selber machen. *Klatscht in die Hände.* Beleuchtung! Wasserfall! Die Szenen der Lorelei!
Das Personal, voran die Grit-Lorelei, affektiert, etwas orientalische Schönheit mit gefärbtem roten Langhaar, die Zwerge, Schiffer, die Rheintöchter, Mutter der Lorelei, alles steht, neben der Szene, auftrittsbereit.
LANDSBERGER *vor der Lorelei:* Was für'n Kamm ham Se?
Grit-Lorelei zeigt einen kleinen weißen Kamm.

LANDSBERGER: Sind Sie meschugge? Der Kamm is doch das Wichtigste an der Lorelei! Sie tut doch nichts, als den janzen Tag kämmen, kämmen, kämmen! ... Requisiteur!
REQUISITEUR *demütig:* Hier, Herr Generaldirektor.
LANDSBERGER: Sie Trottel! Das is'n Kamm für Menjou sein Schnurrbart, die Lorelei braucht *zeigt* so'n jroßen Kamm. Sagen Se mal, kann man den Kamm nicht mit 'ner kleenen Batterie innen elektrisch beleuchten? Was sagen Sie, Pachnicke, zu der Idee? Der Kamm muß glitzern, ärger als der Rhein. Hat Ihnen das der Reschissör nich jesacht? Auch'n Reschissör! Mehr Blinddarm als Reschissör!
Requisiteur hat einen riesigen Kamm gebracht.
LANDSBERGER *zur Lorelei:* Gnädige Frau, begeben Sie sich gefälligst auf den Felsen und kämmen Se Gott behüte Ihr Goldhaar. Beleuchtung! Abendrot!
Grit-Lorelei steigt den Felsen empor und kämmt sich.
LANDSBERGER: Das nennen Sie kämmen? Das muß doch poetisch wirken! Gnädige Frau, wie Sie sich kämmen, mit die kurzen Bewegungen, das is, wie wenn Sie sich kleine Tierchen aus det Haar entfernen ... Janz langsam kämmen!
Grit-Lorelei kämmt sich langsam.
LANDSBERGER: Nee, nee, gnädige Frau, Sie sind eben det lange Haar nich mehr jewöhnt. Warten Sie, steigen Sie runter, ich werd' es Ihnen vormachen.
Während sie heruntersteigt, steigt Landsberger auf den Felsen. Er nimmt ihre Perücke mit, setzt sie sich auf und kämmt sich mit gezierter Grandezza.
Soo! Pojetisch müssen Sie sich kämmen. Probieren Sie's nochmal, gnädige Frau.
Er steigt wieder herunter. Die Lorelei sitzt in höchster Affektion auf dem Felsen und kämmt sich.
LANDSBERGER *am Regiehochsitz. Er spricht die wichtigeren Anordnungen durch ein Megaphon:* Schon besser! Aber die Finger, pojetischer auseinander jespreizt! So – und die Beene übereinander. Kniefrei! Is jut! *Zu Pachnicke:* Wir können die Rheintöchter gleich dazu gruppieren. Se blicken jebannt zur Lorelei hinauf. Die Damen haben den rechten Arm über dem Kopf und schwenken die Kränze. Weinblätter natürlich. Pachnicke, warum fehlen die Kränze ... Warum ham Se sich

nich unter de Achsel rasiert? Sie links – die Zweite! Hat Ihnen der Regisseur nich jesacht, daß alle Rheintöchter rasiert sein müssen? Herr Beleuchter, noch mehr Abendbeleuchtung ... Und da unten kribbeln die Zwerge ...
Zwerge auf der Klippe.
LANDSBERGER: Das nennen Sie kribbeln? ... *Megaphon* Jetzt paddeln langsam die Schiffer in ihre Boote auf den Felsen zu ... Und nun guckt alles sehnsuchtsvoll zur Lorelei hinauf! Das nennen Sie sehnsuchtsvoll? Der Dicke da im Boot! Wollen Se austreten? ... So, jetzt Wasserfall! ...
Wasser.
Halt! – zurück! – ick hab' ja die olle Lorelei vajessen. – Frau Materna, die Mutter! ... Sie stellen sich über die Lorelei ... zwei Stufen höher! – und segnen Ihr Kind ... Wasserfall! ... Wasserfall!
RIESENDAME *schreit auf:* Ich werde ja vollkommen durchnäßt!
LANDSBERGER: Herr Operateur, wat sagen Sie? Is die Szene poetisch? Ham wa det nich schön rausjebracht? Also, – alles bereit? ... Aber der Wasserfall stockt! Pachnicke, wat is denn? Der Wasserfall is nich da! Moment, Herrschaften! ... Zum Deubel, wo is det Wasser? Hörense nich, Pachnicke? *brüllt* Wasser! Wasser!
PACHNICKE *hinter dem Felsen:* Herr Generaldirektor, die Anlage versagt!
LANDSBERGER: Wat heeßt versagt? Der Wasserfall kostet mich zwölftausend Mark.
PACHNICKE *stöhnt:* Die hydraulische Presse is kaputt.
LANDSBERGER: Unerhört! Holen Sie den Ingenieur! Fünf Minuten Pause! Holen Sie auch den Maler. Bringen Sie der gnädigen Frau eine kalte Ente und 'n paar belegte Brötchen.
Nixen, Grit-Lorelei, Zwerge essen Stullen, trinken Bier.
GRIT-LORELEI *während sie Stullen ißt und von Zeit zu Zeit einen Schluck aus der kalten Ente nimmt:*

1.
Beim Film is jarnich übel, doch
'ne ziemliche Strapaze,
man kann mir's nich verdenken, wenn
ich zwischendurch eins schmatze.
So'n Zwischenakt mit ner belechten Schrippe,

die ich in Sekt mit Schorle Morle stippe.
Eh wir wieder toben,
trinken wir ein Glas.
Eine kleine Pause einjeschoben,
eine kleine Pause, das macht Spaß.

Aber dann gehts wieder los
und dann gleich ins Volle.
Vorhang hoch und Beine bloß
und ne feine Rolle.
Klein der Direktor, aber jroß das Haus,
dann haste Beifall, dann haste Applaus.

2.
Mein Erster, was so Erster heißt,
das war ein kesser Bengel.
Und knutschte er mich gar zu sehr,
dann bat ich ihn: Mein Engel,
ich weiß ja, was ich gerne hab, das tuste,
jestatte, daß ich mir einmal verpuste.
Eh wir weiter lieben,
Schatz, laß dich erflehn,
eine kleine Pause einzuschieben,
eine kleine Pause is so schön.

Mancher hat mich rumgekriegt,
den ich nicht mehr möchte.
Mancher hat mich sehr vergnügt,
aber war's der Rechte?
Den Letzten, Besten suchste selber aus,
dann haste Beifall, dann haste Applaus.

3.
Und fahr ich meinen Royal Royce
und tanz im Esplanade
und treffe meine Sonnyboys
im Lunawellenbade –,

ne kleene Grippe schmeißt dir übern Haufen,
dann kannste dir ne schwarze Kiste kaufen.
Ehe wir et jloben,
wird in unsern Spaß
eine kleine Pause eingeschoben,
eine kleine Pause unterm Gras.

Darum Mädel, halt dich ran,
spiele deine Rolle.
Was man heut erleben kann,
ist das Wundervolle.
Mit einem Male is ja alles aus,
drum heute Beifall, heute noch Applaus.

4.
Nu noch ne Zigarette schnell,
solang sie zu erschwingen,
eh es die neuen Steuern gibt,
die wo uns ganz verschlingen.
Das Jas wird teurer und die Straßenbahnen,
Herr Müller, und wat Sie noch alles planen.
Ach, wenn sie uns lieben,
bitten wir sie sehr,
eine kleine Pause einzuschieben,
Sagen Sie, Herr Müller, is das schwer?

Müller, mach dich endlich frei,
in die Zukunft kieke.
Mach aus unserm Allerlei
eine Republike.
Zieh dich und uns aus dem Schlamassel raus,
dann haste Beifall, dann haste Applaus.

Maler kommt.
Landsberger wieder unten am Tischchen, schenkt Bier ein.
MALER: Sieht doch gut aus, der Felsen im Rhein!

LANDSBERGER *inspiriert:* Na, es glitzert mir zu wenig ... ich hab' da noch 'ne Idee ... im Hintergrund müßte man den Kölner Dom sehen ... oben hinter dem Felsen müßte der Dom aufblitzen. – Übrigens, sagen Sie, warum sieht man keinen Wein? Ham Sie schon 'n Rheinfilm ohne Wein jesehn?
MALER: Auf dem Felsen der Lorelei? Ein Felsen mit Wein?
LANDSBERGER: Machen Sie mir auf der linken Hälfte einen Weinjarten. Ein paar Stöcke wenigstens müssen wa ham. Das wirkt poetisch.
PACHNICKE *geknickt:* Der Ingenieur is verreist!
LANDSBERGER *aufbrausend:* Ohne Wasserfall kann ich nich arbeiten! In zehn Minuten *muß* ich Wasser ham. Sie sind entlassen, Pachnicke, wenn der Wasserfall nich da is ... Wer kann denn das kaputt jemacht haben? Wieder die Brüder aus der Brunnenstraße?
PACHNICKE: Ausgeschlossen, Herr Generaldirektor, das Atelier ist Tag und Nacht bewacht.
LANDSBERGER: Zustand! ... Wer könnt' das sofort repariern?
PACHNICKE: Ich hätt 'ne Idee. Aber es is einer von die Brüder. Da draußen in der Brunnenstraße wohnt so'n merkwürdiger Mensch, 'n Wiener, so'n Schraubenfritze, aber natürlich, er is von der feindlichen Partei.
LANDSBERGER *naiv:* Feindlich? Wat heißt feindlich? Feindlich is, wer dat Jeschäft stört.
PACHNICKE: Ich dachte, wegen gestern.
LANDSBERGER: Denken Sie nich, Pachnicke, fliegen Sie! Jede Minute kostet! Die Leute stehen herum und fressen Geld. *Zu dem Maler:* Sie, da hab' ich noch 'ne Idee. Sind Sie musikalisch? Ursprünglich wollte ich die Lorelei auf Tonfilm montieren, aber die Sache is mir zu unsicher. Wir werden's uns billiger machen. *Schreiend, in die Hände klatschend:* Pachnicke! ... Ach so, der is weg ... Wo is die Lorelei? Wo is der Kapellmeister?
Lorelei erscheint.
LANDSBERGER: Sie singen doch, gnädige Frau? Wenn doch Tonfilm – Gottbehüte – ham Sie das Lied studiert? Gnädige Frau, woll'n wir's nich mal probieren? Steigen Sie rauf, und die Schiffer in die Boote. *Landsberger ist wieder auf dem Regisseursitz.* Die Schiffer sind doch einstudiert?
KAPELLMEISTER: Auch die Rheintöchter, sogar die Zwerge.

LANDSBERGER *kommandiert:* Musik, Herr Kapellmeister. Erst das Solo der Lorelei.
GRIT-LORELEI *singt auf dem Felsen:*
Ich weiß nicht, was soll es bedeuten,
daß ich so traurig bin?
Ein Märchen aus uralten Zeiten ...
LANDSBERGER *Megaphon:* Jenug! Singen Sie gleich die Strophe mit's Kämmen.
GRIT-LORELEI: ... Die schönste Jungfrau sitzet
dort oben wunderbar.
Ihr goldnes Geschmeide blitzet,
sie kämmt ihr goldenes Haar.
Sie kämmt es mit goldenem Kamme
und singet ein Lied dabei.
LANDSBERGER: Genug! ... Genug! ... Schiffer ... Wo schiffen Sie eijentlich, meine Herren? Sie müssen doch nahe an die Lorelei ran! Und mitsingen! Wozu kriegen Sie Gesangszulage? *Aufgeregt.* Herr Schupo, aus dem Bilde, will ma die Polizei den ganzen Film schmeißen? ... Übrigens, ich hab' ne Idee. Wat sag ich, Idee? 'ne Jeneralidee! Gottseidank, daß ich die Schose selber in die Hand genommen habe. Hörense! Die Schiffer müssen wa anders kostümieren. Wer interessiert sich heute noch für Schiffer? Die paar Hafenstädte! *großartig* Die Herren, die zur Lorelei jondeln, sind ... na, wat jlooben Se? ... Studenten! Wat soll'n se denn sein? Studenten in Samtrock mit Cerevis und Band, und die Schläger in der Hand senken sie ehrfurchtsvoll zuerst vor der Mutter Lorelei und dann vor der Lorelei selber, die wirft ihnen Kußhände zu. *Erläuternd zum Maler:* Die Straßburger Studenten kommen die Lorelei besuchen! Det wird gerade jetzt Anklang finden. Unser verlorenes Straßburg kommt wehmütig an den deutschen Rhein.
GRIT-LORELEI *vom Felsen, verzweifelt:* Aber was soll ich denn die ganze Zeit tun?
LANDSBERGER *Lautsprecher:* Kämmen Se sich! ... Immerzu kämmen!
ZWERGE *Landsberger umringend:* Kommt jetzt unsere Strophe?
LANDSBERGER: Na, denn los!
ZWERGE *singen:* Auf dem Grunde sum, sum, sum,
gehn die deutschen Geister um.

                Scheinen wir auch klein, klein, klein,
ganz hoch   unser is der deutsche Rhein.

PACHNICKE *erscheint etwas geknickt:* Ich habe den Wiener gefunden, aber leider, er weigert sich, die Leute wittern 'ne Falle.

LANDSBERGER: Is die Möglichkeit? ... Sie haben den Mann gehabt und bringen ihn nich her?

PACHNICKE *zerknirscht:* Die Mutter hab' ich herjebracht.

LANDSBERGER: Rin mit ihr. Ich wer Ihnen zeigen, wie man das diplomatisch finalisiert.

PACHNICKE *ruft:* Frau Leopoldsgruber!

Frau Leopoldsgruber will eintreten.

SCHUPO *an der Tür:* Ausweis!

FRAU LEOPOLDSGRUBER: Jessas, Polizei, da geh i wieder.

LANDSBERGER *brüllend:* Die Frau is hier beschäftigt! *Zu Pachnicke:* Mies is mir vor der bewaffneten Macht ... Setzen Sie sich nieder, liebe Frau ... Sie rauchen wol nich ... Also, sagen Sie, warum sind mir eijentlich die Parteien so feindlich? Ich will doch nichts Böses.

FRAU LEOPOLDSGRUBER *dreht sich um:* Man kann net reden, wenn die Polizei da is.

LANDSBERGER: Pachnicke, führen Sie die bewaffnete Macht ans Büfett.

Pachnicke mit den Schupos ab.

LANDSBERGER: Nu schießen Sie los, jute Frau.

FRAU LEOPOLDSGRUBER: Herr Scheneraldirektor ... A Hausherr is ma net nur am Erschten. Sie haben vielleicht gar keine Ahnung, was in Ihrem eigenen Haus vorgeht, ich möcht Ihnen auch nicht raten, jetzt in die Brunnenstraße zu kommen, die Bevölkerung sitzt auf'n Pulverfaß und Sie können der zündende Funke sein.

LANDSBERGER: Hab' gestern schon 'ne leise Mißstimmung wahrjenommen.

FRAU LEOPOLDSGRUBER: Sagen's, Herr Scheneraldirektor, tun S' so blöd oder san S' so blöd? Mir san ja alle obdachlos vom Erschten an! Außer Sie greifen in die Taschen und zahlen die Reparaturen.

LANDSBERGER: In die olle Bude noch Geld stecken, fünf Minuten, bevor sie abjerissen wird?

FRAU LEOPOLDSGRUBER: Passen S' auf, Herr Scheneraldirektor, daß Sie net selber abg'rissen werden! Ich hab die Kinder gestern auch

abg'raten, aber sie sind ja nicht zu halten, vor der Verzweiflung schützt Ihnen keine Polizei.
LANDSBERGER: Wir kommen von der Sache ab, gute Frau, es handelt sich darum, ob Ihr Sohn sofort den Wasserfall repariert oder nich.
FRAU LEOPOLDSGRUBER: Glauben Sie denn, daß er einen Schritt zu Ihnen setzen wird, solang die Brunnenstraße nicht repariert ist?
LANDSBERGER: Hier kostet mich jeder Tag zehntausend Mark.
FRAU LEOPOLDSGRUBER: Mit drei solche Täg haben S' drüben alles in Ordnung und Sie brauchen keine Polizei beim Nachtkastel.
LANDSBERGER *nach Überlegung:* Nu, sagen Sie, warum haben die Leute mir das nich schon längst gesagt?
FRAU LEOPOLDSGRUBER: Sie haben ja immer Konferenzen; der Arbeiter, sagt Franz, sitzt nicht mehr im Wartezimmer der Pourschoasie.
LANDSBERGER: Jute Frau, wa wollen uns nich in die hohe Politik verlieren, ich nehme die Reparaturen auf mich und Sie mein' Wasserfall.
FRAU LEOPOLDSGRUBER *aufstehend:* Könnten S' mir das nicht schriftlich geben?
LANDSBERGER: Sie halten mich woll für 'nen ausgekochten Schweinehund? Recht haben Se, ich geb es Ihnen schriftlich.
FRAU LEOPOLDSGRUBER *reicht ihm die Hand:* Sie sind ein ganz gemütlicher Mann, ich hol den Franzl, er sitzt eh im Wirtshaus daneben.
LANDSBERGER *allein:* Pachnicke ... Pachnicke ... Bei mir können Se Diplomatie lernen ... 's is doch niemand weggejangen? ... Ich hoffe, wir schmeißen heut noch die janze Lorelei.
FRANZ *tritt ein, grüßt:* Tag ... Leopoldsgruber.
LANDSBERGER: Wir kennen uns ... Pachnicke, führen Sie den Herrn hintern Wasserfall, aber dalli, dalli. *Er klettert auf den Regiesitz, Lautsprecher.* Die janze Szene mit Jesang nochmal.
Das Ensemble nimmt die Plätze ein.
Die Lorelei singt: „Ich weiß nicht, was soll es bedeuten."
Studenten fallen ein.
LANDSBERGER *Lautsprecher:* Die Zwerge! Die Zwerge!
In diesem Augenblick schießt der Wasserfall wuchtig nieder. Alles stiebt auseinander, vollkommen durchnäßt.
LANDSBERGER *wütend:* Was is denn? Wollen Sie en trockenen Wasserfall?

ZWERGE *lassen sich nicht stören:*
>Auf dem Grunde sum, sum, sum,
>geh'n die deutschen Geister um.
>Scheinen wir auch klein, klein, klein,

Ganz hoch unser is der deutsche Rhein.

Vorhang

8. Bild

Abend im Hinterhof

Der Hinterhof wie in der ersten Szene.
Abendbeleuchtung. Die Arbeiter kehren heim.
Frau Leopoldsgruber sitzt auf einem Bänkchen, die Brille auf der Nase, sie hat Kütes Maschine vor sich und näht – drüben in der anderen Ecke spielen die Kinder, von Zeit zu Zeit wirft sie einen Blick hinüber, einmal kommt ein ganz kleines Mädel, das Kind von Grit, wispert ihr etwas ins Ohr, Frau Leopoldsgruber nimmt sie bei der Hand, knöpft ihr das Höschen auf und führt sie zur Treppe: „Dort, wo das Licht brennt, Mariechen ... (wartet auf das Kind) Drüben wird's schöner sein, im Haus im Grünen, da ham wa Wasserspülung." Die Kleine kommt wieder, Frau Leopoldsgruber knöpft sie sorgfältig zu: „So, jetzt spiel weiter." Frau Leopoldsgruber wieder an der Nähmaschine.

GRIT *kommt, weniger auffällig gekleidet:* Is jestattet? *Sie setzt sich neben Frau Leopoldsgruber, seufzt tief auf, angeekelt.* Ick jeh nu nich mehr uff die Filmbörse. Det Warten und die Reschissöre, jeder is der liebe Gott. Wissen Se nischt Richtiges für mich, Muttchen?

FRAU LEOPOLDSGRUBER: Sie haben ja jemand, der Ihnen raten und helfen soll.

GRIT: Dat is ja ... er is seit vorjestern nich nach Hause gekommen. Ich war schon uff der Polizei, die sagen: der jeht Ihnen nich verloren. *Atmet auf.* Soll ick Ihnen was sagen, Muttchen? Ick gloobe, es wäre for mich 'n Glück, wenn ick den Ballast los wäre, denn der Egon is doch nur Ballast, und, wissense, ick gloobe, mit der Kunst is über-

haupt mies. Die Henny Porten hat jestern uf der Filmbörse jesagt, sie selber hat jesagt, Kunst is vorbei, und wenn Schiller und Joethe, hat se jesagt, heute dichten sollten, se müßten stundenlang im Wartezimmer von Apollo sitzen und uf den Herrn Generaldirektor passen. *Sich räkelnd.* Ick hätt' sollen Tänzerin wern, überhaupt, ich hätt' solln in Sevillja oder in Parzellona uf de Welt kommen.
FRAU LEOPOLDSGRUBER *nähend:* Sie können heut bei uns schlafen.
GRIT: Wieso, bei Ihnen?
FRAU LEOPOLDSGRUBER *bringt ihr die Nachricht zögernd bei:* Nämlich das Bett ... nämlich das große Bett ... das gepfändete ... das is heute abgeholt worden ... Aber macht nichts, schlafen S' halt bei mir heut nacht. Ham S' wenigstens Ihr Mädel anmal bei sich.
GRIT *verbeißt sich die Tränen:* Nee, danke, Muttchen, ich habe ja noch zwei Fauteuils ... Uf zwee Fauteuils schläft sich's wunderbar. *Tränennah.* Die Elisabeth Bergner, wat heute ihre eigene Jesellschaft hat, die hat einmal den ganzen Winter uf 'n nackten Fußboden jeschlafen. Hat se selber vor meine Ohren erzählt ... wer mal sehn, wie das Zimmer ohne Bett aussieht. Eigentlich bin ich froh, das Bett hat nich mehr jut jefedert. *Ab.*
Paule auf seinem Motorrad, Käte auf dem Soziussitz, hinter ihnen, etwas atemlos, Franz auf seinem Rad. Während der vorigen Szene sind fortwährend Mieter zu Fuß und zu Rad angekommen, einige haben ihre Kinder aus dem Spiel geholt.
PAULE *zu Franz:* Beim Sechstagerennen siegste nich. *Ab.*
KÄTE *lachend:* Bissel Bewegung is Ihnen ganz gesund, Franz. *Sie reicht ihm die Hand, er zögert.*
FRANZ: Heut machen ma Beleuchtungsprobe für das Abschiedsfest, i muß hinauf ...
KÄTE: Immer gleich fort ... Aber Frau Leopoldsgruber, Sie verderben sich die Augen ... Nähen *und* die Kinder beaufsichtigen, das ist zu viel.
FRAU LEOPOLDSGRUBER: Auf die Kinder paßt man am besten auf, wenn man nicht viel aufpaßt. Die *großen* Kinder, die machen ein' Sorgen. Wo ist denn der Franz? Franzl! Franzl! *Ruft.*
FRANZ *oben auf dem Balkon:* Hier, Mutter, wir machen heut Beleuchtungsprobe. *Man hört sein Hämmern, neben ihm der kleine Kurt.*

FRAU LEOPOLDSGRUBER *zu Käte:* Setz dich hierher. Ich versteh die jungen Leut nicht mehr. Entweder arbeiten sie gar nix oder sie sind arbeitsnarrisch. Jetzt willst du die Nähmaschine und er droben, der große Esel, hat den Beleuchtungsrappel. Und der kleine Kurt is heut a großer Inscheniör. Das is ung'sund, sag i. Nix als Leitungen und Strom und basteln und Kontakte und Wellen, die ganze Elektrizität is zum Haarausreißen. Und soll ich dir sagen, wer schuld is an allem? Du! Du!!!
KÄTE: Ich?
FRAU LEOPOLDSGRUBER: Wie ich jung war, da hab *ich* die Elektrizität geliefert ... Wie heißt das der Franzl? ... Der Starkstrom ... Der is von mir ausgegangen! *Ich* hab die elektrische Leitung gehabt!
KÄTE: Man is halt müde von der Arbeit!
FRAU LEOPOLDSGRUBER: Und weil du müd bist, arbeit'st z'Haus weiter?
KÄTE: Man is so müd, daß man weiterarbeitet. Soll ich in eine Tanzschule gehen?
FRAU LEOPOLDSGRUBER *lebhaft:* Natürlich! Grad das sollst! Tanzen! Und den Franzl mitziehn!
KÄTE *etwas melancholisch lächelnd:* Neben den blutjungen Mädeln, und mit den achtzehnjährigen Jungen tanzen! Ich und gar der Franz in einer Tanzschule? Nein, Frau Leopoldsgruber, manchmal haben Sie doch kuriose Ideen.
FRAU LEOPOLDSGRUBER: Kuriose Ideen? Na, wart! ... *ruft* Franzl! ... Komm herunter ... Trag die Nähmaschine ins Haus ... ja, heut hab ich wirklich eine kuriose Idee.
LENCHEN *kommt, sehr froh:* Ausverkauft ... Nich ein Exemplar von der Nachtpost ibrig. Dreihundertzwanzig Stück hab ick heut verkauft. Alles wegen 'n janz jewöhnlichen Bankeinbruch. *sich drehend* Heut könnt' ich tanzen ...
FRAU LEOPOLDSGRUBER *fährt auf:* So komm, Lenchen, tanzen wir. Wir zwei sind ja die einzigen jungen Leut in dem Haus. *Sie tanzen, Lenchen pfeift dazu.*
FRANZ *neben ihnen:* Was is denn los?
FRAU LEOPOLDSGRUBER: Tiefes Geheimnis ... Franzl, is deine Festbeleuchtung fertig? Dann zieh die elektrischen Glühlampen, die Guirlanden übern Hof.
Franz befestigt die Glühlampen.

KÄTE: Was is denn in Sie gefahren, Frau Leopoldsgruber?
FRAU LEOPOLDSGRUBER *ihr ins Ohr:* Geheimnis! Mach dich schön ... g'schwind, g'schwind! *Zu Lenchen:* Lenchen, wir wollen heut tanzen.
Lenchen juchzt und stürzt ab.
GRÖNER *erscheint, die Zimmerer hinter ihm. Franz bringt die Glühlampen an, es wird dunkel, Franz probt die rot-grün-blauen Birnen aus:* Was is denn hier los?
FRAU LEOPOLDSGRUBER: I will an Tanzabend arranschieren, Herr Gröner.
GRÖNER *zu den Zimmerern:* So? Dann die Instrumente! Aufstellen im Hof!
Die Lampen brennen, die Parteien kommen auf die Balkons.
FRAU LEVY *aus ihrem Fenster:* Was is denn los? Jeden Tag a andere Aufregung.
GRIT *vom Balkon:* Kommt Jannings an? Oder hat Hindenburg neunzigsten Geburtstag?
PAULE *auf dem Balkon:* Wolln Sie sich wieder verheiraten, Muttchen?
FRAU LEOPOLDSGRUBER *nimmt Franz und Käte bei den Händen:* I mach meine Tanzschul auf, heut abend noch, und Ihr seids meine ersten Schüler.
FRANZ: Ach, geh, Mutter, hast heut wieder dein Rappel, i tanz net, mit wem soll i tanzen?
KÄTE: Der Franz hat recht. Wir tanzen nicht. *Nicht ohne Ironie* Mit wem soll ich denn tanzen?
Die Zimmerer probieren ihre Instrumente.
FRANZ *macht sich los:* I mag net.
FRAU LEOPOLDSGRUBER: Franz, mach mich net bös!
FRANZ: I bin mehr fürs Zuschauen ... *Paule kommt* Da is ja ein Tänzer für Sie, Käte.
FRAU LEOPOLDSGRUBER *zu Paule, auf Franz deutend:* Das soll mein Sohn sein?
PAULE: Hör mal, Franz, lernen mußt es, tanzen is jut fürn Organismus, haste das nich selber jesagt? *Er schiebt ihn Lenchen in die offenen Arme. Walzer.*
Paule und Käte, Franz und Lenchen. Franz sieht immerzu von Lenchen weg, zu Käte, deren Schritte er verfolgt.
FRAU LEOPOLDSGRUBER: Du bist grad so eigensinnig, wie dein Vatter gewesen ist.

FRANZ *zornig:* Laß'n Vater aus'n Spiel.
FRAU LEOPOLDSGRUBER *erregt:* Willst mir vielleicht 's Reden verbieten?
FRANZ *beherrscht:* Das kann man ja gar nicht. Aber das muß i dir sagen, Mutter, du hast von jeher was Tyrannisches. Immer muß alles nach dein Kopf gehn, immer mußt kommandieren!
FRAU LEOPOLDSGRUBER: Willst deiner Mutter vielleicht an Krawall machen – vor alle Leut?
FRANZ: I will mei Ruah!
FRAU LEOPOLDSGRUBER: Du willst gar nix, du wirst so lang daneben stehn, bis dir aner die Käte vor der Nasen wegschnappen wird, und recht hätt sie, a Mann muß a Mann sein!
FRANZ *hält ihr den Mund zu:* Jetzt bist still, oder ...
PAULE *bemerkt die Szene, während er tanzt, tritt dazwischen, zu Frau Leopoldsgruber:* Muttchen, der Walzer jehört eijentlich mir.
FRAU LEOPOLDSGRUBER: Der Bua nimmt ein die ganze Freud.
PAULE *nimmt sie tanzend fort:* Dat müssen Se wechtanzen.
GRIT *auf dem Balkon:* Immer nur die ollen Tänze ... *ruft hinunter:* Darf ich mit, Frau Leopoldsgruber?
FRAU LEOPOLDSGRUBER *im Tanzen:* Beim Tanz darf jeder mit, das is ja der Tanz! *Zu den Balkons:* Kommt S' nur herunter, Fräulein Schulz, Herr Levy, Frau Levy, Fräulein Bartel, Herr Gerichtssekretär ... Herr Miericke ... Heut muß das ganze Haus tanzen ...!
GRIT: Muttchen, können S' Tango?
FRAU LEOPOLDSGRUBER *im Tanzen:* I kann Tango. Ja, glauben S', ich bin a alt Frau? *Händeklatschend* Still! *Zu den Musikern:* Einen Tango! Aber ganz langsam! Der muß sich ziehn wie ein Strudelteig.
Tangomusik.
MIERICKE *zu Grit:* Eigentlich müßt ich in Smoking sein.
GRIT: Und ich im Stilkleid.
Während sie tanzen:
GRIT: Herr Miericke, wir zwei gehören nich in die Brunnenstraße.
MIERICKE: Sie gehören ins Moulin Rouge nach Monte Carlo.
GRIT: Ach, mit Schleppe!
KÄTE *neben Franz:* Jetzt muß ich auch zuschaun.
FRANZ *eigensinnig:* 's is das Schönste.
KÄTE: Aber Franz, Sie sind ja viel älter als Ihre Mutter.
FRANZ: Soll i mich jünger machen?

KÄTE: Nein, Sie sollen nur gescheit sein und sich nicht älter machen. Auch wegen 'n Kurt sollen Sie jung sein, Franz.
FRANZ: Immer mischen die Frauen alles durcheinander. Wie kommt denn der Bub dazu?
KÄTE: Der Bub ist immer dabei, der Kurt wird mir zu ernst, er lacht nicht genug.
FRANZ *zögernd:* Wie gehn denn die Tangoschritt?
KÄTE: Ich glaub ... so *abseits von dem großen Tanz übt sie mit Franz die Tangoschritte, bis Frau Leopoldsgruber vorbeikommt, stehen bleibt, beiden zusieht; die Frauen lachen sich an, Frau Leopoldsgruber umarmt Käte schnell und fest:* Du hast was gelernt ... heut ... in meiner Schul.
Alles tanzt Tango.
EGON *erscheint auf seinem Balkon. Verärgert:* Ruhe! Is Schlafenszeit ... zehn Uhr ...
Andere Rufe vom Balkon: „Richtig, Ruhe ... Wa müssen morjen um sechse aufstehn! Ruhe!"
Ein Frauenruf von Egons Balkon: „Man mißt die Polizei holen!"
GRIT *aufgeregt zu Frau Leopoldsgruber:* Was sagen Sie! Er hat ein Frauenzimmer mitjebracht!
FRAU LEOPOLDSGRUBER: Nur kein Zorn zeig'n. Gar net ignorieren. Du schlafst ja bei mir. *Laut* Also Schluß! 's gibt alte Leut, die schlaf'n wollen ... Musik, wir müssen Schluß machen ... am Sonntag, wann ma Abschied nehmen von der Brunnenstraße 124, ist die nächste Tanzstund! Da wird durchgeschwooft!
Die Musik bricht ab, die Paare verabschieden sich und verziehen sich. Der Hof wird allmählich leer. Franz und Paule montieren die elektrischen Guirlanden ab.
LENCHEN *fiebrig:* Jott, war dat schön, Herr Jröner. Gute Nacht!
GRÖNER: Gehst denn noch nicht schlafen, Lenchen?
LENCHEN: Sie tanzen, Herr Jröner, wie die Jrete Wiesenthal ... ich muß mir 'n bißchen abkihlen und denn will ick mir noch die Sterne ankieken ... *knixt wie ein Schulkind ...* es war sehr schön, Herr Jröner!
Der Hof wird dunkel und leer, in den Stockwerken werden die Fenster hell, die Balkontüren stehen offen, man sieht die Schutten der Parteien im Licht der Wohnzimmer.
LEVY *erster Stock, Balkon:* Warm is es wie im Juli. Was haste Kasse gemacht, Rosalie?

FRAU LEVY *drinnen:* Miserabel, ich hab gar nicht Kasse gemacht, damit ich mich nicht ärger ... Komm schlafen, Nathan, ich bin mied, seit drei Jahr hab ich nich getanzt ... meschugge, die Wienerin, aber – nicht antisemitisch *gähnt* Nathan, ich lieg schon ... ich lösch aus, Licht kost Geld.
LEVY *hineingehend:* Laß noch brennen, Rosa, ich will dich doch sehen. Hast du nötig die Finsternis? Unberufen, du bist doch jung!
FRAU LEVY *geschmeichelt:* Der Mond geniegt. Vollmond. *Es wird dunkel in Levys beiden Fenstern.*
GRÖNER *steht im zweiten Stock auf seinem Balkon und übt Kniebeugen, Rückenbeugen nach hinten.*
GRIT *zwei Fenster weiter:* Psst, psst, Herr Gröner!
GRÖNER *hinausgebeugt:* Wer ruft denn?
Lenchen steht unten im vollen Mondschein und horcht hinauf.
GRIT *von Balkon zu Balkon:* Herr Gröner, ich hab Angst, der Egon hat'n Frauenzimmer bei sich.
FRAU LEOPOLDSGRUBER *tritt an ihr Fenster:* Na, was is denn, Fräulein Müller, was alarmieren Sie denn das Haus? I hab auf dem Divan für Sie gebetet ... Gute Nacht, Herr Gröner, schlafens S' gut. Komm, Gretl.
GRIT *hinaufblickend:* Richtig, dank schön ... ick komme.
EGON *der durch die zwei Zimmer gegangen ist, schreit:* Ja, wo is denn das Bett? *über den Balkon* Grete! So 'ne Frechheit, wo is denn das Bett? Das jrenzt ja an Diebstahl.
Es erscheint eine Dame im Nachthemd neben ihm auf dem Balkon.
Sie hat mir das Bett gestohlen, die Nutte.
GRIT *wütend:* Wer hat dir wat jestohl'n, du Lausekavalier?
FRAU LEOPOLDSGRUBER *begütigend neben ihr:* Aber, Gretl, ham S' denn vergessen? Gar net ignorieren. Kommen S' schlafen.
EGON: Niederträchtig ... Bloß um meine Dame zu kränken ... wo leg ick ihr hin? *Droht mit der Faust hinauf* Dich hol ich mir und da haste deine andere Sachen auch ... da ... da ... da ... *Er wirft Kleider, Koffer, Spiegel auf den Hof.*
GRÖNER *beugt sich aus dem Fenster:* Das holen Sie sofort wieder hinauf! ... Aber sofort!
PAULE *aus seinem Fenster:* Der Jeheime macht Krach? Willi, da missen wa Ordnung machen.

FRAU LEVY *auf ihrem Balkon:* Was is denn los? Man kann nicht schlafen!
Jetzt hört man mit großem Getöse die Tür in Egons Zimmer aufbrechen.
Egon mit seiner Dame flüchten auf den Balkon.
Gröner ihm nach, zum Schlage ausholend.
PAULE *dazwischentretend:* Nee, nee, laß mich ran, du bist berihmt, dir setzen se gleich in de Zeitung. *Zu Egon:* Verdufte! Ich zähl bis neune. Eins ... zwei ... drei ... und die Dame soll sich verhilln ... vier ... dort stehn die Stiebel ... fünf ... zuknöppen kannste dir draußen ... sechs ... du kannst schon jehen, Willi ... sieben ... dat besorch ich ... die Krawatte is nich nötig ... acht ... da is der Hut von Madame ... neun ...
Egon und die Dame ab, gleich darauf unten.
Deinen Hut haste in der Eile verjessen! *wirft eine Melone herunter* Hausschlissel haste? ... na, dann hau ab ... übernachte bei der Dame ... Jute Verrichtung.
Egon verschwindet, das Gelächter der aus den Fenstern schauenden Parteien schwillt ab.
GRIT *im Fenster:* Wie soll ick Ihnen danken, Herr Jröner?
PAULE: Jarnich. Sie ham doch die Ware einjefiehrt.
Es wird allmählich im ganzen Haus finster. Zuletzt hat man die Nähmaschine von Käte gehört, auch die hört nun auf zu klappern, ihr Zimmer wird dunkel.
Nur zwei Zimmer sind noch hell. Das eine ist Paules Zimmer. Man hört ihn auf dem Balkon seine Eröffnungsrede memorieren: ...
„Hochjeschätzte Freunde ... entronnene Flüchtlingsjestalten aus der Brunnenstraße 124 ... Jestatten Sie mir an dem heutigen Freudentage, wo die Sonne uns alle ... nee, ick bin zu miede ... mit die blendenden Strahlen der Hoffnung bejlückt ... ick kann nich mehr, ick schlafe mitten in meiner eigenen Rede ein ..." Auch das Licht in seinem Zimmer erlischt.
Das einzige Licht im Hause strahlt noch aus Gröners Zimmer. Man sieht ihn, wie er die Fenster schließt, Vorhang vor dem Fenster.
Tiefe Stille.
LENCHEN *steht unten, ganz allein im Mondenschein:* Alles Schluß? ... *weinend* Die Grit is imstande und is bei ihm ... Nee, das tut er nich ... nee, dazu is er sich zu gut ... aber warum is denn Licht bei ihm? ... *weinerlich* wenn ich nur wüßte ... und er hat doch mir geküßt ... vor

299

alle Leute ... ich muß sehen ... verzeih, Willi, aber ich will nur kieken ... ne Sekunde ...

Sie macht mit großer Anstrengung eine Feuerleiter von der Mauer los, trägt sie keuchend an die Wand, klettert zaghaft, ruckweise, frierend und fiebernd, Sprosse um Sprosse hinauf. In dem Augenblick, da sie endlich, oben angelangt, im Mondlicht, erlischt das Licht in Gröners Zimmer. Sie seufzt tief auf und steigt ganz verzweifelt wieder hinunter. In der Mitte der Leiter setzt sie sich auf eine Sprosse und singt aus ihren Gedanken heraus:

> Eben hab ich sein Licht gesehen
> und schon hat er es ausgemacht.
> Jetzt mag ich nicht schlafen gehen,
> lieg noch wach die ganze Nacht.
> Mir ist kalt und doch so schwüle.
> Eben hat er mich noch geküßt,
> läßt mich ganz allein im Kühlen,
> weil ein Mann so schnell vergißt.
> Wenn es jetzt eine andere gibt,
> die er da im Dunkeln liebt –
> mich liebt er nicht.
> Eben war bei ihm noch Licht. –

Mondscheinmusik.

> Ich bin nur 'ne Zeitungsjöhre,
> die man leicht zu fassen kricht.
> Daß ich ihm allein gehöre,
> ach, das weiß der Willi nicht.
> Er brauch mich nur anzurühren,
> und ich bin gleich weg und hin.
> Doch er kann vielleicht nicht spüren,
> daß ich ein fertiges Mädchen bin,
> weiß nicht, wie ich lieben kann,
> denkt, an den andern is mehr dran.
> Ach, eh ich ihn bei mir hab,
> scheint der Mond auf Lenchens Grab.
> Er liebt mich nicht.
> Eben war bei ihm noch Licht.

9. Bild

Das „Haus im Grünen"

An der äußersten Großstadtgrenze. Unbebaute Gegend mit Schrebergärten. In der Mitte eines der drei analog dem ersten Bild gebauten Siedlungshäuser, nur dieser Mittelbau ist fertig, die beiden anderen stehen erst im Gerüst, heute unter Dach, mit Kranz zum Richtfest. Das mittlere Haus ist bewohnt. Vor den Häusern in Parzellen geteilte Gärtchen, die Wege zwischen den Laubenkolonien mit Guirlanden geschmückt, von den drei Dächern mächtige Fahnen. Vor dem Hause eine Straßenkreuzung mit Wegweiser, der in leere Felder weist. Sonnenschein.

Auf dem Dache oben Franz, in der zweiten Etage der kleine Kurt auf dem Balkon, mit dem Radio beschäftigt. In einem Gärtchen macht Gröner, bloß mit Schwimmhose bekleidet, Kniebeugen und sonstige gymnastische Übungen. An der gegenüberliegenden Ecke geht Lenchen in weißem Festkleid, ihren Eröffnungsprolog memorierend, auf und ab.

GRÖNER *kniebeugend:* Sechsundzwanzig ... siebenundzwanzig ...
FRANZ *vom Dache herunter:* Kurt! Jetzt einschalten! *lauscht* Gehts? Welle 312 ... Hörst was? ... Lautsprecher! Probier's auf Welle 519 ... Hörst jetzt?
KURT: Nee, Totenstille.
FRANZ: Verfluchte Sauwirtschaft mit die neuen Häuser. Da hams irgendwo eine metallische Ablenkung, das Regenrohr hab ich schon weggerissen, aber da muß noch irgendwo eine Ableitung sein. *Wütend.* Das ganze Dach mußt ma abdecken! Oder, was glaubst, Kurt, soll ma die Antenne aufs Nebenhaus legen? Kruzitürken, is das eine Sauwirtschaft. Paule! ... Piek! ... Wo steckt der denn?
FRAU LEVY *erschreckt auf dem Balkon des ersten Stocks:* Herr Piek is natierlich nicht zu finden. *Zum Dach hinauf:* Wenn Sie einmal vom Dach herunterkommen, Herr Leopoldsgruber, sehen Sie sich einmal unsere Wohnung an, Sie sind doch auch vom Vorstand. So etwas von Feuchtigkeit haben Sie noch nicht gesehen!
FRAU LEOPOLDSGRUBER *erscheint unten im Fenster der Gemeinschaftsküche:* Franzl ... Der Herd hat ja kan Zug! ... I pfeif auf die Elektrizität, wann mir die Bäckerei anbrannt.

LENCHEN *in ihrer Ecke memorierend:*
Hinaus aus allen finstern Höfen
laßt uns hinaus ins Jrüne ziehn.
GRÖNER *dazwischen kniebeugend:* Neunundvierzig ... fünzig! Fertig! *Er geht zu Lenchen hinüber, den Bademantel am Arm.* Na, geht's gut, Lenchen?
LENCHEN: Stören Sie mir nich, Herr Jröner, bitte, ick bin ohnehin so uffjeregt.
Hinaus aus allen finstern Höfen,
Laßt uns hinaus ins Jrüne ziehn,
Elektrisch heizen, keine Öfen,
Vor jedem Fenster etwas Jrün.
Sieht ihn an. Wer'n Sie sich nicht verkühlen, so bloß, Herr Jröner? *Sie will ihm etwas erregt in den Mantel helfen.*
GRÖNER: Nee, nee, Abhärtung muß sein. Ich muß ohnehin 'rein, von wegen Besichtigung ... Macht's gut, Lenchen. *Ab.*
LENCHEN: Landsberger soll uns nich mehr *sieht ins Manuskript* pieken, Det Haus steht fest auf unserem Grund.
Hätt mir jetzt auch in Ruhe lassen können, Willi, immer die Störungen, und natierlich soll er hier nich halbnackt herumturnen. *Kehrt zum Manuskript zurück.*
Landsberger soll uns nich mehr pieken,
Det Haus steht fest auf unserem Grund.
Wir können in die Zukunft kieken,
Hier wird der Proletar jesund!
Und steh ick hier im weißen Kleide ...
Balkonlärm, sie blickt auf.
LEVY *stürzt aufgeregt auf den Balkon, schreiend:* Herr Leopoldsgruber! 'n Moment! Hören Sie, mit die Klosetts sind wir getäuscht worden. Das drittemal is schon unser Klosett verstopft. Das darf sich der Vorstand nicht bieten lassen. Wo ist denn Piek? Das soll heute Einweihungsfest werden? Mit verstopftem Klosett weih ich nicht ein ... Endlich einmal, hab ich mir gedacht, ein bequemes, ordentliches, ungestörtes Klosett, und was is? Verstopft und kein Wasser! *Franz verschwindet vom Dach.* Laufen Sie nicht fort! Herr Leopoldsgruber, wer nimmt denn Beschwerden entgegen? Skandal!

KÄTE *auf dem Nachbarbalkon:* Herr Levy, gönnen Sie dem Armen auch ein bissel Ruhe, wenigstens heute, am Eröffnungstag, er weiß ja nicht mehr, wo ihm der Kopf steht.
LEVY: Der Mensch muß sich beschweren können! Zieh ich deshalb in die Siedlung, damit gleich am dritten Tage das Klosett verstopft ist?
KÄTE: Warum schreien Sie denn so?
LEVY: Ich schrei?
KÄTE: Natürlich, Sie haben ja auch in der Nacht so laut geredet, daß ich jedes Wort gehört hab. Glauben Sie, Ihre Nachtunterhaltungen mit Ihrer Frau interessieren mich?
LEVY: Rosalie, komm heraus! Hab ich in der Nacht mir dir geschrien? Geflüstert hab ich! ... Was sagst du, Rosalie, jedes Wort hat Fräulein Techow gehört. Ä angenehmes Haus, Wände aus Papierdeckel. Wenn Sie wirklich alles gehört haben, Fräulein Techow, ich hoffe, Sie haben weggehört, dann zieh ich morgen aus. In ä Haus mit so'ner vorzüglichen Akustik kann ein junges Ehepaar nicht wohnen. *Paule Piek (Festkleid) mit Willi Gröner kommen von der Besichtigung aus dem Hause.*
GRÖNER: Es tut mir leid, Paule, aber der Kinderspielraum is vollkommen mißlungen. Viel zu klein, viel zu wenig hell und die zwei Betonsäulen in der Mitte ... das hätte 'ne Art Turnsaal werden müssen, Luft, Licht, Sonne, aber das is ein besserer Keller ... Bedauere, da kann ich nich bleiben ... Laß mich auch vom Programm weg. Die Zimmer gehn ja an, die Küche meinetwegen, die Gärten ganz schön, aber so ein Haus braucht einen Gymnastiksaal.
PAULE: Stimmt ... Und 'n kleinen Musiksaal? Und eijentlich noch 'n Lesezimmer, und womöglich 'n behagliches hübsches Versammlungslokal mit Theater. Uffs Wellenbad verzichtest du? ... Spaß à pas. Wenn du dir heute drickst, jeh ich auch.
FRANZ *stürzt aus dem Hause:* Also, ich halt das nicht mehr aus. Überall nur Beschwerden, Zank, Verdruß. Da wars ja in der Brunnenstraße gemütlicher. Da ham ma wenigstens alle miteinander aufn Apollo g'schimpft. Ich geh ... Adjö, mich sieht heut keiner.
PAULE *hält rechts Franz, links Gröner:* Nu, paßt mal uff, Kinder, 'n neues Haus is wie'n neuer Stiefel. Dat sitzt nich gleich ... Wenn ihr aber nu wegläuft, det is glatter Landesverrat ... So'n neues Haus is jewissermaßen 'n Ehestand. Natierlich war die Verlobungszeit scheener.

Aber nu haben wa uns ins Joch jefügt, nu könn' wa nicht vorm Standesamt desertieren. – Ich versteh übrigens nich, zehn Uhr fufzehn, die andern *auf die Uhr sehend* sollten längst da sein.

Ein Privatauto rollt von der Hauptstraße, ein vollbesetzter Autobus von der Seitenstraße heran, Tuten, Schreien, Bremsen, Zusammenstoß. Das Privatauto bleibt beschädigt liegen, der Autobus setzt seine Fahrt fort.

PAULE. Da sind sie!

Das Knäuel schreiender, streitender Menschen rückt heran, ein Trupp Zimmerer im Festkleid, die zwei Herren vom Wohnungsamt, einige Mieter aus der Brunnenstraße, Grit sind aus dem zusammengeknickten Autobus, Landsberger, Pachnicke, Egon aus dem Privatauto gestiegen. Sofort ist der Schupo in der Mitte des Gedränges von beiden Parteien bedrängt.

DIE MIETER *höchste Aufregung:* Kein Signal gegeben! ... Winker war nich raus! ... Mit rasender Geschwindigkeit ... statt zu bremsen ... Sehen Sie nur nach, er hat sich ja links gehalten, stellen Sie fest, Herr Schupo.

PACHNICKE, LANDSBERGER, EGON *durcheinander sprechend:* Wat denn? Wat denn? Hier auf der Landstraße ist doch nischt vorgeschrieben, und wenn wir gradeaus, brauchen wir ooch keen Winker, die Leute ham ja keene Ahnung, Herr Schupo.

SCHUPO *zieht ruhig sein Notizbuch:* Eins nach'm andern. *Zu Landsberger:* Sind Sie der Chauffeur?

LANDSBERGER: Ich bin der Besitzer, Generaldirektor Landsberger.

LENCHEN *gellend, mitten im Gedränge:* Den kenn' wa!

LANDSBERGER *sieht sich um, erkennt die Gesichter:* Nanu, 's gibt 'n Wiedersehn.

GRIT: Direkt hineingesteuert is er in uns!

EGON: Direkt in Ihnen? Hörense, wo ich doch am Volant gesessen habe. *Zum Schupo:* Det Fräulein is kein Zeuge, Sie müssen wissen, Herr Schupo, det Fräulein is contra, weil se mal ne sehr intime Bekanntschaft von Herrn Jeneraldirektor gewesen.

SCHUPO *mit dem Notizbuch, eiserne Ruhe:* Das gehört nich zur Sache. Wer sind Sie?

EGON *patzig:* Egon von Waltershausen, Direktor vom Jupiterpalast, Brunnenstraße.

LENCHEN: Egon Direktor? Egon, da lassen Se mal das jepfändete Bett holen, das wird Sonnabend versteigert.

SCHUPO: Gehört auch nich zur Sache.
GRIT: Der Herr soll nur ganz stille sein, Herr Schupo, den Herrn könnt ick Ihnen janz jenau enthüllen!
PACHNICKE *zum Schupo:* Sie müssen wissen, mit dem Herrn is die Dame nämlich auch ...
GRÖNER *durch den Lärm herangelockt:* Nu mal Schluß, Pachnicke, die Dame steht unter meinem Schutz! *Stille.*
LENCHEN *mit einem Blick zu Grit:* Ziehn Sie sich doch 'n Mantel an, Herr Jröner.
LANDSBERGER: Notieren Sie, Herr Schupo, Landsberger, Generaldirektor.
GRIT: Von wat denn? Der Apollo is doch pleite.
LANDSBERGER *fortfahrend:* Generaldirektor der Jupiter-Filmgesellschaft, Berlin, Kurfürstendamm 218. Wir fahren janz ruhig in unser Atelier, in jewöhnlichem Tempo, 45 Kilometer, das is auf der Landstraße nischt. Pachnicke, Sie können bestätigen, ich will nie mehr als fünfundvierzig Kilometer. Wat hab ich jesagt, Pachnicke, besser 'ne späte Ankunft als 'n früher Tod, wir haben auch keenen Winker nötig, denn wir sind immerzu jerade aus.
UNTERBRECHUNGEN DER MENGE: Herr Schupo, notieren Sie nich immer nur die Jejenseite, natürlich, zuerst kommt der Jeneraldirektor. Unsa Chauffeur is janz schuldlos.
LANDSBERGER *sich umdrehend:* Is er auch. Die Jejend hier is janz neu, da fehlt 'ne Tafel „Straßenkreuzung".
Inzwischen haben die Musiker der Zimmerer ihre Instrumente ausgepackt und beginnen zu blasen, zu flöten, zu trommeln.
SCHUPO: Hier is 'n Protokoll nich möglich.
Die Menge wälzt sich seitwärts, dicht um den Schupo geschart. Grit bleibt zurück.
GRÖNER *offener Mantel:* Na, Fräulein Grit, haben Sie sich aus Ihrer Villa im Grunewald herbemüht?
GRETE: Villa is noch nich. Nur 'ne kleine Bleibe in der Lützowstraße. Müssen Se sich mal ansehen kommen. Oder bin ich für 'n Weltmeister zu schlecht?
GRÖNER *gelassen:* Zu schlecht ist niemand.
GRETE: Weil Sie mir doch mit'n bißchen Verachtung strafen?

GRÖNER: Verachtung? Steht nich in meinem Wörterbuch. Sie schauen ja gut aus. Kleidung prima, *lächelnd* Pariser Modell?
GRETE: Beinah, is ein Hammel aus unserm Jeschäft.
GRÖNER: Geschmack von Apollo?
GRETE: Apollo? Wo is Apollo? Längst pleite. Sie hören doch, jetzt heeßt er Jupiter, und ich bin jetzt Modewaren, Lennéstraße. Film – nee, Film is zu gemein, nie mehr, dazu is sich Grete Müller zu gut.
GRÖNER: Grete? Nich mehr Grit?
GRETE: Meckern Sie nur so insjeheim, Herr Jröner. Was wissen Sie, wie schwer es ist, bis man 'n anständiges Mädchen wird?
LENCHEN *herzustürzend:* Herr Jröner, *sie schließt ihm den Mantel* Sie werden sich richtig erkälten *mit einem Blick auf Grit* oder erhitzen.
Trompeten blasen, das Rednerpult ist von Mietern und Festgästen umgeben.
PAULE *dazutretend:* Willi, erlaube, daß ich unterbreche, aber wir sind nu mal im Vorstand, du kannst dir jetzt nich auf Privatkonversation einlassen. *Sie begeben sich zum Rednerpult.*
Kurt steht vor dem Rednerpult, bläst Trompete. Allmählich erscheinen auch auf den Balkons Mieter und Mieterinnen.
PAULE: Wir fangen an mit einem Prolog.
LENCHEN: Nee, jetzt kann ich nich.
PAULE: Na, de Feier fängt schön an. Willste wirklich kneifen, Lenchen?
LENCHEN *verzweifelt:* Na, ich kann doch aber nich, wo Herr Gröner in Schwimmhosen steht.
PAULE: Das Mädchen hat jar nich unrecht, Festkleidung is anders. Geh mal rin und zieh dir an.
Gröner ab.
Kurt bläst ein zweites Mal auf der Trompete.
PAULE *besteigt die Rednertribüne:* Hochjeschätzte Freunde, Jenossen, entronnene Flüchtlingsjestalten aus der Brunnenstraße Nr. 124. Jestatten Sie mir, an dem heutigen, sojenannten Freudentage, wo die Sonne uns alle mit die blendenden Strahlen der Hoffnung beglücken sollte, jestatten Sie mir mal 'nen kleenen historischen Rückblick. Vor sechs Monaten haben wa alle noch ohne Aussicht auf's Jrüne in die finstern und stickigen Löcher jehaust, wo der verflossne und heute zusammenjestoßene Herr Jeneraldirektor vom Apollofilm uns die blutigen Zinsjroschen abjeknöppt hat. 'N Teil von uns, der vielleicht

weniger beneidenswert ist, bewohnt als erster unsere Siedelung im Jrünen und wenn auch in Berlin sojar in de Flitterwochen jemeckert wird, so möchte ich doch fragen, wen vadanken wa das Haus im Jrünen, wo leider Gottes jewiß noch nich alle technischen Ideale verwirklicht sind …

LEVY: Klosettanlage.

PAULE *hinweghörend:* vawirklicht sind, indem ja der Ehestand lange nicht so rosig ist, wie die Verlobungszeit, wie ich Jott sei Dank nich aus eigener Erfahrung bemerken kann. Aber jestatten Sie mir noch 'ne bescheidene Bemerkung. Kritik is 'n Vergniegen, besonders in Berlin, aber uffbauen, ich meene von 'nem halbwegs neuen Jebäude, is ooch nich janz zu unterschätzen. Wen vadanken wa denn nu det Haus im Jrünen, wo wa uns heute mit 'nem Stoßseufzer der Befriedigung niederlassen? Erstens unserm Prinzip, eener für alle, alle für eenen, wat wir ja schon aus de Schulbiecher jenügend kennengelernt haben, bei der Geschichte von dem einzelnen Stock, den jeder Jeneraldirektor brechen kann, und bei dem jewaltjen Bund der zusammengefüchten Stöcke, wo sich alle Jeneraldirektoren der Welt die Zähne uff Jranit beißen können. Zweetens vadanken wa det Haus im Jrünen de Arbeeterhände, wat hier am Werke waren. Jenossen, Arbeet is nich immer schön, Arbeet is meistens 'ne notjedrungene Leistung für 'n Ernährungsapparat. Aber die Arbeet für die Arbeeter, ick meene, nich für die Jeneraldirektoren, sondern die Arbeet für's Arbeitsvolk, det meen ich, die Arbeit könnte, wenn nämlich nich so viel jeschimpft wird, beinahe in Vergniegen ausarten. In diesem Sinne danke ich trotz einzelne Mängel die Erbauer inklusive die Herren Berater der Stadt, die ich nich überjehen darf, aber vor allen die schaffenden Hände des Vereins Felsenfest, der in unsern Herzen sich ein Denkmal jetreu seinem Namen errichtet hat. *Beifall, Fahnen, Kurt bläst in seine Trompete.* Und so bitte ich den Obmann des Vereins Felsenfest, unsern in der Welt nich mehr unbekannten Meister Gröner, die Schlüssel des Hauses feierlich zu erjreifen. Willi, du hast das Wort.

GRÖNER *in Zimmerertracht auf der Rednertribüne:* Liebe Festgenossen! Vor wenigen Minuten hat sich hier 'n Zusammenstoß abgespielt, der ohne weiteren Unglücksfall verlaufen ist. Unser alter Apollo ist mit uns zusammenjestoßen, aber seine Privatdroschke hat den kürzeren gezogen. Das ist ein Wink des Schicksals. Wir wollen keinem raten, sich unserem gemeinsamen Fahrzeug entgegenzustellen. An demselben Tage, wo der Wagen von Apollo auf der Strecke geblieben is, eröffnen wir dieses Haus, wo Sonne und Luft in alle Stuben dringt. Leider fehlt dem Haus im Jrünen noch ein richtiger Saal für Leichtathletik.

LEVY: Wir sind nicht alle Weltmeister.

GRÖNER: Da möchte ich Herrn Levy sagen, wer weiß, wie lange ich es bin. Meine Freunde, der sogenannte Ruhm und der Begriff felsenfest, das ist zweierlei. Kennen Sie etwas Traurigeres, als den Weltmeister von vor zwei Jahren? Der ganze Klimbim mitsamt den Bildern in den Zeitungen und der ganze sojenannte Weltruhm ist furchtbar schnell weggeblasen. Kein Mensch soll sich Flausen vormachen, werte Freunde, das Haus im Grünen is auch nicht in alle Teile ganz geglückt. *Levy hebt die Hand hoch.* Ich weiß schon, nicht nur die Wasserspülung. Vor allem der Turnsaal. Ich hatte, und ich kann sagen, ich habe auch noch die Absicht, hier für die Jugend eine Schule einzurichten, wo nicht ein Junge und nicht ein Mädel sein wird, der nicht schwimmen, springen, sich verteidigen kann, und die Verteidigung, meine Freunde, die Verteidigung geht vom Kopfe aus. *Brausender Beifall.* Die Köpfe, die Rippen und die Herzen müssen felsenfest werden, dann wird die ganze Welt sehr bald im Grünen stehn. In diesem Sinne stimmen Sie ein in unser Lied!

Die ZIMMERER *singen:*

Arbeitsmann, was ist das Beste,
Felsentreu und felsenfeste
Zimmern wir das Leben neu,
Felsenfest und felsentreu.

PAULE: Ich danke Willi für seine festlichen Ausführungen und erkläre damit den ernsten Teil unserer Feier beendet.

FRANZ *aufgeregt von seinem Balkon herunter:* Was heißt denn das? G'hör i net zum ernsten Teil? Kurtchen, klappts jetzt?

KURT *vom Dach herunter:* Die Herrschaften können einschalten.

Nun hört man zu gleicher Zeit eine amerikanische Jazzmusik, „Auf in den Kampf, Torero" aus Carmen, den Monolog aus Wilhelm Tell „Auf diese Bank von Stein will ich mich setzen" und einen Vortrag über das Einwecken von Pflaumen im deutschen Haushalt.

FRANZ *vollkommen verzweifelt:* Aufhalten! Aufhalten! Wir können doch nicht auf sechs Wellen zu gleicher Zeit hören. *Es wird stille.* Mutter, was willst denn du hören?
FRAU LEOPOLDSGRUBER: Wenn ich bitten darf, Welle 512, Wien.
Franz stellt ein, man hört einen Wiener Walzer. Die Versammlung löst sich in einzelne Paare auf.
PAULE *zu Frau Leopoldsgruber:* Darf ich bitten, Muttchen?
FRAU LEOPOLDSGRUBER *tanzt glücklich:* Jesses, ich komm mir vor, wie in Weidlingau.
GRÖNER: Darf ich bitten, Fräulein Grete? *Grete legt sich in seine Arme.*
PAULE *bemerkt den Vorgang, zu Frau Leopoldsgruber:* 'Schuldigen Sie, 'n Moment. *Eilt auf Lenchen zu:* Du bist so leicht, Lenchen. Wenn ick dir im Arm hab, da schwebe ick jradezu.
Franz sieht dem allgemeinen Tanz wohlwollend zu. Käte kommt zu ihm.
KÄTE: Was tun denn Sie, Franz? Sie sehn ja so glücklich aus.
FRANZ: Na ja, ich bin glücklich.
KÄTE: Und da stehen Sie daneben?
FRANZ: Das bin ich gewöhnt von Wien her. Zuschaun ist das Schönste.
KÄTE: Ja, vielleicht in Wien, aber in Berlin muß man zugreifen. *Sie führt den willig Nachgebenden als Tänzerin fort.*
Plötzlich reißt sich Lenchen aus den Reihen der Tanzenden, das Radio bricht ab, Lenchen geht an die Rampe und singt:
LENCHEN *an der Rampe:*
Wenn Willi mit der Jrete schwooft,
Kann ich nich ruhig bleiben.
Warum er sich die Nutte kooft,
Nur so zum Zeitvertreiben?
Es wird schon alles in Ordnung jehn,
Da kannste janz besorgt in die Zukunft sehn.
PAULE *an der Rampe:*
Und jeht es auch nich gleich so glatt,
Es wird sich schon verlohnen.
Wer eine neue Bude hat,
Der muß sie trocken wohnen.
Es wird schon alles in Ordnung jehn,
Da kannste janz besorgt in die Zukunft sehn.
GRIT *an der Rampe:*

Noch jestern Film und heut beim Kleid,
's jeht nicht leicht in die Höhe.
Ick pfeif auf eure Sittlichkeit,
Ick komm schon nach Berlin Wee.
Es wird schon alles in Ordnung jehn,
Da kannste janz besorgt in die Zukunft sehn.

FRANZ:
Wenn ich in meiner Ecke sitz,
Laß ich die andern tanzen.
Wozu is denn der Rummel nütz?
Muß ich mich denn fortpflanzen?
Es wird schon alles in Ordnung gehn,
Da kannste ganz besorgt in die Zukunft sehn.

KÄTE:
Bevor ein Mann heut feurig wirbt,
Bekommt er graue Haare.
Ein Mädchen, das vor Tugend stirbt,
Wo Gott mir vor bewahre!
Es wird schon alles in Ordnung gehn,
Da kannste ganz besorgt in die Zukunft sehn.

ALLE:
Berlin und Wien, Wien und Berlin,
Reden sie zweierlei Sprachen?
Wir wollen in eine Siedelung ziehn,
Vielleicht wird es sich machen?
Es wird schon alles in Ordnung gehn,
Da kannste ganz besorgt in die Zukunft sehn!

Vorhang.

Textvarianten: 9. und 10. Bild

9. Bild*

Lenchens kleine Dachkammer

Sie [Lenchen] liegt im Bett – Sessel am Bett.

FRAU LEOPOLDSGRUBER *löffelt ihr Medizin in den Mund, schiebt ihr das Thermometer unter die Achsel:* Und in zwei Stunden kriegst wieder an Esslöffel und dann schlafst ein, und dann träumst vom Haus im Grünen und übermorgen stehst auf, und am Erschten is die Einweihung und da kriegst ein weißes Kleid und dann mußt den Prolog aufsagen.

LENCHEN: Ich bin aber krank und muß im Bett liegen und werd den janzen Prolog wieder verjessen, aber jetzt kann ich's noch janz jenau, darf ich dir's sagen?

FRAU LEOPOLDSGRUBER: Nein, jetzt lieg still, du hast das Thermometer unter der Achsel.

FRANZ *tritt ein, er trägt einen kleinen Kasten in der Hand, flüstert:* Wie geht's ihr, Mutterl?

FRAU LEOPOLDSGRUBER *sie nimmt Lenchen das Thermometer aus der Achsel, flüsternd zu Franz:* Vierzig Grad. Und jetzt ist sie wieder eingeschlafen.

LENCHEN *richtet sich im Bett auf, fiebrig:* Nee, ich schlafe nich ... Darf ich jetzt den Prolog sagen? Bitte, bitte! Wo ich doch vielleicht Sonntag krank bin.

FRANZ: Moment. *Öffnet den Apparat:* Mir wollen's einfangen.

LENCHEN *spricht in den Apparat:* Nur die erste Strophe, Mutterl. *Kindisch deklamierend:*

---

* Dieses Bild fehlt in der Buchfassung des Drei Masken Verlags (Berlin 1930), obwohl der Untertitel lautet: *Ein Volksstück in zehn Bildern;* als 9. (und letztes) Bild erscheint dort *Das „Haus im Grünen".* Eine für den Drei Masken Verlag bestimmte Typoskriptfassung des Stücks, die sich im Literaturarchiv der Österreichischen Nationalbibliothek Wien befindet, weist dagegen die kompletten zehn Bilder auf; nach dieser Textfassung geben wir hier das 9. und (veränderte) 10. Bild wieder.

>   Hinaus aus allen finsteren Höfen,
>   Laßt uns hinaus ins Grüne ziehn,
>   elektrisch heizen, keine Öfen!
>   Vor jedem Fenster etwas Jrün.
>   Landsberger soll uns nich mehr pieken,
>   dies Haus steht fest auf unserm Jrund,
>   wir können in die Zukunft kieken,
>   hier wird der Proletar jesund!
> *aufgeregter:*
>   Und steh ick hier im weißen Kleide ...

FRAU LEOPOLDSGRUBER *dazwischentretend:* Schluß, Franz! *Zu Lenchen:* Jetzt stehst nicht im weißen Kleid, du legst dich schön in die weißen Polster, und jetzt richten wir uns zum Schlafen her.
Sie läßt die Jalousien herab, verdunkelt das Zimmer, bloß eine Stehlampe neben dem Bett beleuchtet sie.
Franz, sag ihr gute Nacht.

FRANZ *zu Lenchen, leise:* Ich komm noch einmal, ich bring dir ein Zaubermittel.

FRAU LEOPOLDSGRUBER *führt den Sohn ab:* G'hörst auch ins Bett.

FRANZ *in der Tür:* Und du? Die dritte Nacht ... und bist dreiundsechzig. *Ab.*

FRAU LEOPOLDSGRUBER *setzt sich mit einer Näharbeit ans Bett.*

LENCHEN *wälzt sich in den Kissen, weinerlich:* Aber ich k a n n doch nicht schlafen!

FRAU LEOPOLDSGRUBER *besänftigend:* Still, Lenchen, still ... ich werd dir was vorsingen, da sind alle meine Kinder immer gleich eingeschlafen.

(Schlaflied: altösterreichisch, bloß 2 Strophen.)

LENCHEN *summt vor sich hin:*
>   Eben war bei ihm noch Licht,
>   eben hab ich sein Licht gesehn
>   und schon hat er es ausgemacht.

Allmählich aber schläft sie ein.

FRAU LEOPOLDSGRUBER: Gottseidank, schlafen ist alles ... jetzt kann ich mich ein bisserl tunken. *Sie läßt den Strumpf fallen, die Augen fallen ihr zu, sie schnarcht ein wenig.*

KÄTE *öffnet leise die Tür, tritt zur Mutter Leopoldsgruber.*

FRAU LEOPOLDSGRUBER *schreckt aus dem Schlaf:* Jessesmariandjosef!
KÄTCHEN *hebt Frau Leopoldsgruber:* So, Muttchen, heut bleib ich hier.
FRAU LEOPOLDSGRUBER: Sie müssen morgen früh in die Arbeit.
KÄTE: Ich kann hier auf dem Sofa liegen.
FRAU LEOPOLDSGRUBER: Und wer is beim Kurt?
KÄTE: Na, wer denn? Der Junge gehört ja nicht mehr mir. Der liegt beim Franz. *Flüsternd:* Ins Bett, Frau Mutter! *Sie führt die alte Frau hinaus.*
Sie legt sich eine Weile auf den Divan, dann richtet sie sich auf, denn
LENCHEN *phantasiert:* Jott, er blutet ... Jröner ... eins, zwei, drei, vier. Jottseidank, er is wieder hoch. *Wacht auf:* Muttchen, is Herr Jröner da? Frau Leopoldsgruber, Jröner soll kommen! *Weinend:* Warum kommt denn Willi nicht? *Erschrocken:* Jetzt hab ich Willi zu Ihnen jesagt, Herr Gröner. *Lächelnd:* Sind Sie mir nun böse, Herr Jröner, daß ich Ihnen Willi sage ... *Verzückt:* Willi!
KÄTE *tritt an ihr Bett.*
LENCHEN: Muttchen, Sie sind ja nich Muttchen.
KÄTE: Muttchen holt Herrn Gröner.
LENCHEN *schaut über Käte hinweg, als spräche sie mit Gröner:* Sie wissen, Herr Jröner, ich krieg 'n janz weißes Prologkleid ... hinaus aus allen finstern Höfen ... laßt uns hinaus ins Jrüne ziehn.
KÄTE *hat einen kalten Umschlag vorbereitet und legt ihn dem fiebernden Kind auf die Stirn.*
LENCHEN *im Schüttelfrost:* Uhuhu ... es is kalt ... wie lang steh ick schon am Potsdamerplatz ... Zehn Fennje die Nachtpost ... Jott, wie es rejnet ... *Ruft aus, wie sie es so oft getan:* Eisenbahnkatastrophe in Brandenburg ... Sechsundzwanzig Tote ... Jott, Herr Jröner! Zehn Fennje ... Lustmord im Grunewald ... Die Polizei auf der Spur des ... Herr Jröner, warum kommste nich, Willi! ... fünfte Ausgabe ... zehn Fennje ... Dir Lustmörder im Tegeler Forst ... *Schriller Schrei:* Entscheidungskampf Jröner – Spalla ... Jröner siegt nach Punkten ... Herr Jröner. *Furchtbarer Schrei:* Wo is denn Will?
Die Tür öffnet sich, Franz Leopoldsgruber, Frau Leopoldsgruber, Piek und Gröner, Herr und Frau Levy treten ein.
GRÖNER *beugt sich über Lenchen:* Lenchen, da sind wir ja alle.
FRANZ: Die Luft ist zu schlecht!
LENCHEN *über ihn hinweg, sich aufrichtend, als spränge sie aus dem Bett:* Erdbeben in Tokio ... Viertausend Tote ...

FRANZ *hat an dem Fenster einen Ventilator angebracht, der Ventilator surrt.*
LENCHEN *horcht:* Zeppelin über dem Atlantik ... zehn Fennje ... Willi, ich fliege ... Jott, bin ich hoch ...
FRAU LEVY: Nich mehr hören kann ich's, ich lauf zum Doktor. *Ab.*
FRAU LEOPOLDSGRUBER *nimmt wieder den Sessel der Pflegerin ein:* So, jetzt gibst mir die Hand, Lenchen, und jetzt bist du ganz, ganz ruhig.
LENCHEN *selig:* Muttchen, ich fliege ... ich fliege ... *Wieder ausrufend:* Zepp über dem Atlantik ... Letzte Ausgabe der Nachtpost.
Sie fällt in die Kissen. Ein Augenblick Stille. Dann tritt Franz an das Bett, nimmt die Hand, horcht das Herz ab, langsam.
FRANZ: Letzte Ausgabe ... armes Lenchen ...

Vorhang.

10. Bild

Das „Haus im Grünen"

Das Siedlungshaus. Wieder drei Trakte, analog dem ersten Bild, aber zweistökkig, Balkons mit Blumen, zwischen den Trakten ganz weiter grüner, in Parzellen geteilter Garten, die Wege zwischen den einzelnen kleinen Gärtchen mit Guirlanden geschmückt. Von den drei Dächern wehen mächtige rote Fahnen.
Heller Sonnenschein.
Auf dem mittleren Dache sitzend, reitend Leopoldsgruber und der kleine Kurt. Sie hämmern an der Antenne.

FRAU LEOPOLDSGRUBER *ruft aus der Souterrainküche:* Franzl! ... Franzl! ...
FRANZ *vom Dach her:* Was is denn schon wieder? *Zu Kurt:* Die Antenne muß verbreitert werden, sonst san fortwährend Störungen.
FRAU LEVY *von ihrem Balkon:* Herr Piek is natierlich nich zu finden. Herr Piek! ... Herr Piek!
FRAU LEOPOLDSGRUBER *erscheint als Köchin im Küchenfenster, aufgeregt:* Der Herd hat ja kan Zug! ... Da kannst du kochen, ich net ... Die ganze Bäckerei is ma anbrannt.
FRANZ *vor dem Küchenfenster:* I kumm schon.

FRAU LEOPOLDSGRUBER *schimpfend:* Was nutzt mir denn der schönste elektrische Ofen, wenn in der Röhren alles anbrennt! ... Da war ma der alte Herd in der Brunnenstraße no lieber.

HERR LEVY *hat Leopoldsgruber von seinem Balkon aus erblickt:* Herr Leopoldsgruber! ... 'n Moment ... Hören Sie, Herr Leopoldsgruber, mit die Klosetts sind Sie getäuscht worden. Das dritte Mal is schon unser Klosett verstopft! Telefonieren Sie dem Lieferanten ... Endlich mal, hab ich mir gedacht, ein bequemes, ordentliches Klosett, und was ist? Verstopft und kein Wasser! ... Laufen Sie nicht fort, Herr Leopoldsgruber! ... Skandal! ... Wer nimmt denn eine Beschwerde entgegen?

KÄTE *auf dem benachbarten Balkon:* Herr Levy, gönnen Sie dem Armen auch ein bissel Ruhe, er weiß ja nicht mehr, wo ihm der Kopf steht, heut, am Eröffnungstag.

LEVY: Der Mensch muß sich doch beschweren können. Zieh ich deshalb in ein neues Haus, damit gleich am ersten Tag das Klosett verstopft ist?

KÄTE: Warum schreien Sie denn gleich?

LEVY: Ich schrei?

KÄTE: Natürlich, Sie haben ja auch in der Nacht so laut geredet, daß ich jedes Wort gehört hab. Glauben Sie, Ihre Nachtunterhaltungen mit Ihrer Frau interessieren mich?

LEVY: Rosalie, komm heraus ... Hab ich in der Nacht mir dir geschrien? Geflüstert hab ich! ... Was sagst du, Rosalie, jedes Wort hat Fräulein Techow gehört. Ä angenehmes Haus, Wände aus Pappendeckel. Wenn Sie wirklich alles gehört haben, Fräulein Techow, ich hoffe, Sie haben weggehört, dann zieh ich morgen aus. In ä Haus mit so 'ner vorzüglichen Akustik kann ein junges Ehepaar nicht wohnen.

Paule Piek (Festkleid) mit Willi Gröner (Zimmerertracht) kommen von der Besichtigung aus dem Hause.

GRÖNER: Es tut mir leid, Paule, aber der Kinderspielraum is vollkommen mißlungen. Viel zu klein, viel zu wenig hell und die zwei Betonsäulen in der Mitte ... das hätte 'ne Art Turnsaal werden müssen, Luft, Licht, Sonne, aber das is ein besserer Keller ... Bedaure, da kann ich nich bleiben ... Laß mich auch vom Programm weg. Die Zimmer gehn ja an, die Küche meinetwegen, die Gärten ganz schön, aber so ein Haus braucht einen Gymnastiksaal.

PAULE: Stimmt ... Und 'n kleinen Musiksaal? Und eijentlich noch 'n Lesezimmer, und womöglich 'n behagliches hübsches Versammlungslokal mit Theater. Uffs Wellenbad verzichtest du? ... Spaß à pas. Wenn du dir heute drickst, jeh ich auch.

FRANZ *stürzt aus dem Hause:* Also, ich halt das nicht mehr aus. Überall nur Beschwerden, Zank, Verdruß. Da war's ja in der Brunnenstraße gemütlicher. Da ham ma wenigstens alle miteinander aufn Apollo g'schimpft. Ich geh ... Adjö, mich sieht heut keiner.

PAULE *hält rechts Franz, links Gröner:* Nu, paßt mal uff, Kinder, 'n neues Haus is wie'n neuer Stiefel. Dat sitzt nich gleich ... Wenn ihr aber nu weglauft, det is glatter Landesverrat ... So'n neues Haus is jewissermaßen 'n Ehestand. Natierlich war die Verlobungszeit scheener. Aber nu haben wa uns ins Joch jefügt, nu könn' wa nicht vorm Standesamt desertieren.

Die Zimmerer probieren die Instrumente. Festgäste, die Herren vom Wohnungsamt, Mieter in Festkleidung, besonders Zimmerer in Sonntagstracht erscheinen.

PAULE *sieht auf die Uhr:* Zehn Uhr fuffzehn. 'S jeht los.

Zimmerer stellen eine blumengeschmückte Rednertribüne auf, die Mieter und Gäste sammeln sich darum – Mieter und Mieterinnen auf den Balkons.

FRANZ: Schön, bleiben ma. Aber reden tua ich net.

KURT *vom Dach:* Onkel Franz, komm rauf, sieh nach, ich jloob, jetzt klappt die Antenne.

Franz ab aufs Dach.

FRAU LEOPOLDSGRUBER *aus der Küche:* Käte, an Paprika, ich kann do ka Gullasch ohne Paprika servieren.

EINE MIETERIN: Gullasch? Wo die Männer gleich so durstig werden? Hätt heut auch was anderes kochen können.

ZWEITE MIETERIN: Ich hab ihr jesacht, Buletten.

DRITTE MIETERIN: Mein Mann wollte Königsberger Klopse, aber nich mal zujehört hat se.

Kurt steht vor der Tribüne, bläst eine mächtige Trompete, alles wartet.

PAULE *auf der Rednertribüne, holt zur Festrede aus:* Hochgeschätzte Freunde, Genossen, entronnene Flüchtlingsjestalten aus der Brunnenstraße Nr. 124. Jestatten Sie mir an dem heutigen sojenannten Freudentage, wo die Sonne uns alle mit die blendenden Strahlen der

Hoffnung bejlückt, jestatten Se mir mal 'nen kleenen historischen Rückblick. Vor sechs Monaten ham wa alle noch in die finstern und stickigen Löcher jehaust, wo der vaflossene Herr Jeneraldirektor vom Apollofilm uns die blutjen Zinsjroschen abjeknöppt hat. Wen vadanken wa nun det Haus im Jrünen, wo wa jewiß noch nich alle Ideale vawirklicht sehen, indem ja der Ehestand lange nicht so rosig ist wie de Verlobungszeit, wie ich ja Jottseidank nich aus eigener Erfahrung weiß. Jestatten Sie mir noch 'ne bescheidene Bemerkung. Kritik is 'n Vergniegen, besonders in Berlin, aber Uffbauen, ich meene von 'nem halbwegs neuen Haus, is ooch nich janz zu unterschätzen. Wem vadanken wa nun det Haus im Jrünen, wo wa uns heute mit 'nem Stoßseufzer der Befriedigung niedalassen? Erstens unsam Prinzip: Eener für alle, alle für Eenen, wat wir ja schon aus de Schulbiecher jeniegend kennenjelernt ham, bei der Geschichte von dem einzelnen Stock, den jeder Generaldirektor brechen kann, und bei dem jewaltjen Bund der zusammenjefüchten Stöcke, wo sich alle Generaldirektoren der Welt die Zähne uff Jranit beißen können. Zweetens vadanken wa det Haus im Jrünen de Arbeeterhände, wat hier am Werke waren. Jenossen! Arbeet is nich immer schön, Arbeet is meistens 'ne notjedrungene Leistung fürn Ernährungsapparat. Aber die Arbeet für die Arbeeter, ick meen nich für die Jeneraldirektoren, sondern die Arbeet für's Arbeetsvolk, det meen ich, die Arbeit kennte, wenn nämlich nich zu viell jeschimpft wird, beinah in reenes Verjnügen ausarten. In diesem Sinne danke ich trotz einzelne Mängel die Erbauer inklusive die Herren Berater der Stadt, die ich nich überjehen darf, und besonders die schaffenden Hände des Vereins „Felsenfest", der in unseren Herzen sich ein Denkmal jetreu seinem Namen errichtet hat.
Beifall, Fahnen, Kurtchen bläst in seine Trompete.
Und so bitte ich den Obmann des Vereins „Felsenfest", die Schlüssel des Hauses feierlich zu ergreifen.
GRÖNER *zu Paule:* Kommt nicht zuerst der Prolog?
PAULE *zu Kurt:* Kurtchen, sag mal das Jedicht auf! *Stellt ihn aufs Podium.*
KURT: Vor alle Leute? Nee!
FRANZ *soufliert:* Hinaus aus allen finstern Höfen ...
KURT *heulend:* Hinaus aus dem finstern Hofe ... Ich kann nich ... Gedichte sind für olle Leute.

FRANZ *zu Paule:* Laß mich, Paul. *Er stellt den Parlophonkasten aufs Rednerpult, öffnet ihn:* Wir wollen heute vor allem die Stimme unserer allseits unvergessenen Genossin, Lenchen Pape, hören, die sich nix so sehr gewünscht hat, wie mit uns aus der Brunnenstraße ins Grüne zu ziehen. Ich bitte um Ruhe für den Prolog. *Er kurbelt an.*
Lenchens Stimme aus dem Parlophon:
> Hinaus aus allen finstren Höfen,
> laßt uns hinaus ins Grüne ziehn.
> Elektrisch heizen, keine Öfen,
> vor jedem Fenster etwas Grün.
> Landsberger soll uns nicht mehr pieken.
> Das Haus steht fest auf unserm Grund.
> Wir können in die Zukunft kieken.
> Hier wird der Proletar gesund!
> Und steh' ich hier im weißen Kleide ...

Der Apparat bricht schnurrend ab.
Frau Leopoldsgruber schluchzt.
FRANZ *schiebt ihr einen Sessel hin:* Aber Mutterl! Denken S' ans Gullasch.
PAULE *hat sich mit dem Taschentuch scheinbar die Stirn getrocknet, verdammt gerührt, versucht zu reden, endlich:* Der Weltmeister Willi Gröner hat das Wort.
Frau Leopoldsgruber hat noch einmal aufgeschluchzt.
GRETE MÜLLER *stürzt zu ihr hervor, sie hat hinter den Zimmerleuten gestanden. Sie ist noch immer apart, aber nicht mehr so auffällig gekleidet.* Muttchen, nehmen Sie ein bißchen Fleur de Paris. *Reicht ihr das Taschentuch.*
FRAU LEOPOLDSGRUBER *schnuppert das Parfüm:* Jessas, der G'stank, lieber geh ich zu mein Gullasch.
GRÖNER *zu Grit:* Haben Sie sich aus Ihrer Villa im Grunewald herbemüht?
GRETE *trotzig:* Villa is noch nich. Nur 'ne kleine Bleibe in der Lützowstraße. Müssen Sie sich mal ansehen kommen. Oder bin ich für'n Weltmeister zu schlecht?
GRÖNER *gelassen:* Zu schlecht ist niemand.
GRETE: Weil Sie mir doch mit'n bißchen Verachtung strafen.
GRÖNER: Verachtung? Steht nicht in meinem Wörterbuch. Sie schauen ja gut aus, Kleidung prima, *lächelnd* Pariser Modell.

GRETE: Beinah', is ein Hammel aus unserem Jeschäft.
GRÖNER: Geschenk von Egon?
GRETE *schnell:* Egon? Dat war doch nur janz vorübergehend! Ick weiß nich, wo der is. Der Apollo ist doch pleite und überhaupt, Film is jemein! Ick bin jetzt Modewaren, Lennéstraße.
GRÖNER: Oh, gratuliere, Fräulein Grit.
GRETE: Jetzt heiße ich wieder Grete.
PAULE *unterbricht ärgerlich das Gespräch:* Willi, erlaube, daß ich unterbreche, du kannst dir jetzt nicht auf Privatkonversation einlassen, du hast das Wort!
GRÖNER *auf der Rednertribüne:* Liebe Festgenossen! Eben wird mir mitgeteilt, daß der Apollofilm, der uns auf die Straße setzen wollte, der Generaldirektor, den wir gestürmt haben, pleite ist.
Rufe: Bravo!
Das ist das Schicksal. Und an demselben Tage eröffnen wir dieses Haus, wo Sonne und Luft in alle Stuben dringt. Leider fehlt diesem Haus im Grünen noch ein richtiger Saal für Leichtathletik. Das wird die erste Verbesserung sein.
LEVY *(Zwischenruf):* Wir sind keine Weltmeister!
GRÖNER: Da möchte ich Herrn Levy sagen: wer weiß, wie lange ich es bin! Ich habe heute mit einem weiblichen Vereinsmitglied gesprochen, die auch einmal hoch hinaus wollte, mindestens weltberühmt werden wollte, und nun ist sie ohne Rosinen in den Arbeitssaal zurückgekehrt. Das ist sehr wichtig! Meine Freunde, der sogenannte Ruhm und der Begriff „Felsenfest", das ist zweierlei. Soll ich mich entscheiden, so pfeife ich auf den ganzen Klimbim mitsamt den Bildern in den Zeitungen und mit dem Weltruhm, der morgen schon wieder weggeblasen. Werte Freunde, das Haus im Grünen, wir wollen uns nichts vormachen, ist nicht in alle Teile ganz geglückt.
Zwischenruf: Klosettanlage!
Nich nur die Wasserspülung. Vor allem fehlt unbegreiflicherweise der passende Turnsaal. Ich hatte, und ich kann sagen, ich habe auch heute noch die Absicht, hier für die Jugend eine Schule einzurichten, wo nicht ein Junge sein wird, der nicht schwimmen, springen, sich verteidigen kann, und die Verteidigung, meine Freunde, die Verteidigung geht vom Kopfe aus. *Brausender Beifall.* Die Köpfe und die Herzen müssen felsenfest werden, dann wird die ganze Welt sehr

bald im Grünen stehen. In diesem Sinne stimmen Sie ein in unser Lied.
Lied der Zimmerer, erste Strophe.
PAULE: Ich danke Willi für seine festlichen Ausführungen und erkläre damit den ernsten Teil unserer Feier beendet.
Die Siedler kommen von den Fenstern und Balkons herunter.
FRANZ *aufgeregt von seinem Balkon herunter:* Was heißt denn das? G'hör i net zum ernsten Teil? Kurtchen, verbind uns mal mit San Franzisko auf Welle 612.
Man hört eine amerikanische Jazzmusik. Die Paare beginnen zu tanzen.
FRANZ: Abstellen! Kurt, abstellen! Jetzt wollen wir Paris hören! Welle 308.
Man hört Variationen der Marseillaise. Mitsingen, Geschwätz, Gelächter.
FRAU LEOPOLDSGRUBER *ruft aus der Küche:* Franzl! Schlag's Bier an, ich komm gleich mit's Gullasch.
Buben und Mädeln servieren Bier.
FRANZ *aufgeregt:* Jetzt schon? Is Gullasch fertig? Und die Nockerln a? Meine Herrschaften, ein historischer Moment, Photographen vor! Das erste Gabelfrühstück zu Haus! Kurt, jetzt stell Wien ein, Welle 408!
Man hört einen Wiener Walzer, Buben und Mädeln tragen Gulyás auf.
PAULE *zu Frau Leopoldsgruber:* Darf ich bitten, Muttchen?
FRAU LEOPOLDSGRUBER *tanzt glücklich:* Jessas, i komm ma vor wie in Weidlingen.
GRÖNER: Darf ich bitten, Fräulein Müller?
Grete legt sich in seinen Arm.
Franz sieht dem allgemeinen Tanz glücklich zu.
Käte kommt zu ihm.
KÄTE: Was tun Sie denn, Franz? Sie sehen ja so glücklich aus.
FRANZ: Na ja, ich bin glücklich!
KÄTE: Und da stehn Sie daneben?
FRANZ: Das bin ich gewöhnt, von Wien her. Zuschaun ist das Schönste!
KÄTE: Ja, vielleicht in Wien! Aber in Berlin muß man zugreifen! *Sie führt den willig Nachgebenden als Tänzerin fort. Der Walzer wird hinreißend.*

Vorhang.

[SCHWABINGER DIALOGE]

[Zusammen mit Franziska zu Reventlow]

schwabinger cäsarenwoche
(bericht der agencia maccaroni)

der aufenthalt des ERLAUCHTEN bei seinen schwabinger getreuen fand seinen weihevollen abschluß mit der gestrigen abendfeier im weihenstephinger georgianum. zur aufführung gelangte ein festspiel, als dessen verfasser von halb offiziöser seite der bekannte schriftsteller gueule de loup bezeichnet wird (sic! d. red.). wir geben dasselbe hier in ungekürztem abdruck wieder!

Sieben folgen der gambriantiasis
im März 1904.

GAMBRINUS – – – –
    seht her ich bins, der euch gebärt
    der sich verschlingt, gebärt und nährt
    der immer neuen dunkels toll
    sich säuft am eignen safte voll
    aus rausches qualm
    erwächst mein salm
    in sud und seim
    bin ich daheim
    ich, aller reime lebensleim
    aus meinen spitzen
    will ichs euch spritzen
    selber besoffen
    steh ich euch offen
    die ihr getauft in blätterflut
    prost kinder sauft – mein bier – mein blut.
        caracalla und tizianellino.
CARACALLA:
    blinkende Steine sind meine glut
    fleisch und gebeine sind nicht mehr gut
    kohlschwarzen gartens einerlei
    schimmernden schillers brökelgebräu
    ich hab es satt es macht nur matt

>   mein junge deine frische gier
>   da kommt sie recht gelegen mir
>   deinem verehren will ich nicht wehren
>   deine liebe wärme schlaffe gedärme
>   komm kleiner schwärme
>
> TIZIANELLINO:
>   ich schlich in die natur hinein
>   da sucht ich nach dem schönen schein
>   ich fand geschwind ich fand nicht viel
>   viel süßer ist das zwieselspiel
>   du lehrtest mich: für dünnes blut
>   taugt rote renaissance gut
>   er gibt uns mut und reimeskraft
>   den ich dir kredenze gambrinussaft
>   *medschnun und manila.*
>
> MANILA:
>   muß heute meine verse wässern
>
> MEDSCHNUN:
>   komm liegen wir lieber an langen fässern
>
> MANILA:
>   muß mit gedanken gefahren laufen
>
> MEDSCHNUN:
>   ich werde dir eine halbe kaufen
>
> MANILA:
>   mmm wie das mundet: tief im schacht
>   ist wicht und fee mir aufgewacht
>   von baum und baum tropft traum und traum
>
> MEDSCHNUN:
>   du ahnst es kaum
>   komm schleichen wir uns hintendran
>   da zapfen sie gerade ne lage an.
>   *radfahrer im schwarzen zwitter.*
>
> RADFAHRER:
>   ist diese bude ein verschank?
>   mir wankt der grund ich raste lang
>   ich habe kilometer gefressen
>   mich können nur meilensteine ermessen

die pöbelblase ließ ich zurück
sturm ist mein glück
die nacht meine base
zwar meistenteils roll ich allein
heute will ich von der gesellschaft sein
mein dürsten drängt von meer zu meer
in diesem sinne trink ich leer *(schoppt den gambrinus an)*
oberlehrer und knaben.
OBERLEHRER:
ich bin hier doch schon einmal gesessen
und ihr seid noch da ihr guten frommen
KNABEN:
es ist kein neuer meister gekommen
da warten wir auf den alten indessen
da bist du nun wieder bei der nacht
du der uns gelehrt wie man es macht
du lehrtest uns leimen du lehrtest uns tünchen
OBERLEHRER *(trinkend)*:
o schwarm von schwabing malz von münchen
schreit nicht so laut und stört mich nicht
mir steigt ein wunderbar gesicht
ein schwankendes schiff ich selber drauf
am steuer sitze ich und sauf
jetzt um die klippe es geht wohl kaum
KNABEN:
o meister meister welch ein traum
OBERLEHRER:
nur fest das steuer sapperlot
gleich schmeiß ich um mit meinem boot
sie winken mir haltet mich genossen
wohin mit mir das bild ist zerflossen
KNABEN:
meister du hast nur das bier vergossen
der weiberchor.
CHORFÜHRERIN *(mit yellender stimme)*:
wir trinken mit wir trinken gerne
wenn wir stöhnen tönen die sterne

o blut o bier o gott wie naß
o erstgeborene schwester faß
1 UND 2:
wir wollen auch wir sind noch neu
3 UND 4:
wir sind schon längere zeit dabei
5 UND 6:
wir schäumen ewig wie das gebräu
CHOR:
o born und hort
wir gehn nicht fort
o naß o naß
der tag begann
wir weib und weib und mann und mann
wir kehren stets zu dir o faß
DAS BLAUE KIND:
ich bin noch klein
möcht auch dasein
ich hörte meine mutter schreien
ich schlief so tief
bis mutter rief
jetzt bin ich da
mama mama
gambrinus und gesamtchor:
GAMBRINUS:
hoch über euch mein volles maß
lebendig wird das toteste aas
die leiber voll die seelen nackt
die tränen schäumen den extrakt
die bäuche prangen voll im saft
die tiefsten riegel springen
allher du kraft
aus fasses haft
wir wollen dich verschlingen
GESAMTCHOR:
komme du komme du unser vater
siehe wir harren heiland salvator

GAMBRINUS:
  ich bin kein vater mutter bin ich euch
CHOR:
  du gibst uns zu saufen da bleibt sichs gleich
GAMBRINUS:
  es ist ausverkauft
CHOR:
  die letzte sauft geschwind
  ewig dir mutter besoffenes kind.

Schwabinger Walpurgisnacht

Fratzenzug auf das Jahr 1905.
Faust, Mephisto.

FAUST:
>Führtest mich die Weit und Breit
>Auf Mantel, Roß und Welle
>Wohin kommen wir denn heut,
>Was ist dies, Geselle?

MEPHISTO:
>Abend rot und Morgen fahl,
>Felder voll Gemüse.
>Schwabing heißt das feuchte Tal
>Und dies ist die kosmische Wiese.
>Aber such und witter nicht,
>Kannst getrost betreten.
>Findest du die Mütter nicht,
>Findest doch Curiositäten.

FAUST:
>Sag mir wer die Schemen sind,
>Die dort rasten im Rasen?

MEPHISTO:
>Atme du nur fein gelind.
>Sonst sind sie zerblasen.

FAUST:
>Nacht ist es und kein Licht kommt
>Aus dem Dunkel droben.

MEPHISTO:
>Daß um Gottswill'n der Mond nicht kommt,
>Sonst sind sie zerstoben.

FAUST:
>Sind es Männer, sind es Frau'n?
>Wie verzückt sie schauen.

MEPHISTO:
> Mußt nur recht andächtig schau'n
> Daß sie dir vertrauen.

FAUST:
> Sag mir was bereiten sie
> Dort, was soll das heißen?
> Täppisch feierlich schreiten sie
> Dort um einen weißen –

MEPHISTO:
> Kennst du nicht den schwarzen Bock,
> Herrn der Höllengeister?
> Der im weißen Feierrock
> Ist ihr Zaubermeister.
> Um zu zeigen, daß sie ganz
> Seines Diensts beflissen,
> Siehst du sie den schwarzen Schwanz
> Weißen Satans küssen.

FAUST:
> Ist nun dieses Ritual
> Heidnisch oder christlich?

MEPHISTO:
> Ach, es scheint mir dieses Mal
> Eben nur jahvistisch.

FAUST:
> Aus dem Kreise flieht ein Licht,
> Weiß sich nicht zu setzen,
> Will mit andern Lichtern nicht
> Sich am Tanz ergetzen.
> Sieh, schon spürt es unsre Spur,
> Mir wird seltsam zu Mute.

MEPHISTO:
> Ach, es ist ein Irrlicht nur
> Leuchtend wie mit Blute.

IRRLICHT:
> Seht ihr Herren den Scandal
> Dieser Ketzerchristen.
> Profanierung ist das Bacchanal

Der kastrierten Mysten.
Svastica und Purpurkind
Sind aus meinem Speicher.
MEPHISTO:
Sag uns, wer die andern sind,
Guter Mutterschleicher.
IRRLICHT:
Ach, die besten flogen fort,
Die Mysterienkenner.
Zur Verehrung blieben dort
Nur noch junge Männer.
Locken junge Knaben an
Arisch und semitisch.
Daß daran sich laben kann
Satan molochitisch.
Schwarze Messen lassen sie
In weißen Kleidern tanzen.
Mit Mummenschanz befassen sie
Sich wie mit Substanzen.
Und als kultisch sehn sie an
Ihre Beardsleyhosen.
Wer sie trägt außer dem Bann,
Der wird ausgestoßen. *(Großes Geschrei.)*
FAUST:
Was gibts dort, wo die großen Sphinxe liegen?
IRRLICHT:
Lebt wohl, ich muß zu den Kabiren fliegen. *(ab)*
MEPHISTO:
Sieh näher hin, die Sphinx hält einen schlanken
Recht hübschen Jüngling in den Löwenpranken.
SPHINX:
Holla, Herr Junge, wir wollen ihm vertreiben,
Bleichsüchtige Jamben über uns zu schreiben.
Da langt er wie der Bube nach den Bretzeln
So mal nach Mittag nach der Sphinxe Rätseln.

JÜNGLING:
: S'ist nicht so schlimm gemeint. Bringt mich nicht um,
: Es war ja nur ein Exercitium.
SPHINX:
: Laßt eure Schularbeiten in dem Schranke,
: Kunstprunker, hütet euch vor meiner Pranke.
: Fahr ab *(läßt ihn los)*
JÜNGLING:
: Es finden sich schon andre Themen.
: Verlassen wir die antikisch unbequemen
: Kolosse. Auf, in das romantische Feld.
: Ilja von Murom ist's der mir gefällt. *(ab)*
MEPHISTO:
: Wende Augen nun und Ohr
: Von Vers- und Pontifexen.
: Sieh, dort kommt ein ganzer Chor
: Angenehmer Hexen.
HEXEN:
: Wichtig fahren wir daher,
: Katzen, Schlangen, Kälber,
: Daß wir alle erotisch sehr
: Das versteht sich von selber.
STIMME:
: Die junge Lyttia reitet allein
: Auf einem enormen Mutterschwein.
HALBHEXEN:
: Sind eurer viel, unsrer sind mehr.
: Ohne Besenstiel trippeln wir hinterher,
: Wären auch gerne Hexen frei.
: Betreiben einstweilen die Malerei.
TROIS-QUART-HEXE:
: Bin ich noch nicht auf's Ganze aus
: Leb ich mich doch im Tanze aus.
: Indes ich Schleier schleife
: Und in die Wolken greife,
: Ach, Derwisch, gong und pfeife.

FAUST:
(seitwärts blickend) Wer ist denn das?
MEPHISTO:
    Betrachte sie genau
    Lilith ist das.
FAUST:
    Wer?
MEPHISTO:
    Adam's erste Frau.
FAUST:
    Sie sieht so aus, als müßt sie größer sein.
    Sie hält sich fern, sie scheint allein.
MEPHISTO:
    Im Gegenteil, sie ist zu drein.
    Denn neun ist eins und zehn ist keins,
    Das ist das Hexen-Einmaleins.
    (Der Graphomant kommt auf Lilith zu.)
GRAPHOMANT:
    Weib, webst du noch gefährlich in den Nächten?
    Du hattest teil an unsren Heidenfesten.
    Nun gehst du zu den Guten und Gerechten
    Und blendest sie mit den enormen Resten,
    Und übst dein schlimmes Spiel von neuem immer
    Und weckst mit schönem Scheine das Vertrauen
    Belanglos bist du unter allen Frauen
    Ein Ende mach ich deinem Lügenflimmer.
MEPHISTO:
    Entschuldigen Sie, wenn ich Sie unterbreche,
    Allein ich muß Unmögliches verhüten.
    In Sachen Lilith hab ich mitzusprechen.
    Denn unser ist sie, laßt sie los in Güten.
GRAPHOMANT:
    Moralgespenst!
MEPHISTO:
    Herr – – Wie's doch leicht ist,
    Die Frucht am Apfelbaume zu negieren.
    Was Eurer Herrlichkeit Gefahr vielleicht ist

Vermeidet ihr Gescheiten zu verspüren.
(Läßt Lilith unter seinem Mantel verschwinden.)
Neues Geschrei: Macht Platz, macht Platz.
FAUST:
Wer ist denn dieser Schreier?
MEPHISTO:
Der Sänger Orpheus mit Pince-nez und Leier.
GRAPHOMANT:
Orpheus – wie? ward er nicht umgebracht?
ORPHEUS:
Laßt singen mich – – – ich küßte diese Nacht – –
MEPHISTO:
Hör auf, hör auf dich zu versifizieren.
ORPHEUS:
Warum denn?
MEPHISTO:
Ja, bekommst du nie genug?
Du bist doch sonst verhältnismäßig klug,
Verehrtester, mußt du dich auch blamieren?
ORPHEUS:
Ich sehe wohl bei andern den Humbug.
Und constatiere Niedergangssymptome,
Bei mir kann ich seit dem verbrannten Rome
Nur immer wieder Fortschritt constatieren.
GRAPHOMANT:
In den Bachofen mit dem Kerl
MEPHISTO:
S'ist schade,
Er bessert sich vielleicht –
GRAPHOMANT:
Tut nichts, er wird verbrannt.
Zerreißt ihn.
MEPHISTO:
Da kommt schon die Mänade.
Sie zaudert, sauersüß ist ihre Miene.
MÄNADE:
Ich würf ihn lieber mild in die Latrine.

ORPHEUS:
> Ja, darein werft mich, das möcht ich erleben,
> Das muß mir Stoff zu ganz was neuem geben,
> Obwohl ich übrigens schon mal als Knabe
> Im Unbewußten was erfahren habe,
> Was später dann mein reiferer Verstand
> Im Mutterrechte schön bestätigt fand.
> Wie fügte sich's schön. *(wird weggeschleppt)*

GRAPHOMANT:
> Gottlob, der ist hinüber.

MEPHISTO:
> Getrost, der kommt zurück, der überlebt euch alle,
> Kriecht aus dem Labyrinth wie aus der Mausefalle.
> Er wandelt sich in Wesen und Geschlecht.
> Der ist von dauerhaftem Zeug, mein Lieber.
> Und paß mal auf, zuletzt behält er recht.

FAUST:
> Wer kommt dort wie von Osten, wie von Süden?
> In buntgestreiftem, weißem Wollgewand.

MEPHISTO:
> Ein Patriarch –

PATRIARCH:
> Mit euch, ihr Männer, Frieden.
> Wo ist der Herr, mein Gott, der Graphomant?

GRAPHOMANT:
> Hier stehe ich zu richten und zu verderben
> Der Same des Belanglosen soll sterben.

PATRIARCH:
> Du bist der Herr, der du gestrenge richtest,
> Den Lehm zerstreust, den deine Hände formen
> Doch das sei ferne, Herr, daß du vernichtest
> Mit dem Belanglosen auch den Enormen.

GRAPHOMANT:
> Ich bin der Herr, ich löse und ich forme
> Und finde ich in Schwabing 5 Enorme
> Sei um der fünfe willen euch vergeben.

PATRIARCH:
Ach, Herr, ich unterwinde mich ganz frei
Mit dir zu reden, Herr, es möchten leben
Fünf minus zwei Enorme, nämlich drei.
GRAPHOMANT:
Du weißt, wären es drei, daß ich euch nicht verdürbe.
PATRIARCH:
Du, Herr, und ER und ich – sind wir nicht drei?
GRAPHOMANT:
Nicht drei enorm.
PATRIARCH:
O Herr, wie gern ich stürbe.
Dann blieben du und er – Enorme zwei.
GRAPHOMANT:
Ich bin allein, nur einer ist der erste
In Schwabing. Regne Schwefel, Erde berste *(es geschieht)*
PYGMÄNENCHOR:
Wie war's in Schwabing doch vordem
Für uns zu leben so bequem
Nun müssen auf Trümmern wir klagen.
Wir hatten ein Teilchen doch auch von der Pracht,
Mitschwärmend in der gelösten Nacht,
Mitwitzelnd an festen Tagen.
PYGMÄ-LION:
Sie hatten viele Schwärmerei,
Aber nicht den Verstand dabei.
Ich warnte sie oft vergeblich.
Sie glaubten, daß alles gegeben sei.
Ich wollte sie lehren, daß zwei mal zwei
Das fanden sie nicht erheblich. *(abstrahiert sich)*
PYGMÄNENCHOR:
O Schwabing, o Schwabing, wie warst du vordem
Ein Feuerchen, wärmend und angenehm.
Wo werden wir wieder erwarmen?
Wir fürchten jeden Fensterzug
Und müssen nun mit im Gespensterzug
Umirren – wir Armen, wir Armen.

GRAPHOMANT *zu Faust und Mephisto:*
   Laßt alle die und kommt in meine Bude,
   In mein Museum tretet ein,
   Auf dem Parnaß herrscht heutzutag der Jude
   Die Pythia offenbart sich mir allein.
   Ich suchte sonst nach Menschen von Belang
   Ich hoffte Essentielles sei gemeinsam
   Sie fuhren alle hin, es dauerte nie lang
   Zuletzt ist der Enorme einsam.
   Damit ich künftig Herr in meinem Reich sei,
   Stell ich mir selber meine Welt zusammen
   Und forme ein Geschlechte, das mir gleich sei
   – Im Anfang war das Wort – aus Logogrammen.
   Realität war mir von jeher peinlich.
   Das Zeugen von bisher ist mir nicht reinlich.
   Um ein für allemal mein Volk zu wahren
   Vor runden Schädeln und brünetten Haaren,
   Misch ich mir – denn auf Mischung kommt es an –
   Arkaden und Guirlanden hier zur Masse –
   Proleptische Wollust – gedacht, getan.
   Mir selber schwanger mach ich meine Rasse.
   Als eigner Marktschreier bitt' ich euch einzutreten.
   In's Cabinet meiner Enormitäten. *(sie treten ein)*
GRAPHOMANT:
   Seht, seht, es steigt aus Tinte, Begriff und Grausen.
   Verfahr ich so Naturen durchzupausen,
   Wächst es mir aus Majuskeln und Minörkeln
   Zu dextrogyr-sinistrogyren Schnörkeln.
   – Mit der gestützten Nebenrichtung wärm ich
   Was sonst gedankendünn und fadenförmig.
   Gehextes hexe ich noch viel verhexter
   Mit dem xenologischen Ambidexter –
   Seht, hört, zu Leib und Stimme wird und wächst er.
HOMUNKULUM *in der Retorte:*
   Weh mir, mich gibts, doch ist mir noch neutral
   Ich möchte gern im besten Sinn entstehen

Sei lieb und laß mich, Väterchen, noch mal
Den Weg vom Vater in die Mutter gehen.
GRAPHOMANT:
Hermaphroditisch hohes Glück versprach
Dir, undankbar Geschöpf, meine Biotik.
HOMUNKULUM:
Verschone mich mit krampfhafter Zelotik ...
Der Geist ist billig und das Fleisch gibt nach.
MEPHISTO:
Gewähre ihm, Erhabener und finde
Ihm eine Mutter, dir wird es gelingen.
GRAPHOMANT:
Auf, also in der Höhle Hintergründe
Meine Ideen leiblich unterzubringen.
(sie gehen in den Hintergrund)
MEPHISTO:
Welch seltsame Gesellschaft finden wir,
Nur schade, daß sie uns den Rücken kehren.
GRAPHOMANT:
Vergessen sind die Conventionen hier
Ich will euch gern von hinterwärts erklären,
Zu welchem Wesen jeder Rumpf gehört:
Das ist der Träumer dort.
TRÄUMER:
Ich ging mit K. –
FAUST:
Was sagt er?
GRAPHOMANT:
Still, daß ihr ihn mir nicht stört.
Das auf dem Dreifuß ist die Pythia.
MEPHISTO:
Man sieht von hinten nicht sehr viel von ihr.
FAUST:
Und jener, der den Schädel sinnend stützt?
GRAPHOMANT:
Das ist mein Graphometer-de-plaisir.
Ein ernster Mann. Der Platz auf dem er sitzt,

Ist ihm von täglicher Gewohnheit eigen.
Er ist beschäftigt und er weiß zu schweigen.
MEPHISTO:
Da kommt ein dritter, eilig, ernst und heiter.
GRAPHOMANT:
Ein Gast wie ihr, bekannt als Bilderdeuter.
(Bilderdeuter in Galoschen, eine Mappe unterm Arm.)
BILDERDEUTER:
Ein wenig katharral wirkt hier der Wiesen Gärung.
Ich hoffe, Sie beginnen recht bald mit der Beschwörung.
GRAPHOMANT:
(mit Geste) Gedanke sinke, Bildnis steige auf.
Ihr Mütter schickt die Mutter mir herauf.
HOMUNKULUM:
Den Vater auch.
GRAPHOMANT:
Auf den kommt es nicht an.
HOMUNKULUM:
Er hat doch auch sein Teil an mir zu tun.
GRAPHOMANT:
Er ist verschollen, lassen wir ihn ruhn, –
O weh, da kommt er ganz von selbst heran.
Damon erscheint.
FAUST:
Im grauen Kleid? Mythologie ist nackt.
MEPHISTO:
Das steht ihm sicher besser als sein Akt.
FAUST:
Wie schnell geschieht, was langsam sonst geschah,
Mir kostete es damals fast das Leben.
Seh ich's nicht schwer und weiblich sich erheben?
Sie ist's. –
Helena erscheint.
GRAPHOMANT:
Fürwahr, sie ist es, Helena.
HOMUNKULUM:
Die Eltern küssen sich, mir wird ganz wunderbar.

GRAPHOMANT:
   Geh ein und werde.
HOMUNKULUM:
   Ja, mit viel Vergnügen.
   Recht lieblich ist in ihrem hellen Haar
   Die neue Mutter, lieblich ist's zu liegen
   Ihr unterm Herzen und in ihrem Schoß.
   Zurück in's Mütterlichste ziehts mich mächtig.
   Fürwahr, Gott schuf den Menschen zweigeschlechtig.
   Die Wirklichkeit ist wirklich ganz famos. *(verschwindet)*
BILDERDEUTER:
   Mit Wissen und Bedacht, nach allem was geschah
   Nenn ich dies Stück Damon und Helena.
GRAPHOMANT:
   (sehr blaß) Was Damon, bin ich nicht an dieser Stelle?
   Und sind die Zeichen nicht aus meinem Geist?
MEPHISTO:
   Mein armer Freund, der arme Wahn zerreißt.
   Du weißt nur wie das Ding mit Worten heißt,
   Und wird es wirklich, dann mußt du zur Hölle.
   Ja, christlich, sittlich in den Feuertiegel.
   Doch will ich dir ein Plätzchen reservieren,
   von wannen du von fern in einem Spiegel
   Die Heiden der Vorhölle siehst spazieren.
   (alle Gespenster verschwinden)
FAUST:
   Ist das nun alles, was du mir versprochen?
   Ist das der großen Schwabing großes Ende?
MEPHISTO:
   Es ist kein Ende, ist nur unterbrochen.
   Und nach der nächsten Wintersonnenwende
   Beginnen sie von neuem hier zu hupfen
   Und um Walpurgis werden sie zu Mahren.
FAUST:
   Fort, fort, der Urduft klebt in meinen Haaren,
   Man holt sich hier ja nichts als einen Schnupfen.

Andreas Thomasberger

Nachwort

Von Pan zu Apollo (GmbH)

Der vorliegende Band enthält scheinbar Unvereinbares. Von den ersten Gedichten des Studenten Franz Hessel aus ‚Wahnmoching', dem Schwabing um 1900, zu dem Volksstück *Sturm auf Apollo*, an der „schönen, grauen Panke" in Berlin um 1930 spielend, dürfte schwerlich ein gerader Weg führen. Die Vorstellungen vom Status der Kunst und ihrem Verhältnis zur Realität, wie sie die Lyrik im Umkreis Stefan Georges beherrschten, stehen vermeintlich zu wenigem in größerem Gegensatz als den Liedern, die Hessel 1922 im *Bänkelbuch* veröffentlichte, den Gedichten, die Ende der 1920er-Jahre in Zeitungen und Zeitschriften erschienen, und eben dem *Volksstück in zehn Bildern*, das in Coproduktion mit Stefan Großmann entstand und im Januar 1930 uraufgeführt wurde. Und dennoch: Auch wenn das Unvereinbare nicht zur Werkeinheit gezwungen wird, zeigen sich bei genauerem Hinsehen Kontinuitäten, Ähnlichkeiten der kulturellen Bezugspunkte, des Verhaltens zur Wirklichkeit und der Aufmerksamkeit für paradoxe Situationen und Umbrüche, die Korrespondenzen und Zusammenhänge im Heterogenen erkennbar werden lassen.

1901 erschienen zwölf Gedichte in *Avalun. Ein Jahrbuch neuer deutscher lyrischer Wortkunst herausgegeben von Richard Scheid zu Muenchen.* Hessel hatte sich bereits zum Wintersemester 1899/1900 an der Münchener Universität eingeschrieben, zunächst für die Jurisprudenz, danach für das Studium der Philosophie, Germanistik und Kunstgeschichte.[1] Mit den Gedichten in *Avalun* erwies er sich als Lyriker auf dem Niveau der Zeit, der den Umgang mit Natursymbolen und Alliterationen ebenso beherrscht wie den produktiven Bezug auf lyrische Traditionen (z. B. das Tagelied mit dem *Buhlenscheidelied*) und die Gestaltung von Erfahrungen der Trennung und der Entfremdung. Ein

---

1 Vgl. dazu ausführlicher Dirk Heißerer: *Die Zeit von ‚Laura Wunderl'. Franz Hessel in München*. In: *„Genieße froh, was du nicht hast". Der Flaneur Franz Hessel.* Hg. v. Michael Opitz u. Jörg Plath. Würzburg 1997, S. 37–52.

bleibendes Charakteristikum von Hessels Lyrik ist das Paradox, hier noch selbstgenießend formuliert: „wie so schön ich leide!" (*Der Page*), und das Thema der Entfernung von Kind und Mutter, wobei der Mutter als „Mutter Erde" (*Heimkehr*) erotisch gedeutete Alleinheit und Ursprünglichkeit zugeschrieben wird.

Hessel war also vorbereitet auf die bemerkenswerte Nebenrolle, die er in ‚Wahnmoching' spielen sollte, auf die künstlerischen und lebenskünstlerischen Ereignisse in den Kreisen um George, Wolfskehl, Klages, Schuler und die Gräfin Franziska zu Reventlow. Über die Gräfin Reventlow soll er mit Karl Wolfskehl bekannt geworden sein, dessen Wertschätzung Bachofens er – wenn auch nicht ganz ohne Ironie – teilte: Bezüglich einer Handschrift des Gedichts *Einladung* unter dem Titel *Am Strande*, die er am 7. Mai 1903 an Franziska zu Reventlow sandte, schrieb er:

> Dies, Frau Gräfin, ist das seltsame kind einer traumdurchwachten nacht. Ich wollte es vor dem klug beleuchtenden auge verbergen. Aber es will zu seiner mutter. Da ich nun dem mutterrecht anhange, so sei Ihnen die gewalt eigen über tod und leben dieses wesenlosen nachtgeschöpfes. Legen Sie die kühlen hände der weisheit auf die erhitzte stirn der thorheit. Ich fühle selbst das komische meines vielen Verselns. Gott helfe mir etc etc etc. Man lasse mir die reime zum rasen und die klänge zum tief-atmen, jagen und ruhn. – Ich werde dafür im Leben haltung zu wahren wissen. Bergen Sie dies tief in treue Schatullen vor den augen der klugen. Denn niemand soll wissen von meiner abhängigkeit. Diese verse sind zu wahr, zu wenig köstliches spiel. Ach, mir ist wirklich angst, zu früh erkannt zu werden. Aber ich kann nicht mehr zurückhalten, was schon wort geworden ist. Haben Sie geduld mit Ihrem verwirrten, dumpfen, überwachten Franz Hessel.[2]

Die Gräfin hat Hessel, der seit dem November 1903 bis zum Frühjahr 1906 in einer Wohngemeinschaft mit ihr in dem berühmten Eckhaus an der Münchener Kaulbachstraße lebte[3], in ihrem Roman *Herrn Dames*

---

2 Abgedr. in: Ernest Wichner u. Herbert Wiesner: *Franz Hessel – Nur was uns anschaut, sehen wir* (Ausstellungsbuch). Berlin 1998, S. 15 u. 17 (Wechsel von Groß- und Kleinschreibung im Original).

3 Vgl. Dirk Heißerer: *Wo die Geister wandern. Eine Topographie der Schwabinger Bohème um 1900*. München 1993, S. 183–189.

Aufzeichnungen oder Begebenheiten aus einem merkwürdigen Stadtteil (1913) in der Figur des Willy porträtiert und wohl auch Züge Hessels für den Protagonisten, Herrn Dame, verwandt.[4] Dort erscheint Delius (= Alfred Schuler) als „Hauptverfechter des matriarchalischen Prinzips"[5], werden Bachofen und die chthonischen Kulturen als Pflichtkenntnisse für Schwabing genannt und erinnert: „wenn Sie Ihr Griechisch noch nicht vergessen haben, werden Sie vielleicht wissen, daß Chthon der dunkle Schoß der Erde bedeutet."[6] Doch es sind nicht nur die mit dem Bezug auf das matriarchalische Prinzip begründeten erotischen Bilder, die Wolfskehl zum „Hermopan"[7] für Hessel werden ließen.

Hinzu kommt das Interesse an alter deutscher Literatur, das in Wolfskehls Übersetzung der *Ältesten deutschen Dichtungen* (1909)[8] Ausdruck fand, während Hessel im Sommer 1901 bei Wolfskehls Co-Autor Friedrich von der Leyen die Vorlesung „Althochdeutsch (für Anfänger)" hörte.[9] In Hessels Lyrik bekundet sich dieser Bezug ebenso mit den Tageliedern (*Buhlenscheidelied, Ein Tagelied*) wie mit sprachlichen Anklängen, z. B. den Alliterationen („sie wiegen und wehn", *Auf dunklen Wassern* ...), deren Gebrauch er allerdings mit zeitgenössischer Dichtung gemeinsam hat und die er gelegentlich ironisiert („reime zum rasen" im oben zitierten Brief an Franziska zu Reventlow).

Die Lyrik um 1900 dürfte ihm spätestens im Umkreis Wolfskehls, auch im exklusiven Organ des George-Kreises, den *Blättern für die Kunst*, bekannt geworden sein. Hinweise darauf geben nicht nur die Themen der frühesten Gedichte, sondern auch wörtliche Zitate, wie die Wendung „ferner Sterne" (*Einer Fernen*), die aus Hofmannsthals Gedicht *Manche freilich* ... (1896) kommt, das in den *Blättern für die Kunst* erschienen war.[10] Auch die Erinnerungen des Dichters und Übersetzers Johannes von Guenther an die Kreise der Münchener Boheme um 1900

---

4 Heißerer [Anm. 1], S. 37, Anm. 4.
5 Franziska Gräfin zu Reventlow: *Der Geldkomplex. Herrn Dames Aufzeichnungen. Von Paul zu Pedro. Drei Romane*. München 1958, S. 115.
6 Ebd., S. 141.
7 Heißerer [Anm. 1], S. 46.
8 Karl Wolfskehl: *Gesammelte Werke*. Hg. v. Margot Ruben u. Claus Victor Bock. Bd. 2. Hamburg 1960, S. 7–59.
9 Heißerer [Anm. 1], S. 38.
10 Hugo von Hofmannsthal: *Sämtliche Werke I, Gedichte 1*. Hg. v. Eugene Weber. Frankfurt/M. 1984, S. 259.

belegen den wirksamen Einfluss der Lyrik Stefan Georges auf den jungen Franz Hessel – einen Einfluss, der besonders in Gedichtrezitationen zum Ausdruck gekommen sei:

> Hessel war der erste, der ganz anders las. Er hatte die Vortragstechnik Georges: eine langsame, leidenschaftslose, manchmal fast psalmodierende Rezitation, die den sogenannten Sinn des Gedichtes unberücksichtigt ließ und sich ebenso wenig schmeichlerisch an die Bedeutung der Adjektive hielt. Jeder Buchstabe, jeder Vokal, jede Silbe, jedes Wort hatte in der Betonung gleichen Rang, höchstens die Reime wurden leicht überbetont und über dem Reimschluß lag eine geringe Zäsur, wobei Enjambements eigensinnig unterbetont wurden.
>
> In dieser zum Absoluten erhobenen Verdichtung des vokalischen Versgebildes lag und liegt, so schien und so scheint mir, der tiefste Sinn und Glanz jeder Dichtung. [...] Wenn Hessel Gedichte sprach, kam das Priesterliche im Dichter zu bedeutender, zu entscheidender Geltung, und das mußte ja auf den empfangsbereiten Geist eines jungen Menschen von erlösender Wirkung sein.[11]

Wolfskehl und Hessel erfuhren eine Verbundenheit schließlich auch durch ihr Judentum. Hessel wechselte im Sommer 1903 zum Studienfach Orientalistik und studierte „die Quellen seiner eigenen jüdisch-orientalischen Herkunft"[12]; im August 1903 besuchten Hessel und Wolfskehl den Zionistenkongress in Basel, was später im autobiographisch gefärbten Roman *Der Kramladen des Glücks* (1913) eine Darstellung fand.[13] Die Außenseitererfahrung, die Hessel auch im Schwabinger Treiben machen musste und die nach 1933 für ihn existenzvernichtend werden sollte, hatte einen Grund in den Rassen-Ideologien von Klages und Schuler; in den Worten der Willy-Figur hat Franziska zu Reventlow diese Erfahrung artikuliert:

> Sehen Sie, lieber Dame, ich habe gar nichts gegen die Enormen, ich verehre sie sogar aus der Ferne, und ziemlich hoffnungslos – denn

---

11 Johannes von Guenther: *Ein Leben im Ostwind. Zwischen Petersburg und München. Erinnerungen.* München 1969, S. 83.
12 Heißerer [Anm. 1], S. 45.
13 Franz Hessel: *Der Kramladen des Glücks.* Frankfurt/M. 1983, S. 115–119; jetzt in Bd. 1 der Werkedition, S. 88–91.

sie schätzen meine Rasse nicht – sie lassen nur blonde Langschädel gelten, und ich sehe so äthiopisch aus.[14]

Am 5. April 1903 sandte Hessel der Reventlow das Gedicht *Es ragt aus den zerschlissenen geweben ...* mit den Worten:

> Dies namenlos schöne Gedicht gab der Moment, der sie heut furchtbar schnell im tramwagen an mir vorübertrug. Die blumen fand ich wieder in irgend einem schaufenster. Ich hoffe, dass die Beziehung zu der sogenannten Wirklichkeit nicht verletzt. Es grüsst Sie einer, der aufschreibt, was Ihr Wesen dichtet – [15]

Hessel sollte, auch nach seiner Exmatrikulation im Januar 1904, noch bis März 1906 in München wohnen. Von April bis Mai 1904 verfassten er und Franziska zu Reventlow gemeinsam den *Schwabinger Beobachter*, „drei maschinengeschriebene Hefte, die den Mitgliedern eines kleinen Kreises von unbekannter Hand bei Nacht und Nebel in die Briefkästen geschoben wurden".[16] Die *schwabinger cäsarenwoche* und die *Schwabinger Walpurgisnacht* spielen nahezu Wort für Wort auf jene Personen und Ereignisse ‚Wahnmochings' an, die Franziska zu Reventlow später in *Herrn Dames Aufzeichnungen* humorvoll erläuterte.[17]

1905 veröffentlichte Hessel im Berliner S. Fischer Verlag[18] den Gedichtband *Verlorene Gespielen*. – Der Band stellt eine durchgehende

---

14 Reventlow [Anm. 5], S. 128f.
15 Abgedr. bei Heißerer [Anm. 1], S. 43.
16 Rolf von Hoerschelmann (Hg.): *Der Schwabinger Beobachter*. Neudruck. München [1941], S. 5. Ein vierter, vermutlich im August 1904 entstandener Teil der Zeitschrift befindet sich als Typoskriptdurchschlag im Klages-Nachlass des Deutschen Literaturarchivs Marbach.
17 Vgl. Heißerer [Anm. 1], S. 46; Hoerschelmann [Anm. 16] gibt in seiner „Einleitung" zahlreiche Hinweise zu den gemeinten Personen.
18 Vgl. Peter de Mendelssohn: *S. Fischer und sein Verlag*. Frankfurt/M. 1970, S. 323: „Einer ist hier noch festzuhalten: Franz Hessel am 20. Dezember 1907 [Eintrag im Gästebuch Fischers]; denn er gehörte in besonderem Sinn zur Verlagsfamilie. Er war der Sohn von Hermann Landshoffs einstigem Kompagnon in der Schweriner Getreidehandlung Landshoff & Hessel, und Fischer hatte 1905 den ersten Gedichtband des Fünfundzwanzigjährigen, *Verlorene Gespielen*, herausgebracht; 1908 folgten die Münchner Novellen *Laura Wunderl*, und danach verschwand der ‚Hesselfranz', als den das literarische Berlin ihn später kannte, um sich, still, lächelnd, liebenswürdig-wehmütig, auf anderem Feld als Kritiker und Essayist, als Meister der ‚kleinen Form', und nicht zuletzt als vorzüglicher Übersetzer einen Namen zu machen."

Komposition der Texte dar, wenn er auch in seiner graphischen Gestalt den Ansprüchen eines Stefan George nicht genügt hätte. Die Gedichte sind in acht Gruppen angeordnet, die den Charakter von Zyklen haben, innerhalb derer noch Korrespondenzen zwischen einzelnen Texten zu bemerken sind. So antwortet auf das Gedicht *Stimme der Toten* das auf der gegenüberliegenden Seite stehende *Mich aber ...*, Analoges gilt für *Der neue Pygmalion* und *Da ich rief ...*, *Fastnacht* und *Am Abend ...*, *Erinnerung* und *Vergessenheit*, wo die Korrespondenzen besonders deutlich sind, sowie für *Versunken ...* und *Noch ist ...* Dieser zyklische und dialogische Aufbau des Gedichtbandes lässt die Einzeltexte miteinander in Beziehungen treten und nimmt in diesen Zusammenhang auch Älteres und Übersetzungen von Dichtungen anderer Autoren auf. So werden fünf der *Avalun*-Gedichte verändert einbezogen: *Wem einmal erglänzten ...*, *Der Page*, *Buhlenscheidelied*, *Reich war ich sonst ...* und *Hinüber*; hier bietet der vorliegende Band die Möglichkeit zum Vergleich der Textfassungen.

Zwei Sonette sind Petrarca-Übersetzungen, darunter *Vergessenheit*, das in wörtliche Bezüge mit dem eigenen Gedicht *Erinnerung* gesetzt wird.[19]

Der erste Zyklus *Totenklage* ist Hessels „Versuch, das Andenken seiner Lieblingsschwester zu wahren"[20], und Gestaltung „des schwesterlichen Ideals"[21], kulminierend in der Zeile: „Du mütterliche, meine Schwester–Braut." Zugleich verweisen hier herrscherliche Sprachgebärden und syntaktische Eigenheiten auf den Duktus Stefan Georgescher Gedichte („Mein Freund und mir durch dieses Blut verwandt"); Hessels Mantel-Symbolik tritt auf („In deinen Mantel heim, an deine Brust"), deren Bedeutung vielleicht durch die Beschreibung der Erscheinung des Lehrers in dem Erinnerungsstück *Hermes*[22] am besten er-

---

19 Heißerer, [Anm. 1], S. 41, hat die Vorlagen identifiziert: *Nach Petrarca* „ist Hessels Übertragung des Sonetts *Quand'io son tutto volto in quella parte*, der Nr. XVIII des *Canzoniere* (1470)", *Vergessenheit* „die Übertragung der Nr. CLXXXIX des *Canzoniere*: *Passa la nave mia colma d'oblio*".
20 Bernd Witte: *Auf der Schwelle des Glücks – Franz Hessel*. In: Franz Hessel: *Ermunterung zum Genuß. Kleine Prosa*. Hg. v. Karin Grund u. Bernd Witte. Berlin 1981, S. 238.
21 Bernd Witte im Nachwort zu Hessel [Anm. 13], S. 251.
22 Veröffentlicht in Hessels Prosasammlung *Nachfeier* (1929); jetzt in Bd. 2 der Werkedition, S. 341 – 355.

läutert wird. Die eindringliche Wahrnehmung der toten Mutter in *Der Kramladen des Glücks*: „Nun sah er auch, daß die Decken Mund und Kinn verbargen"[23], hat ihre Parallele im Vers: „Die Lippen deckte schon das Leichentuch", bedeutungsvoller noch ist die Entsprechung zwischen der Vision des Bedrohtseins anlässlich der Trauerfeier für die orthodox jüdische Großmutter[24] und den Versen: „Mein Volk, es wird mir bang / Um dich, daß deine Freude ohne Klang, / Daß deine Schmerzen eng wie deine Gassen. –"

Der Zyklus *Traum und Gestalt* lässt mit der Überarbeitung der früheren Fassung von *Der Page* Hessels Gebrauch paradoxer Wendungen deutlich erkennen: „Ich bin doch frei. – Wie bin ich doch gefangen!" und bringt Beispiele für seine Aufnahme biblischer Themen: *Der Seher*, mit Bezug auf das 4. *Buch Moses*, 20, und antiker Mythen: *Der Mittagstraum*, mit Bezug auf die Orpheus-Gestalt (vgl. insbesondere Ovid: *Metamorphosen*, X 1-77), sowie *Der neue Pygmalion*. Das Gedicht *Der König* spielt auf die Rede *Aus einem Trauerspiel* von Karl Wolfskehl an, die 1900/1901 in den *Blättern für die Kunst* erschienen war.[25]

Die Gruppe *Lieder* enthält die beiden Tagelieder (*Buhlenscheidelied*, *Ein Tagelied*), deren Modell im *Kramladen des Glücks* ebenfalls erwähnt ist: „Ich wache ein paar Meter von ihnen [Gerda = Franziska zu Reventlow, und Stan = Bohdan von Suchocki], wie der Wächter im Tagelied, der Stundenzähler ihrer Liebe"[26], und wohl eine typische Situation Hessels beschreibt. Vergleichbar ist die Sängerrolle in *Ständchen*: „Du sollst nicht wissen, daß ich noch wache"; hier mag Hofmannsthals Browning-Bearbeitung *Hörtest du denn nicht hinein ...* den Prätext bilden.[27]

Unter den *Widmungen* befindet sich das an die Gräfin Reventlow gerichtete Gedicht *Einladung*[28], die Gestaltung der Pan-Episode aus Apuleius (*Der goldene Esel*, V 25) mit *An Psyche* und schließlich mit *Froschkönig* eine der Hesselschen Adaptionen Grimmscher Märchen.

---

23 Hessel [Anm. 13], S. 18; Bd. 1 der Werkedition, S. 17.
24 Ebd., S. 44f.; Bd. 1 der Werkedition, S. 36f.
25 Wolfskehl [Anm. 8], Bd. 1, S. 360f., Bd. 2, S. 584.
26 Hessel [Anm. 13], S. 213; Bd. 1 der Werkedition, S. 163.
27 Hofmannsthal [Anm. 10], S. 99. Das Gedicht erschien im März 1900 in der *Jugend* (vgl. ebd., S. 398).
28 Heißerer [Anm. 1], S. 42.

Hessels Interesse für Märchen und romantische Sammlungen von Volksdichtung fand ebenfalls Erwähnung in *Herrn Dames Aufzeichnungen*, wo Willy „Märchen" und „ein Gedicht aus des Knaben Wunderhorn" vorliest sowie einen unerschütterlichen Verehrertyp „den standhaften Zinnsoldaten" nennt.[29]

Die Fremdheitserfahrung in der Realität gegenüber dem Traum, das Verlassen der Kinderheimat und der Verlust der Lebenseinheit wird insbesondere zum Thema des Zyklus *Fremde*, dessen erstes Gedicht im Vergleich die antike Göttererfahrung zu beschreiben versucht und ihr gegenüber endet: „Und kann das allernächste nicht begreifen –". Die Fremdheit dessen, der einmal den Traum des Ganzen erfasst hat, sprechen diese Texte in mehrfacher Variation aus, und daneben gelingt mit *Rotes Laub* ein leichtes und zugleich bedeutungsvolles Lied, das mit der Wendung seiner letzten vier Zeilen dem charmanten Witz anakreontischer Dichtung des 18. Jahrhunderts gleichkommt.[30]

Der letzte Zyklus *Wiederkehr* antwortet auf *Fremde* nicht mit eindeutigen Bildern zurückgewonnener Einheit, sondern folgt eher der *Bestimmung*: „Dir bleibe dein Geheimnis deine Ehre." Der junge Künstler darf seinen „Traum" noch nicht offenbaren; das abschließende *Gebet* betrifft die Disposition der künftigen Haltung, die jeden kommenden Tag als „Du Erster und Einer" anreden und damit in seiner singulären Bedeutsamkeit begreifen soll.

Im selben Jahr wie der Band *Verlorene Gespielen* erschien Hessels Zyklus *Die sieben Raben. Lieder zu einem Märchen* im *Münchner Almanach. Ein Sammelbuch neuer deutscher Dichtung*, herausgegeben von Karl Schloss. Wie in der später in der ‚Nachtwache' *Von den Irrtümern der Liebenden* (1922) erzählten Märchenfassung verbindet Hessel das Grimmsche Märchen *Die sieben Raben* mit dem anderen *Die sechs Schwäne*.[31] Die sechzehn Lieder des Zyklus enthalten nicht nur mehrfach Dialoge, der auch in *Verlorene Gespielen* auftretende Typus des Rollen-

---

29 Reventlow [Anm. 5], S. 144f. u. S. 157.
30 Vgl. z. B. Johann Nicolaus Götz: *Der befolgte Rath*. In: *Gedichte von J.N.G. aus den Jahren 1745–1765 in ursprünglicher Gestalt*. Hg. v. Carl Schüddekopf. Stuttgart 1893, S. 66.
31 Vgl. Jens Tismar: *Sonderrollen und Nebenfiguren. Gesellschaftliche Reflexion im Spiegel des Märchens bei Franz Hessel*. In: *Sub tua platano. Festgabe für Alexander Beinlich*. Emsdetten 1981, S. 523f.

gedichts bewirkt den Eindruck mündlicher Rede, und mit der Zuspitzung des Geschehens gegen Ende gehen die Einzelgedichte in dramatische Wechselreden über (*Das Volk, Die Raben, Verwandlungen, Die sieben Brüder*). Die entscheidende Rede der bis dahin stummen Königsgattin und Schwester der verwandelten Raben bleibt unausgesprochen, der Gedichtzyklus bricht genau vor ihrem Beginn ab: „nun spricht die Königin – nun schweigt!" Hessel hat hier die Sprache seiner frühen Lyrik in vielen ihrer Schattierungen genutzt, um eine Folge von Liedern vorzutragen, die, jenseits einsamen lyrischen Sprechens, auf künftige Möglichkeiten vorausdeuten, wie sie z. B. der Rundfunk für das Hörspiel eröffnen sollte.

Nachdem Hessel noch drei Gedichte – darunter eins aus dem Band *Verlorene Gespielen* – in der 1907 erschienenen zweiten Auflage von Hans Benzmanns Anthologie *Moderne Deutsche Lyrik* publiziert hatte[32], war die Phase seiner frühen Lyrik im Zusammenhang der Münchener Moderne abgeschlossen. Hessel, der 1906 nach Paris ging und 1919 Lektor des neugegründeten Berliner Rowohlt Verlags wurde[33], sollte erst 1922 wieder Gedichte veröffentlichen. Nun sind es aber Chansons, die in dem von Erich Singer herausgegebenen *Bänkelbuch* erscheinen und den „einfühlsamen Beobachter der kleinen Büromädchen, Verkäuferinnen, Modelle, Mannequins und großen Damen"[34] Worte finden lassen, die seine Protagonistinnen sprechen oder besser singen könnten. Der Abschied vom hybriden Anspruch großer Kunst („Einst war ich berühmt in der Malerei"), beschleunigt durch die Macht der sozialen Realität, ist liebevoll-ironisch gestaltetes Thema, das den „Dichter" nicht auslässt (*Der Frühlingsdichter*), Münchener Erinnerungen aufnimmt (*Arie*) und durchaus den Ton des *Wunderhorns* (*Ein Tüchlein ...*) und die Bilder des Symbolismus (*Marianne*) nicht vergessen hat. Zwei der Lieder nahm Hessel 1926 in den Band *Teigwaren, leicht gefärbt* auf: *Der Früh-*

---

32 *Stimme einer Toten, Viel weher ist mein Weh ..., Karfreitag.*
33 Vgl. *Marbacher Magazin* 43/1987: *Kurt Wolff / Ernst Rowohlt*. Marbach am Neckar 1987, S. 81.
34 Witte [Anm. 20], S. 240.

lingsdichter, mit der einzigen Änderung „Käfern" statt „Faltern" im vorletzten Vers, und *Arie*.[35]

Dass der Absolvent des traditionsreichen Joachimsthaler Gymnasiums die Kultur der griechischen Antike mit seiner Gegenwart in Beziehung zu setzen verstand, zeigt die Episode aus Hesiods *Theogonie*, die unter dem Titel *Vatermord* im November 1922 in der von Stefan Großmann und Leopold Schwarzschild herausgegebenen Zeitschrift *Das Tage-Buch* erschien. Dort findet sich auch, im April 1923, das *Lied nach der Verhandlung*. Im August 1924 veröffentlichte Hessel seine Übersetzung des Baudelaire-Gedichts *A celle qui est trop gaie* (Nummer V der *Pièces condamnées tirées des „Fleurs du mal"*) unter dem Titel *An die viel zu Frohe* in der von ihm herausgegebenen Zeitschrift *Vers und Prosa* des Rowohlt Verlags.

Nach einer erneuten Pause von vier Jahren erschienen 1928 die Verse *Ungewißheit* im *Simplicissimus*[36], *Sommerregen* in der *Vossischen Zeitung*[37], *„Zehn Fennije der Kleiderschrank"* im *Illustrierten Blatt*[38] und *Vier Gedichte* in der *Literarischen Welt*. 1930 erschien das *Mannequin-Lied* im *Tage-Buch*; im selben Jahr stellte die dritte Auflage von Emil Singers *Bänkelbuch* in einer im Vergleich zur Erstausgabe von 1922 veränderten Lyriksammlung Hessels dessen Gedichte *Bekenntnis einer Chansonette* und *Die muntere Mörderin* vor.[39] Schließlich erschien noch im Oktober 1934 in der Zeitschrift *Die Dame* das Gedicht *Die Gliederpuppe*.

Diese zuletzt genannten Publikationen und die *Vier Gedichte* von 1928 reflektieren noch einmal die Spannungsfelder, in denen Hessels

---

35 Weitere Verse in *Teigwaren, leicht gefärbt* (Berlin 1926) sind: *Altes Pariser Tagebuch*, S. 40–42, und *Mondscheinklage eines alten Herrn*, S. 119f.; jetzt in Bd. 2 der Werkedition, S. 191–193, 239.

36 Nach Auskunft von Volker Kühn (Berlin) sang im zweiten Teil des *Tingel-Tangel-Programms* Friedrich Hollaenders Nju Schifra ein Chanson *Und dennoch glaub ich ...* (Musik: Bernhard Heiden). Der Text Franz Hessels in der hier verwandten Fassung ist bisher nicht ermittelt. Vgl. Volker Kühn: *Spötterdämmerung. Vom langen Sterben des großen kleinen Friedrich Hollaender*. Berlin 1997, S. 146: Das zweite Programm 1931. – Volker Kühn und Gregor Ackermann (Aachen) danke ich herzlich für hilfreiche Auskünfte.

37 Hessel nahm dieses Gedicht später ohne Titel in die Erzählung *Der gute Regen* des Bandes *Ermunterungen zum Genuß* (1933) auf; vgl. Bd. 2 der Werkedition, S. 433.

38 Hessel integrierte dieses Gedicht ein Jahr später in sein Buch *Spazieren in Berlin*; vgl. Bd. 3 der Werkedition, S. 162.

39 Das Gedicht *Die muntere Mörderin* war 1923 unter dem Titel *Lied nach der Verhandlung* im *Tage-Buch* erschienen.

Lyrik steht. Unter den Titeln *Wenn wir erscheinen, Erechtheus, Poseidon* und *Kalypso* liegt der Versuch vor, das Erscheinen und die Erscheinung von Gestalten der griechischen Mythologie zu einer Sprache zu bringen, die 1928 möglich ist, vielleicht aus einem Beweggrund, wie ihn Emanuel im *Kramladen des Glücks* nennt: „Wir müssen bei den Göttern bleiben. Auch ihre erbärmlichste Fratze ist unsre Zuflucht vor den Gottlosen."[40] Die „erbärmlichste Fratze" hätte Hessel nicht abzeichnen wollen, wohl aber den Kontrast von „Nuttenposen" und „Schillers Wilhelm Tell" in eine Strophe fassen (*Bekenntnis einer Chansonette*).

Wie genau übrigens Hessel die Bestandteile der „Fratze", die Deutschland seit 1933 bot, beobachtet hat, zeigen Verse, die Manfred Flügge überliefert und die „zwischen 1933 und 1935 entstanden" sein sollen: *Nichtarisch ist mein Schätzelein* ...[41]

*

Das dramatische Schaffen Franz Hessels ist vom Umfang her der geringste Werkteil. Bei aller Dialogizität der Lyrik, bei allen redenden Masken seiner Rollengedichte war die dramatische Gattung in geläufiger Gestalt nicht seine Sache. Umso mehr hervorzuheben ist Hessels Beitrag zur alten Kunst des fingierten Dialogs mit den *Sieben Dialogen*, die 1924 in einer bibliophilen Ausgabe, mit sieben Radierungen von Renée Sintenis, erschienen.[42] Fünf Dialoge waren seit 1921 bereits an

---

40 Hessel [Anm. 13], S. 240; Bd. 1 der Werkedition, S. 182.
41 Manfred Flügge: *Gesprungene Liebe. Die wahre Geschichte zu „Jules und Jim".* Berlin 1993, S. 214f. Vgl. in diesem Zusammenhang auch die Erinnerung Mascha Kalékos an die Zeit „um 1935": „‚Hier', sagte er [Hessel] damals, ‚sind die Anfangszeilen eines Gedichtes, das ich kaum noch zu Ende dichten werde. Merken Sie sich's: Wir sind die nichtarischen Christen. / Sind wir nicht auch ganz nett? / Als erster auf unseren Listen / steht Jesus von Nazareth ...' Und als auf unseren Spaziergängen durch die damalige Kaiserallee die grölenden Lautsprecher jener schlimmen Tage jedes menschliche Gespräch unmöglich machten, sagte er wiederum: ‚... Und hier ist eine Schlußzeile, zu der mir noch das Gedicht fehlt. Vielleicht fällt es Ihnen ein.' Sie lautet: ‚Und Heimat ist Geheimnis – / nicht Geschrei.'" (Mascha Kaléko: *Die paar leuchtenden Jahre. Vortrag in Kassel 1956.* In: M. Kaléko: *Der Gott der kleinen Webefehler.* München 1985, S. 85.)
42 Die Auflage betrug 140 Exemplare, wovon 120 für den Handel bestimmt waren. Druckleitung, Initialen und Einbandentwurf: E. R. Weiss (Druckvermerk). Zu

verschiedenen Orten veröffentlicht worden.[43]

Hessel bringt bedeutsame Gestalten aus Mythologie, Literatur und Religion zu prägnanten Zeitpunkten miteinander ins Gespräch, um in gelegentlich allegorisierender Deutung entscheidende Umbrüche erkennbar werden zu lassen. Grundlage sind Texte der Weltliteratur, wie für *Eros und Aphrodite* erneut – nach dem Gedicht *An Psyche* – das Märchen von Amor und Psyche aus Apuleius (IV 28 – VI 24); dieser Stoff war bereits in der *Molière-Anekdote Amor und Zephyr* 1922 verwandt worden.[44]

Der Dialog zwischen Menelaos und Helena geht aus von einem Motto, das dem Vierten Gesang der *Odyssee* entnommen ist: „Artreus' / Sohn aber schlief im Winkel des hohen Hauses, daneben / Helena; lange Gewänder trug sie, die hehrste der Frauen" (Verse 304f.).[45] Entsprechend schließt sich der Dialog zwischen dem Priester des Zeus und dem Knaben an das vorangestellte Motto aus der *Apostelgeschichte* an: Paulus hat in Lystra einen Lahmen geheilt, und die Lykaonier halten ihn daraufhin für den Gott Merkur *(Apg. 14)*.

Ein anderer Umbruchsmoment ist in einem kurzen Zeitraum vor dem Tod Jesu situiert: Ahasver trifft auf Veronika (Berenike), deren Begegnung mit Christus, dem sie den Schweiß vom Gesicht trocknet, durch Legenden seit dem 13. Jahrhundert überliefert wird.[46]

Dass Franz Hessel mit Gustav Behrendt, dem Protagonisten im *Kramladen des Glücks*, eine dauerhafte Neigung zu dessen „Lieblingsbücher[n], Tausendundeine Nacht und die griechischen Sagen", teilt[47], zeigt die Kombination aus zwei Erzählungen aus den *Tausendundein*

Renée Sintenis vgl. Hessels Porträt in der Prosasammlung *Frauen und Städte*, Bd. 3 der Werkedition, S. 209-211.

43 *Menelaos und Helena.* In: *Faust. Eine Rundschau*, Jg. 1, 1921, H. 1, S. 10-13; *Ahasver und Veronica*. In: *8 Uhr-Abendblatt*, Jg. 76, Nr. 2, 3.1.1923, S. 2; *Pierrot und Don Juan*. In: *8 Uhr-Abendblatt*, Jg. 76, Nr. 38, 14.2.1923, S. 2; *Der verlorene Sohn und der Steinklopfer*. In: *Das Tage-Buch*, Jg. 4, H. 20, 19.5.1923, S. 715-718; *Priester und Knabe*. In: *Vers und Prosa*, Jg. 1, H. 2, 15.2.1924, S. 57-59.

44 In: *Das Tage-Buch*, Jg. 3, H. 8, 25.2.1922, S. 293-298; sowie im *Prager Tagblatt*, Jg. 47, Nr. 98, 27.4.1922, S. 2f.; später in *Teigwaren, leicht gefärbt*; vgl. Bd. 2 der Werkedition, S. 181-187.

45 Homer: *Odyssee*. Übertragung v. Anton Weiher. München [4]1974, S. 99.

46 Vgl. *Apokryphen zum alten und neuen Testament*. Hg. v. Alfred Schindler. Zürich [3]1989, S. 556 (*Legenden über Christusbilder*).

47 Hessel [Anm. 13], S. 41; Bd. 1 der Werkedition, S. 34.

Nächten im Dialog *Ganem und Enis*. Die Geschichte der schönen Enîs El-Dschelîs wird in der 34. bis 38. Nacht erzählt, die Geschichte von Ghanîm Ibn Aijûb, dem verstörten Sklaven der Liebe, in der 38. bis 45. Nacht. Die in einer Kiste betäubt gefundene Frau heißt dort Kût el-Kulûb, der „strenge Spruch" auf ihrem Gürtel lautet: „Ich bin dein und du bist mein, o Nachkomme des Propheten!"[48]

„Aber du und ich, sind wir nicht wie die Enden des Schlangenringes, die sich begegnen?" Mit dieser Frage des Pierrot reflektiert der Dialog *Pierrot und Don Juan* das Verhältnis der Partner auch in anderen Gesprächen, insbesondere aber das Zusammentreffen des aktiven Liebhabers Don Juan mit dem kontemplativen Pierrot. Dieser ist eine Identifikationsfigur Hessels und der Jahrhundertwende: „Herr Pierrot, ich soll Sie zur Colombine führen", sagt Stan im *Kramladen des Glücks* zu dem „in einem geliehenen Pierrotkostüm" ein Künstlerfest besuchenden Gustav[49], und um Pierrot und Colombine geht es auch in der Erzählung *Pantomime* aus Hessels Band *Teigwaren, leicht gefärbt*.[50] Die melancholische Figur der Comédie Italienne war seit dem Ende des neunzehnten Jahrhunderts vielfach künstlerisch gestaltet worden, am prominentesten wohl mit Arnold Schönbergs Komposition des *Pierrot Lunaire* (1912) nach der Übersetzung des französischen Originals von Albert Giraud (1884) durch Otto Erich Hartleben (1893).[51]

Der eingreifend Handelnde und der phantasievoll Betrachtende treten schließlich im Dialog *Der verlorene Sohn und der Steinklopfer* auf, in dem neben vielen anderen der Aspekt von Gegenwart und reichhaltig

---

48 *Die Erzählungen aus den Tausendundein Nächten*. Vollständige deutsche Ausgabe. Übertragen v. Enno Littmann. Frankfurt/M. ²1976, Bd. I/2, S. 406–500, hier S. 480. – Um 1890 könnte Hessel *Dalziel's illustrierte Tausend und Eine Nacht – Sammlung persischer, indischer und arabischer Märchen*. Leipzig u.a. o.J. [vermutl. um 1890] bekommen haben, die auch Hofmannsthal las (vgl. Hofmannsthal [Anm. 10], S. 122).
49 Hessel [Anm. 13], S. 152 u. 149; Bd. 1 der Werkedition, S. 116 u. 114.
50 Hessel [Anm. 35], S. 7–14; Bd. 2 der Werkedition, S. 169–173.
51 Vgl. dazu Rainer Hank: *Mortifikation und Beschwörung. Zur Veränderung ästhetischer Wahrnehmung in der Moderne am Beispiel des Frühwerkes Richard Beer-Hofmanns*. Frankfurt/M., Bern, New York 1984. Dort die Erstveröffentlichung von Beer-Hofmanns *Pierrot Hypnotiseur* (1892), jetzt in: Richard Beer-Hofmann: *Werke*, Bd. 1. Hg. v. Michael Matthias Schardt. Oldenburg 1998, sowie in: *Literarische Pantomimen. Eine Anthologie stummer Dichtungen*. Hg. v. Hartmut Vollmer. Bielefeld 2012, S. 23–57.

assoziierter Vergangenheit („Ich vergesse immer das bißchen Letzte über all dem Früheren") sowie von Vergangenheit des scheinbar Gegenwärtigen („Es ist ja alles gleich vergangen, wenn wir es angesehen haben") zur Sprache kommt. Dies entspricht der Erkenntnis, „daß alles Gegebene schon Erinnerung ist".[52] – Hessel hat mit diesen Dialogen eine Form gefunden, die exponierend auf „jenen Dialog" verweist, „der ihm als höchstes gesellschaftliches Ideal gilt".[53]

Das *Dramatische Gedicht in zwei Szenen*, das 1925 im Rowohlt Verlag erschien, greift mit der *Witwe von Ephesos* die Kapitel 111 und 112 aus Petrons *Satyricon* auf und damit einen Stoff, der weltweite Verbreitung gefunden hat.[54] Die im ersten Jahrhundert n. Chr. entstandene Satire auf die scheinbare Treue der Frauen wird bei Hessel zum dramatischen Monolog der Witwe Arsinoe, nur assistierend unterbrochen von drei weiteren Personen – einem Monolog, der in seiner allegorisierenden Selbstdeutung den *Sieben Dialogen* gleicht und wieder eine Umbruchsituation, von der trauernden Witwe zur rasenden Liebenden, vorstellt. Diese Deutung einer Begegnung zu Ende gehender Kultur mit lebendiger Barbarei im lyrischen Drama wurde von einer zeitgenössischen Kritikerin gründlich missverstanden, die, ausgehend von schulgerecht verwandten Kategorien für die Analyse der dramatischen Gattung, schrieb:

> Hier ist zuviel Willkür, sprunghaftes Geschehen, der Mensch zu sehr entgottet, um sich im blinden Tasten nach dem Sinn seiner dämonischen Triebwelt, die hier in lemurenhafter Verzweiflung endet, noch als tragische Gestalt rechtfertigen zu können. Tragödien der Haltlosigkeit wecken wohl Grauen, aber das Mitleid bleibt aus. Mir scheint, der Darstellung des Weiblichen als bloße unsittliche Natur

---

52 Franz Hessel: *Heimliches Berlin*. Frankfurt/M. 1982, S. 99; jetzt in Bd. 1 der Werkedition, S. 318.
53 Witte in: Hessel [Anm. 20], S. 247.
54 Vgl. Eduard Grisebach: *Die Treulose Witwe. Eine orientalische Novelle und ihre Wanderung durch die Weltliteratur*. Leipzig ⁴1882. – Ein Vorabdruck des „Ersten Auftritts" von Hessels *Witwe von Ephesos* erschien 1924 in *Vers und Prosa*, H. 11, S. 388–395. Henri-Pierre Roché erwähnt das Thema ebenfalls: „Jules schrieb ein Gedicht über ‚Die Witwe von Ephesos', ergab sich wieder einmal der Miesmacherei und seinem düsteren Grollen, das er, wenn er kein anderes Opfer fand, gegen sich selbst richtete." Henri-Pierre Roché: *Jules und Jim*. Deutsch v. Peter Ruhff. Frankfurt/M. 1983, S. 36.

ohne ethische Kraft der Sühne sollte unsere Zeit endlich müde geworden sein.[55]

Zu einer solchen Darstellung hat Hessel sich nie ermuntert, genauso waren ihm großartige Vorstellungen von „Sühne", die nur allzu sehr den Tendenzen der Zeit entsprachen, fremd. Der „wahre Geist der im Ewigen wurzelnden Kunst, die allein Brücken über den Abgrund des Seins zu schlagen vermag"[56], konnte Mitte der 1920er-Jahre nicht in solchen Leerformeln des 19. Jahrhunderts Ausdruck finden, Formeln, die nur zu schnell dazu dienen konnten, wirklichkeitsgemäße Kunst als entartete auszugrenzen.

Die Tendenz der ewigen Größe hatte Hessel bereits 1922 in dem kleinen Text „*Kommandiert die Poesie*" beschrieben: „Jupiter ist nun wohl endgültig ein Streichholz, Amor eine Pille, Eos, die Morgenröte, ein Putzmittel, Neptun ein Schwimmgürtel usw."[57] Die zu Firmenmarken gewordenen Götter möchten „nicht einmal mehr allegorisch funktionieren", und so gilt als Forderung des Tages: „Dichtet Plakate!"[58] Dies schrieb Hessel in der Zeitschrift *Das Tage-Buch*, die Stefan Großmann (ab 1922 zusammen mit Leopold Schwarzschild) herausgab. Großmann und Hessel gemeinsam schrieben das Stück *Sturm auf Apollo*, das am 9. Januar 1930 in Berlin (Volksbühne) zur Uraufführung kam.[59]

Hier ist Apollo der Name einer Filmgesellschaft, die nach Pleite und Neugründung Jupiter heißen wird. Für die Coproduktion des *Volksstücks in zehn Bildern*, das unter dem Namen Großmanns im Drei Masken Verlag erschien und nur neun Bilder umfasst[60], hatten sich der

---

55 Magda Janssen. In: *Zeitschrift für Bücherfreunde*, NF, Jg. 19, H. 1, Januar–Februar 1927, Sp. 26.
56 Ebd.
57 In: *Das Tage-Buch*, Jg. 3, H. 37, 16.9.1922, S. 1325f.; vgl. Bd. 5 der Werkedition, S. 18.
58 Ebd.
59 Vgl. Gregor Ackermann: *Franz Hessel. Flanieren im Theater*. In: *Juni. Magazin für Kultur & Politik*, Jg. 3, Nr. 1, 1989, S. 56–58.
60 Eine für den Drei Masken Verlag bestimmte Typoskriptfassung des Stücks, die sich im Literaturarchiv der Österreichischen Nationalbibliothek Wien befindet, weist dagegen die kompletten zehn Bilder auf. Das in der Buchfassung fehlende Bild 9 (in dem die Protagonistin Lenchen Pape stirbt: *Lenchens kleine Dachkammer*) und das – durch den Tod Lenchens – veränderte Bild 10 (*Das „Haus im Grünen"*) werden nach der Typoskriptfassung im vorliegenden Band erstmals veröffentlicht.

Berliner Europäer Hessel und der Wiener Sozialist, der zur Berliner Gestalt geworden war, zusammengetan. Die beiden hatten sich vor der Premiere gegenseitig öffentlich charakterisiert. Hessel würdigte Großmann als Politiker, Journalisten und Kämpfer, der ein Dichter für die Bühne sei, dessen Anregungen weit über das hinausgehen, was unter seinem Namen vorliege:

> Da Großmann aber ein geselliger Geist ist, kann ein miterlebender Freund einen Teil seiner Einfälle und Gedanken rechtzeitig festhalten. Das hat uns zusammengebracht. Es ist herrlich, mit Großmann zusammen und um die Wette zu dichten. Nie hätte ich mich an ein richtiges Theaterstück und gar ein Volksstück und Zeitstück gewagt, wenn ich nicht Großmann an seinem Schreibtisch gegenüber gesessen, nicht mit ihm durch den Garten seiner Launen und Ideen gegangen wäre.

Großmann berichtet über den in Paris heimischen Dichter, der „im Garten Stefan Georges groß geworden" sei, „in jenem nicht mehr existenten München, das uns allen unverlierbar ist", und der bald zur Prosa zurückgefunden und sich nie im Journalismus verloren habe:

> Für unser Volksstück war er unentbehrlich, denn ihm gelingt im Schlafe, wonach ich alle Schreibmaschinentasten verzweifelt abklappere, das einfache Lied, der Song, das deutsche Chanson. Seine Welt liegt unter blauem Himmel, und da ich glaube, daß das Theater von heute nichts nötiger hat als *Heiterkeit, Heiterkeit* und noch einmal *Heiterkeit*, so hoffe ich, daß er, und ich bei ihm, den Weg zum gesungenen Lust- und Volksspiel der Gegenwart finden wird.[61]

Der Schluss, dass Hessel nur die Songs zu dem Stück beigesteuert habe, dürfte zu kurz greifen. Die Frage am Ende: „Berlin und Wien, Wien und Berlin, / Reden sie zweierlei Sprachen?" wird ihren konkretesten Grund in der Zusammenarbeit an der Dialektsprache des Stückes haben. Hessel war dabei nicht nur für Berlin zuständig, wie sein *Versuch mit Wien* zeigt[62], und Großmann „kann sogar Berlinisch sprechen mit

---

61 Alle Zitate nach: *Tempo* (Berlin), Jg. 3, Nr. 5, 7.1.1930; vgl. Bd. 5 der Werkedition (Franz Hessel: *Stefan Großmann*), S. 229 u. 344.
62 In: *Das Tage-Buch*, Jg. 10, H. 26, 29.6.1929, S. 1077–1083; jetzt in der Sammlung *Frauen und Städte*, Bd. 3 der Werkedition, S. 251–259.

einem sehr angenehmen Wiener Oberton oder Pedal".[63] Dieses Berlinisch spricht im Stück der Wiener Franz Leopoldsgruber, der nicht nur den Vornamen des Berliner Co-Autors trägt, sondern auch dessen Maxime vertritt: „Zuschaun ist das Schönste." Er lässt sich jedoch sofort von der schönen Arbeiterin Käte überzeugen, wenn sie antwortet: „Ja, vielleicht in Wien, aber in Berlin muß man zugreifen", und ihn zum Tanz führt. Dieses heitere Verwirrspiel ordnen zu wollen, ist überflüssig. Hesselsches lässt sich ebenso finden wie Großmannsches: Wichtiger sind die sehr genauen zeitgeschichtlichen Wahrnehmungen, die, rückblickend zum Teil gar nicht mehr heiter, im Kontext des Volksstückes auftauchen.

Dass der reiche Filmunternehmer Salomon Landsberger antisemitische Vorurteile provozieren konnte, ist bereits von Alfred Kerr nachhaltig kritisiert worden:

> Der schlechte Kerl des Stückes, spiritus rector alles Üblen, ist ein Jude Landsberger. Ein schauerlicher Zug. Es wird wahrhaftig nicht verlangt, daß in Stücken der Jude die edlen Rollen spielt. Nein; nein. Aber in einem Stück fürs „Volk" (wo der antisemitelnde Drang eh' schon unterirdisch-ahnungslos quillt) einen Berlinohebräer zum ausbeutenden Popanz, zum Brutalspekulanten, zum geilen, feigen Kinopascha, zum Versippten eines Ludewig zu machen ... Wer ist hier der brutale Spekulant? Ein chaldäischer Verfasser, würdeloswiderlich? Pfui Deubel.[64]

Das sechste Bild von *Sturm auf Apollo* wurde daraufhin gestrichen. Aus heutiger Sicht erscheint der stets diplomatische und der Staatsmacht gegenüber skeptische Generaldirektor allerdings weniger negativ gezeichnet als es den Zeitgenossen offenbar schien. Die Fülle der treffend beobachteten Details, die das Stück auch als historisches Zeugnis wertvoll sein lassen, macht mehr sichtbar als den sozialen Konflikt zwischen Mietern und Hausbesitzer.

Da ist beispielsweise die deutsche Kraftmeierei der Zimmerer und des Boxweltmeisters Gröner, die spätestens dann erschreckend wird,

---

63 *Tempo* [Anm. 61].
64 Alfred Kerr: *Stefan Großmann und Franz Hessel: „Apollo, Brunnenstraße". Volksbühne.* In: *Berliner Tageblatt*, Jg. 59, Nr. 17, 10.1.1930, Abendausgabe, S. 4; zitiert nach: Ackermann [Anm. 59], S. 56.

wenn der Boxer dem Generaldirektor mit angespannten Muskeln droht. Da ist ferner die Satire auf den Nepp mancher Kinoproduktionen, die mit dem Lied der Rheinzwerge: „Auf dem Grunde sum, sum, sum, / geh'n die deutschen Geister um. / Scheinen wir auch klein, klein, klein, / unser ist der deutsche Rhein" bedenkliche Züge der Mentalität des potenziellen Filmpublikums vorführt. Und da sind zwei kurze Momente, die aufhorchen lassen, nämlich im ersten Bild die Schlagzeile „Hitler auf dem Vormarsch", auf die Paule antwortet: „Danke für Backobst", sowie, äußerst prägnant an den Schluss des spannungsreichen Sportpalast-Bildes (*Auf der Galerie des Sportpalastes*) gesetzt, die knappe Bemerkung der mit allen unsympathischen Eigenschaften versehenen Figur Egon Waltershausen zu dem biederen Nathan Levy über den soeben geschlagenen Boxer: „Spalla is Jude!", auf die Levy nur *„konsterniert"* fragen kann: „Wieso?" Solche Momente lassen die Heiterkeit der übrigen Bilder in Schrecken umschlagen, und damit dürfte die Berliner Atmosphäre um 1930 exakt getroffen sein.

Wenn Hessel 1931 im Vorwort zu der Sammlung *Berliner Gedichte* schreibt, dass noch vieles in Berlin seinen Dichter nicht gefunden habe, und zu dem Schluss kommt:

> Aber wartet nur: wenn das mit Europa noch eine gute Weile weitergeht und wir erst einmal richtig und ruhig mittendrin siedeln, was für eine bodenständige Berliner Poesie wir noch bekommen können![65],

dann unterschlägt er freundlich und höflich seinen Anteil an Berlinischer Poesie; er, der freilich in allen Hauptstädten der deutschsprachigen Moderne – München, Berlin, Wien – und in Paris zu Hause ist, gibt zugleich einen Ausblick auf etwas, das immer noch verwirklicht werden kann. Dazu wird es gewiss nützlich sein, sich der lyrischen und dramatischen Poesie Franz Hessels zu erinnern, einer Poesie, deren

---

65 Franz Hessel: *Vorwort*. In: *Berliner Gedichte*. Hg. v. Kurt Lubasch u. Emil F. Tuchmann. Berlin 1931, Neuausgabe Berlin 1987, S. 7; jetzt in der Sammlung *Frauen und Städte*, Bd. 3 der Werkedition, S. 285.

Sprache ein Gesicht zeigt, „aus dem die Dichter, Musiker und Filmregisseure noch viel Neues zu lernen und zu schaffen haben werden".[66]

(Das in der Erstausgabe der Hessel-Edition publizierte Nachwort Andreas Thomasbergers ist von Hartmut Vollmer für die Neuausgabe aktualisiert und ergänzt worden.)

---

[66] Franz Hessel: *Marlene Dietrich*. Berlin 1931, unpag. [S. 39], Neuausgabe Berlin 1992, S. 32; jetzt in der Sammlung *Frauen und Städte*, Bd. 3 der Werkedition, S. 224.

Textnachweise

Lyrik

Verlorene Gespielen. Gedichte. Berlin: S. Fischer, 1905.

Verstreute Lyrik

Auf dunklen Wassern rauscht die Nacht ... / *Wem einmal erglänzten die rötlichen Zinnen* ... / *Der Page* / *Buhlenscheidelied* / *Sonnenuntergang* / *San Marco* / *Einer Fernen* / *Reich war ich sonst* ... / *Einer Toten* / *Ich bin allein geschritten durch das Land* ... / *Heimkehr* / *Hinüber*
In: *Avalun. Ein Jahrbuch neuer deutscher lyrischer Wortkunst.* Hg. v. Richard Scheid (München), Jg. 1, 1901, Bl. XII.

Es ragt aus den zerschlissenen geweben ...
Nach der handschriftl. Fassung, die einem Brief Hessels an Franziska zu Reventlow vom 5. April 1903 beigefügt ist, abgedr. in: Ernest Wichner u. Herbert Wiesner: *Franz Hessel – Nur was uns anschaut, sehen wir* (Ausstellungsbuch). Berlin 1998, S. 13.

Die sieben Raben. Lieder zu einem Märchen (Ausfahrt / *Die Heimkehr* / *Ballade* / *Welle meine Schwester* ... / *Nahm ich dich fort aus einem Reigen* ... / *Ich glaube, daß ich nun erkennen lernte* ... / *Wohl funkelt die Frucht* ... / *Kinderlied* / *Eine Liebesnacht* / *Schwangerschaft* / *Die Raben* / *Ballade* / *Das Volk* / *Die Raben* / *Verwandlungen* / *Die sieben Brüder)*
In: *Münchner Almanach. Ein Sammelbuch neuer deutscher Dichtung.* Hg. v. Karl Schloss. München, Leipzig: Piper, 1905, S. 145–160.

Viel weher ist mein Weh ... / *Karfreitag*
In: *Moderne Deutsche Lyrik.* Hg. v. Hans Benzmann. Leipzig: Reclam, ²[1907], S. 294f.; in der Erstauflage der Anthologie (1903) ist Hessel noch nicht vertreten, in der dritten Auflage (1913) ist sein Gedicht *Viel weher ist mein Weh* ... entfallen.

Das Modell / *Der Frühlingsdichter* / *Arie* / *Ein Tüchlein* ... / *Marianne I/II* / *Lied eines jungen Studenten an eine schöne Buhlerin* / *Hermine*
In: *Bänkelbuch. Neue deutsche Chansons.* Hg. v. Erich Singer. Leipzig, Wien, Zürich: E. P. Tal, 1922, S. 43–52. – Die dritte Auflage von Singers *Bänkelbuch* (Wien, Leipzig: E. P. Tal & Co., 1930; 16.–18. Tsd., S. 43–54) bietet überraschenderweise eine veränderte Gedichtsammlung Hessels: *Der Frühlingsdichter* / *Arie* / *Das Modell* / *Lied eines jungen Studenten an eine schöne Buhlerin* /

Hermine / Ungewißheit / Mondscheinklage eines alten Herrn / Bekenntnis einer Chansonette / Die muntere Mörderin.

Vatermord
In: *Das Tage-Buch* (Berlin), Jg. 3, H. 46, 18.11.1922, S. 1599f.

Mondscheinklage eines alten Herrn
In: *Die Dame* (Berlin), Jg. 50, 1922/23, H. 11, Mitte März 1923, S. 2; später veröffentl. in *Teigwaren, leicht gefärbt* (1926), Bd. 2 der Werkedition, S. 239.

Lied nach der Verhandlung
In: *Das Tage-Buch* (Berlin), Jg. 4, H. 17, 28.4.1923, S. 601; u.d.T. *Die muntere Mörderin* später in: *Bänkelbuch. Neue deutsche Chansons*. Hg. v. Erich Singer. Wien, Leipzig: E. P. Tal & Co., [3]1930, S. 53f.

Ungewißheit
In: *Simplicissimus* (München), Jg. 32, Nr. 48, 27.2.1928, S. 655.

Wenn wir erscheinen / Erechtheus / Poseidon / Kalypso
Unter dem Sammeltitel *Vier Gedichte* in: *Die Literarische Welt* (Berlin), Jg. 4, Nr. 13, 30.3.1928, S. 3.

Sommerregen
In: *Vossische Zeitung* (Berlin), Nr. 165, 12.7.1928, Post-Ausg., Beil. *Das Unterhaltungsblatt*, Nr. 161, S. [1]; auch in: *Vossische Zeitung* (Berlin), Nr. 325, 12.7.1928, Morgen-Ausg., Beil. *Das Unterhaltungsblatt*, Nr. 161, S. [1].

„Zehn Fennije der Kleiderschrank"
In: *Das Illustrierte Blatt. Frankfurter Illustrierte* (Frankfurt/M.), Jg. 16, Nr. 41, 13.10.1928, S. 1108; später veröffentl. in *Spazieren in Berlin* (1929), Bd. 3 der Werkedition, S. 162.

Mannequin-Lied
In: *Das Tage-Buch* (Berlin), Jg. 11, H. 36, 6.9.1930, S. 1446.

Bekenntnis einer Chansonette
In: *Bänkelbuch. Neue deutsche Chansons*. Hg. v. Erich Singer. Wien, Leipzig: E. P. Tal & Co., [3]1930, S. 52f.

Die Gliederpuppe
In: *Die Dame* (Berlin), Jg. 61, 1934/35, H. 20, 1. Oktober-Heft 1934, S. 3.

Nichtarisch ist mein Schätzelein ...
Nach einer handschriftl. Fassung, die zwischen 1933 und 1935 entstanden ist, abgedr. in: Manfred Flügge: *Gesprungene Liebe. Die wahre Geschichte zu „Jules und Jim"*. Berlin: Aufbau Verlag, 1993, S. 215.

An die viel zu Frohe (Baudelaire-Übertragung)
In: *Vers und Prosa* (Berlin), Jg. 1, H. 8, 15.8.1924, S. 274.

Dramatik

Sieben Dialoge. Mit sieben Radierungen v. Renée Sintenis. Berlin: Rowohlt, 1924.

Die Witwe von Ephesos. Dramatisches Gedicht in 2 Szenen. Berlin: Rowohlt, 1925.

Sturm auf Apollo. Ein Volksstück in zehn Bildern von Stefan Großmann [und Franz Hessel]. Berlin: Drei Masken, 1930.
Das Theaterstück wurde am 9. Januar 1930 in Berlin (Volksbühne) unter dem Titel *Apollo, Brunnenstraße* uraufgeführt.

Sturm auf Apollo: Textvarianten: 9. und 10. Bild
Typoskript; Nachlass Stefan Großmann, Literaturarchiv der Österreichischen Nationalbibliothek Wien, Sign.: 98/W217.

schwabinger cäsarenwoche
In: *Der Schwabinger Beobachter* (München), H. 1, 1904; Neudr. hg. v. Rolf von Hoerschelmann. München: Oldenbourg, [1941], S. 16–19.

Schwabinger Walpurgisnacht
In: *Der Schwabinger Beobachter* (München), H. 3, 1904; Neudr. hg. v. Rolf von Hoerschelmann. München: Oldenbourg, [1941], S. 35–45.

Die Textfassungen des vorliegenden Bandes folgen den angegebenen Buchausgaben und Zeitschriftenveröffentlichungen. Orthographie- und Druckfehler wurden korrigiert.

INHALT

Lyrik 7

  Verlorene Gespielen. Gedichte 9
    Totenklage 11
      Zur Zeit da mich kein Traum nach Hause rief 13
      Im Anfang 14
      Mein Freund und mir durch dieses Blut verwandt 15
      Zurück von dieser Gruft 16
      Damals bin ich in wildem Weltgelüsten 17
      In deinen Mantel heim 18
      Stimme der Toten 19
      Mich aber kennst du nicht 20
    Traum und Gestalt 21
      Die Knospe 23
      Der Page 24
      Die Vertriebnen 26
      Der Seher 27
      Der König 28
      Gesicht 29
      Der Mittagstraum 30
      Der neue Pygmalion 35
      Da ich rief in kalter Nacht 36
      Es bleibt am Bache immerdar 37
    Lieder 39
      Der junge Knabe singt 41
      Ständchen 42
      Buhlenscheidelied 43
      Wiegenlied der Liebe 44
      Bahnhof 45
      Abschied 46
      Am Fenster 47
      Nimm mein Leid in deine Hände 48
      Ohne deine Gnade 49
      Ein Tagelied 50
      Es liegt die müde Fremde 51
    Sonette 53
      Nach Petrarca 55
      Vor dem Bild des Glückes rastet 56
      O dass die Liebe mich auf Flügeln trüge 57
      Umwindet wilder mich ihr bunten Schlangen 58

Widmungen 59
    Einer Fernen 61
    An einen Unbekannten 63
    Einladung 64
    Sub rosa 67
    Einer Fremden 68
    Einer Kranken 69
    Froschkönig 70
    An Psyche 72
    Einer Gütigen 75
    Fastnacht 76
    Am Abend 77
    An die Sonne 78
Fremde 79
    Ich klage um verlorene Gespielen 81
    Am Ufer 82
    Bin ich nicht wie ein Baum am Feldesrand 83
    Erinnerung 84
    Vergessenheit 85
    Meine Küsse streifen wohl eure Wangen 86
    Wem einmal glänzten die rötlichen Zinnen 87
    Wohl denen 88
    Ich gehe irr 90
    Rotes Laub 91
    Bestimmung 92
Wiederkehr 93
    Fremd ist der Gang 95
    Lass spielen mich mit diesen blonden Kindern 96
    Schon wehn die Winde mir verwandt 97
    Versunken ist der Laubengänge Pracht 98
    Noch ist es nur ein Wahn 99
    Nimm die Schleiertücher aus der Lade 100
Gebet 101
    Gebet 103

Verstreute Lyrik 105
    Auf dunklen Wassern rauscht die Nacht 107
    Wem einmal erglänzten die rötlichen Zinnen .. 108
    Der Page 109
    Buhlenscheidelied 110
    Sonnenuntergang 111
    San Marco 112
    Einer Fernen 113

Reich war ich sonst	114
Einer Toten	115
Ich bin allein geschritten durch das Land	117
Heimkehr	118
Hinüber	119
Es ragt aus den zerschlissenen geweben	120

Die sieben Raben. Lieder zu einem Märchen 121

Ausfahrt	121
Die Heimkehr	123
Ballade	125
Welle meine Schwester	126
Nahm ich dich fort aus einem Reigen	127
Ich glaube, daß ich nun erkennen lernte	128
Wohl funkelt die Frucht	129
Kinderlied	130
Eine Liebesnacht	131
Schwangerschaft	132
Die Raben	133
Ballade	134
Das Volk	136
Die Raben	137
Verwandlungen	138
Die sieben Brüder	140
Viel weher ist mein Weh	142
Karfreitag	143
Das Modell	144
Der Frühlingsdichter	145
Arie	146
Ein Tüchlein	147
Marianne	148
Lied eines jungen Studenten an eine schöne Buhlerin	150
Hermine	151
Vatermord	152
Mondscheinklage eines alten Herrn	154
Lied nach der Verhandlung	155
Ungewißheit	157
Wenn wir erscheinen	158
Erechtheus	159
Poseidon	160
Kalypso	161
Sommerregen	162
„Zehn Fennije der Kleiderschrank"	163

Mannequin-Lied 164
Bekenntnis einer Chansonette 167
Die Gliederpuppe 168
Nichtarisch ist mein Schätzelein 170
An die viel zu Frohe 171

DRAMATIK 173

Sieben Dialoge 175
   Eros und Aphrodite 177
   Menelaos und Helena 181
   Priester und Knabe 187
   Ahasver und Veronica 192
   Ganem und Enis 196
   Pierrot und Don Juan 201
   Der verlorene Sohn und der Steinklopfer 205

Die Witwe von Ephesos 211
   Erste Szene 213
   Zweite Szene 220

Sturm auf Apollo [zusammen mit Stefan Großmann] ...231
   1. Bild 233
   2. Bild 241
   3. Bild 246
   4. Bild 253
   5. Bild 260
   6. Bild 274
   7. Bild 281
   8. Bild 292
   9. Bild 301
   Textvarianten: 9. und 10. Bild 311

[Schwabinger Dialoge, zusammen mit Franziska zu Reventlow] ...321
   schwabinger cäsarenwoche 323
   Schwabinger Walpurgisnacht 328

NACHWORT 341

Textnachweise 360

Die Werkausgabe

Franz Hessel: Sämtliche Werke in fünf Bänden.
Herausgegeben von Hartmut Vollmer und Bernd Witte.
2. aktualisierte und ergänzte Auflage.
Hamburg: Igel Verlag, 2013, 2132 Seiten, 219,- €
ISBN 978-3-86815-580-8

Band 1: Romane
Herausgegeben und mit einem Nachwort versehen von
Bernd Witte
468 S., 46,90 €, ISBN 978-3-86815-581-5

Band 2: Prosasammlungen
Herausgegeben und mit einem Nachwort versehen von
Karin Grund-Ferroud
468 S., 46,90 €, ISBN 978-3-86815-582-2

Band 3: Städte und Porträts
Herausgegeben und mit einem Nachwort versehen von
Bernhard Echte
416 S., 44,90 €, ISBN 978-3-86815-583-9

Band 4: Lyrik und Dramatik
Herausgegeben und mit einem Nachwort versehen von
Andreas Thomasberger und Hartmut Vollmer
368 S., 42,90 €, ISBN 978-3-86815-584-6

Band 5: Verstreute Prosa, Kritiken
Herausgegeben und mit einem Nachwort versehen von
Hartmut Vollmer
412 S., 42,90 €, ISBN 978-3-86815-585-3

GRAPHOMANT:
 Geh ein und werde.
HOMUNKULUM:
 Ja, mit viel Vergnügen.
 Recht lieblich ist in ihrem hellen Haar
 Die neue Mutter, lieblich ist's zu liegen
 Ihr unterm Herzen und in ihrem Schoß.
 Zurück in's Mütterlichste ziehts mich mächtig.
 Fürwahr, Gott schuf den Menschen zweigeschlechtig.
 Die Wirklichkeit ist wirklich ganz famos. *(verschwindet)*
BILDERDEUTER:
 Mit Wissen und Bedacht, nach allem was geschah
 Nenn ich dies Stück Damon und Helena.
GRAPHOMANT:
 (sehr blaß) Was Damon, bin ich nicht an dieser Stelle?
 Und sind die Zeichen nicht aus meinem Geist?
MEPHISTO:
 Mein armer Freund, der arme Wahn zerreißt.
 Du weißt nur wie das Ding mit Worten heißt,
 Und wird es wirklich, dann mußt du zur Hölle.
 Ja, christlich, sittlich in den Feuertiegel.
 Doch will ich dir ein Plätzchen reservieren,
 von wannen du von fern in einem Spiegel
 Die Heiden der Vorhölle siehst spazieren.
 (alle Gespenster verschwinden)
FAUST:
 Ist das nun alles, was du mir versprochen?
 Ist das der großen Schwabing großes Ende?
MEPHISTO:
 Es ist kein Ende, ist nur unterbrochen.
 Und nach der nächsten Wintersonnenwende
 Beginnen sie von neuem hier zu hupfen
 Und um Walpurgis werden sie zu Mahren.
FAUST:
 Fort, fort, der Urduft klebt in meinen Haaren,
 Man holt sich hier ja nichts als einen Schnupfen.